中国学位与研究生教育学会课题"全日制教育硕士研究生教学能力评价研究"（21号）
辽宁省教育科学"十三五"规划课题"基于教师教育功能拓展的职业教育师资培养路径研究"（JG20DB416）
沈阳师范大学研究生重大教改项目"基于'三习'的全日制教育硕士实践能力提升策略研究"
沈阳师范大学教学改革研究项目"'教师教育+X'的实施模式研究"

全日制教育硕士教学能力评价研究

彭万英　唐卫民　著

知识产权出版社
全国百佳图书出版单位
—北京—

图书在版编目（CIP）数据

全日制教育硕士教学能力评价研究 / 彭万英，唐卫民著 . —北京：知识产权出版社，2023.6

ISBN 978-7-5130-8798-8

Ⅰ.①全… Ⅱ.①彭… ②唐… Ⅲ.①教育学—硕士—教学能力—评价—研究 Ⅳ.① G451.1

中国国家版本馆 CIP 数据核字（2023）第 112630 号

内容提要

本书以全日制教育硕士评价指标为依据，设计教师问卷和学生问卷，通过他评和自评的方式，全面了解全日制教育硕士的教学能力现状，并在分析影响因素和存在问题的基础上，从宏观管理、培养院校、教师和学生四个层面提出提升全日制教育硕士教学能力水平的建议，进而为提高我国全日制教育硕士培养质量提供参考。

本书适合教育学研究者阅读。

责任编辑：李　婧　　　　　　　　　　　责任印制：孙婷婷

全日制教育硕士教学能力评价研究
QUANRIZHI JIAOYU SHUOSHI JIAOXUE NENGLI PINGJIA YANJIU

彭万英　唐卫民　著

出版发行：知识产权出版社有限责任公司		网　　址：http://www.ipph.cn	
电　　话：010-82004826		http://www.laichushu.com	
社　　址：北京市海淀区气象路50号院		邮　　编：100081	
责编电话：010-82000860转8594		责编邮箱：laichushu@cnipr.com	
发行电话：010-82000860转8101		发行传真：010-82000893	
印　　刷：北京中献拓方科技发展有限公司		经　　销：新华书店、各大网上书店及相关专业书店	
开　　本：720mm×1000mm　1/16		印　　张：26.25	
版　　次：2023年6月第1版		印　　次：2023年6月第1次印刷	
字　　数：400千字		定　　价：138.00元	
ISBN 978-7-5130-8798-8			

出版权专有　侵权必究

如有印装质量问题，本社负责调换。

目 录

第一章　绪　论 ··· 1

第二章　全日制教育硕士培养及调查概况 ································· 9
　第一节　调查设计 ·· 9
　第二节　调查对象概况 ·· 15

第三章　全日制教育硕士教学能力总体评价 ···························· 31
　第一节　教学能力总体评价 ·· 31
　第二节　教学实践能力总体评价 ·· 53
　第三节　教学反思和研究能力总体评价 ······························· 76
　第四节　访谈专家对教学能力的评价 ································· 100

第四章　全日制教育硕士教学基本功评价 ······························ 105
　第一节　教学基本功总体评价 ··· 105
　第二节　教学基本功各维度评价 ······································ 109
　第三节　教学基本功的差异性分析 ··································· 121

第五章　全日制教育硕士教学设计能力评价 147
第一节　教学设计能力总体评价 147
第二节　教学设计能力各维度评价 151
第三节　教学设计能力的差异性分析 179

第六章　全日制教育硕士教学实施能力评价 213
第一节　教学实施能力总体评价 213
第二节　教学实施能力各维度评价 217
第三节　教学实施能力的差异性分析 233

第七章　全日制教育硕士教学评价和创新能力评价 261
第一节　教学评价和创新能力总体评价 261
第二节　教学评价和创新能力各维度评价 265
第三节　教学评价和创新能力的差异性分析 273

第八章　全日制教育硕士教学反思能力评价 299
第一节　教学反思能力总体评价 299
第二节　教学反思能力各维度评价 303
第三节　教学反思能力的差异性分析 311

第九章　全日制教育硕士教学研究能力评价 335
第一节　教学研究能力总体评价 335
第二节　教学研究能力各维度评价 339
第三节　教学研究能力的差异性分析 351

第十章　讨论与建议 …… 377
　　第一节　全日制教育硕士教学能力讨论 …… 377
　　第二节　提升全日制教育硕士教学能力的建议 …… 404

参考文献 …… 409

后　记 …… 411

第一章 绪 论

一、问题的提出

2022年4月2日由教育部等八部门印发的《新时代基础教育强师计划》（以下简称《强师计划》）中明确提出："高质量教师是高质量教育发展的中坚力量。为贯彻落实《中共中央 国务院关于全面深化新时代教师队伍建设改革的意见》，按照《中华人民共和国国民经济和社会发展第十四个五年规划和2035年远景目标纲要》要求，着力推动教师教育振兴发展，努力造就新时代高素质专业化创新型中小学（含幼儿园、特殊教育，下同）教师队伍，为加快实现基础教育现代化提供强有力的师资保障"。《强师计划》第六条中提出："实施高素质教师人才培育计划。持续实施卓越教师培养计划……适应基础教育改革发展，遵循教师成长规律，改革师范院校课程教学内容，改进教学方法手段，强化教育实践环节，提高师范生培养质量。"第十条中提出："继续做好教育类研究生、公费师范生和优师计划师范生免试认定改革工作，教师教育院校对师范生教育教学能力进行考核。"可见，培养卓越的、高素质的中小学教师，是教育教学能力培养的关键。

作为培养我国基础教育高层次师资的教育硕士专业学位研究生教育，近年来发展呈上升趋势，截至2022年10月4日，全国教育硕士专业学位招生院校已达190所（其中授权点院校185所），各类教育硕士研究生累计录取54万余人，截至2021年年底有近32万人获得专业学位。❶随着招生规模的扩大，培养院校数量的增加，教育硕士培养类型和形式日益多样化，提升培养质量显得尤为重要，尤其是全日制教育硕士的教学能力质量。2021年3月，全国教育专业学位研究生教育指导委员会（以下简称"全国教指委"）根据国务院学位委员会发布的《关于开展2021年学位与研究生教育质量专项巡查的通知》将"实践教学"作为巡查的重点，并对30所院校开展了为期两个月的专项巡查，在巡查中发现现阶段部分院校"实践教学"环节存在一些问题❷，进而导致学生的教学能力出现诸多问题，如学生在进入工作岗位时不清楚如何设计教学、抓不住教学重难点、不知道如何处理课堂突发事件、教学研究能力和自我反思能力欠缺等。基于以上情况，提升全日制教育硕士的教学能力成为当前研究的重要课题之一。

二、研究目的与价值

（一）研究目的

本书通过分析我国全日制教育硕士教学能力国内外相关文献、《全日制教育硕士专业学位研究生指导性培养方案（修订）》及《中小学教育专业师范生教师职业能力标准（试行）》等，确定全日制教育硕士教学能力评价指标，并以评价指标为依据设计教师卷和学生卷，分别对我国教育硕士培养院校进行教师和学生的问卷调查，其中教师包括理论导师、实践导师、任课教师及管理者，学生包括在校生和毕业生；同时对全国教指委委员及理论导师、实践导师进行访谈，根据调查和访谈数据，了解当前我国全日制教育硕士教学能力的现状，分析存在的问题及影响因素，最终对全日制教育硕士教学能力的提升提出可行化建议，从而为提高全日制教育硕士培养质量提供参考。

---

❶ 全国教育专业学位教育指导委员会.教育专业学位教育概况［EB/OL］.（2016-1-12）［2022-11-15］.eduwest.com.

❷ 张斌贤.2021年教育专业学位教育专项质量巡查情况报告［R］.北京：北京师范大学，2021.

（二）研究价值

1. 理论价值

通过构建教育硕士研究生教学能力评价指标体系，丰富教育评价学的研究内容，同时为研究生教育提供新视角，具有重要的理论先导意义；以培养院校的教师及教育硕士研究生自身为端口，分析从事教学工作的必备能力，有助于深化对教育硕士研究生教学能力的认识；对教师教育理论体系的发展具有一定的补充和完善意义。

2. 应用价值

为教育部和全国教指委制定具体实施细则及师范生教师职业能力标准的制定提供决策参考；为各培养院校科学评价免试认定条件下教育硕士研究生教学能力提供评价依据、标准和量化评价工具，使其能够组织对教育硕士研究生教学能力的评价，根据评价结果，引导、发现和完善教育硕士生教学能力培养方面的诸多问题；有助于引导教育硕士研究生自觉地依据评价指标体系调整自己的教学实践行为，及时发现自身教学能力的优势与不足，明晰教学实践目标，能够主动、积极、富有创造性地参与教学实践工作。

三、核心概念界定

全日制教育硕士的培养目标是掌握现代教育理论、具有较强的教学实践能力、具有发现问题和解决问题的能力、高素质的基础教育学校和中等职业技术学校专任教师和管理人员。[1] 本书中的全日制教育硕士教学能力是指全日制教育硕士在教学实践、教学反思和研究中所表现出来的综合能力。其中教学实践能力包括：教学基本功、教学设计能力、教学实施能力、教学评价与创新能力；教学反思与研究能力包括教学反思能力和教学研究能力。

---

[1] 全国教育专业学位研究生教育指导委员会.全日制教育硕士专业学位研究生指导性培养方案（修订）[R].2017-03-06.

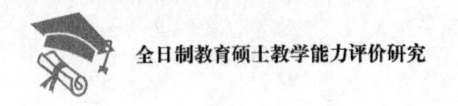

四、国内外研究现状和趋势

(一)国内外研究现状

通过在中国知网(CNKI)及读秀学术等数据库搜索国内学者对"教学能力评价"研究的相关文献,发现研究对象大多为教师和师范生两大主体,而以教育硕士研究生为对象的研究比较缺乏。对相关文献的具体梳理如下。

(1)关于教师教学能力评价的研究。有学者指出,具体某一学科教师的教学能力评价指标体系应包括学科教学目标、学科教学内容、情景创设能力、提问解释能力、探究教学能力、合作论证能力、评价总结能力、迁移应用能力八个核心要素。❶部分学者采用德尔菲专家咨询法,建构院校教师教学能力评价指标体系,其中包括教学内容选择与开发、教学整合与转化、教学表达与交往、教学评价与反思、教学研究与创新、信息素养与技术能力六项核心能力。❷此外,有学者指出,用学术水平评价作为教学能力评价,评价过程与人才培养目标不匹配是当前一些院校教师教学评价信度和效度不高的内在原因。❸还有学者指出,目前院校教师教学能力评价机制尚存在一系列问题,主要包括评价主体的来源不尽合理、评价内容的设置不够科学、评价方法不够全面以及救济程序缺失等。❹通过对高职院校体育教师评价体系的实证研究发现,评价指标上不够明确,没有全面体现出高职体育教师应该具备的教学能力,而且各个指标的具体性和可操作性也存在不足,以及各指标在整体上的权重分配不合理等问题,致使评价指标概念存在模糊,往往流于形式。❺针对当前存在的问题,部分学者提出,运用层次分析法构建院校教师教育者教学能力评价指

---

❶ 王碧梅,曹芳芳.基于 Delphi-AHP 法的科学教师教学能力评价指标体系建构[J].当代教育与文化,2019,11(3):45-53.

❷ 杨世玉,刘丽艳,李硕.院校教师教学能力评价指标体系建构——基于德尔菲法的调查分析[J].高教探索,2021(12):66-73.

❸ 黄彬.院校教师教学能力评价:反思与建构[J].教育研究,2017,38(2):90-96,158.

❹ 何静.院校教师教学能力评价机制优化研究[J].黑龙江高教研究,2015(1):95-98.

❺ 张俊.高职院校体育教师教学技能评价体系构建与实施策略[J].当代体育科技,2018,8(17):147-149.

标体系，以期为院校教师教学能力评价提供一个客观、公正、科学的方法。[1]

（2）关于师范生教学能力评价的研究。师范生的教学能力评价作为师范生职前教育专业培养的一个重要环节，对师范生掌握、规范和提高教师的专业技能起着非常重要的作用。部分学者提出，运用德尔菲法[2]、层次分析法[3]等质性与量化的方法，构建一套科学可操作的师范生教学能力评价指标体系。有学者从师范生教学能力评价的现状出发，指出评价仍旧偏重于知识的考核等同于考试，具体表现为重知识和技能轻态度、方法和行为评价、重结果轻过程评价、忽略创新评价轻视评价预测、诊断、反馈、导向、激励等功能及轻视个性化评价等。[4] 还有部分学者分别从核心素养视角和师范专业认证视域出发，提出要提升师范生的师范意识、以核心素养培养需求为导向，建立教学技能考核评价体系、增加实训课程，完成教师职业技能训练机制[5]、在竞赛中提升师范生的教学能力、增加学科教学能力的训练以及构建院校与用人单位联合培养平台等策略来提高师范生的教学能力[6]。除此之外，有学者针对师范生对教学能力的自我评价、他人评价和反射性评价的关系进行研究，指出对于师范生的教学能力，反射性评价在他人评价和自我评价间起着完全中介作用，他人评价通常通过反射性评价间接地影响着师范生的自我评价。[7]

国外对教学能力的研究起步较早，通过资料整理发现，国外对教学能力的研究重点在教学能力的构成方面，为本课题教学能力评价指标的构建提供参照。有

---

[1] 谢建，褚丹，葛涵.基于层次分析法的院校教师教育者教学能力评价体系研究[J].中国成人教育，2015（4）：122-125.
[2] 李媛媛.师范生教育教学能力评价指标体系构建研究[D].重庆：西南大学，2021.
[3] 何莹.数学师范生课堂教学能力评价指标体系构建研究[D].重庆：西南大学，2018.
[4] 韩国芬.免费师范生从教能力评价研究[D].西安：陕西师范大学，2011.
[5] 孙茜，黄收友，刘群凤.核心素养视角下师范生教学能力的因子分析[J].湖北师范大学学报（自然科学版），2022，42（2）：109-113.
[6] 芦颖，洪金中.师范认证视域下提升师范生教学能力途径[J].江苏科技信息，2021，38（29）：52-54.
[7] 胡春梅，岳彩镇，何华敏，杨丹丹.师范生对教学能力的自我评价、他人评价和反射性评价的关系研究[J].心理发展与教育，2014，30（5）：520-526.

学者认为，教师能力结构包括九大能力领域，主要有专业能力、课程能力、科研能力、信息与通信技术能力、终身学习能力、情感能力、交际沟通能力、社会文化能力、生态与环境保护能力。❶Diep等人从工作过程视角、心理学认知视角、胜任力视角和教学活动视角出发，构建了旨在满足可持续发展目标的教师教学能力框架，该框架包括六个能力维度。❷Ismail等人基于管理学胜任力视角、工作过程视角及教学活动视角，用焦点小组讨论的方式，构建了以个人特质和专业水平、课程教学和培训、技术和创新三项一级维度的教师教学能力框架。❸

（二）研究趋势

首先，目前我国对于"教学能力评价"的研究大多集中于现状及培养策略方面，对评价指标的系统性研究较少且存在评价标准参差不齐、指标设计不够科学客观等问题，因此，评价指标体系设计的科学性、可操作性是未来研究需要重点加强的部分。其次，当前关于教学能力评价的研究多以教师和师范生两个主体为研究对象，对"教育硕士研究生教学能力评价"的研究关注度不高，尚属起步阶段，在免试认定条件及新时代加强教师队伍建设背景下，对教育类硕士研究生教学能力评价进行研究具有理论价值更有实际应用价值。这也将是未来一段时间内学界予以关注的热点研究问题之一。最后，当前关于教学能力评价的实证研究多以某一地区或某一学校为对象，缺少全国性的大样本的实证研究，在大数据背景下基于全国性的调查研究将是未来研究的一大趋势。

---

❶ SELVIK.Teachers'Competencies［J］.Culture：International Journal of Philosophy of Culture and Axiology，2010，13：167-175.

❷ DIEP P C, HARTMANN M.Green skills in vocational teacher education - a model of pedagogical competence for a world of sustainable development［J］.TVET@ Asia，2016（6）：1-19.

❸ ISMAIL A, HASSAN R, BAKAR A, et al.The development of TVET educator competencies for quality［J］. Education and Training，2018，10（2）：38-48.

五、研究思路与方法

（一）研究思路

首先，通过分析相关文献和各级教师专业标准，构建教育硕士研究生教学能力评价指标体系；其次，根据评价指标体系，编制教学能力测评问卷，从自评（在校生、毕业生）、他评（理论导师、实践导师、任课教师、管理者）两个视角了解教育硕士研究生教学能力现状，并挖掘存在问题及影响因素。最后，基于存在问题及影响因素的分析，提出教育硕士研究生教学能力提升建议（见图1-1）。

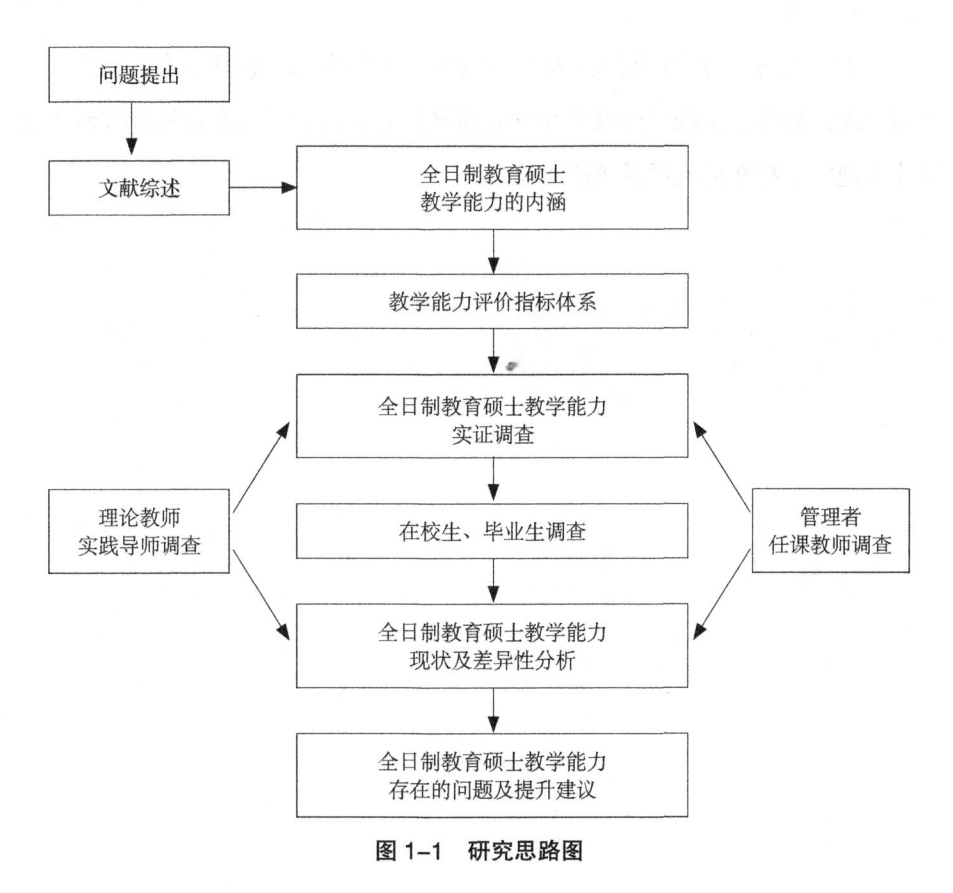

图1-1 研究思路图

（二）研究方法

（1）文献法。依托学校图书馆内丰富馆藏资源：独秀学术资源、中国知网、EBSCO 等中外文数据库对"教师""师范生"并含"教学能力评价"两大类文献进行广泛收集、查阅与分析，为本研究提供理论与逻辑支撑。

（2）问卷调查法。依据构建的教育硕士研究生教学能力评价指标体系，编制全日制教育硕士教学能力评价指标的教师卷和学生卷，分别对我国教育硕士培养院校进行教师和学生两大类的问卷调查，其中教师包括理论导师、实践导师、任课教师、管理者，学生包括在校生和毕业生，从而为本课题提供有力的实证调查支撑。

（3）访谈法。对全日制教育硕士研究生培养的专家，包括教指委委员、教育硕士理论导师、实践导师及中小学教研员进行访谈，了解全日制教育硕士教学能力现状、存在的问题及解决策略。

第二章　全日制教育硕士培养及调查概况

第一节　调查设计

一、调查目的

2021年3月11日,《中华人民共和国国民经济和社会发展第十四个五年规划和2035年远景目标纲要》正式出台,明确提出"建设高素质专业化教师队伍",教师教育专业化标准是教师队伍建设的重要保障。教育硕士研究生作为未来教师预备军,其教学能力水平的高低直接影响基础教育和中职师资队伍的整体质量。因此,以深化新时代教育评价改革为引领,对教育硕士研究生教学能力评价进行研究,既符合教育部2020年9月颁布的《教育类研究生和公费师范生免试认定中小学教师资格改革实施方案》中提出的实施教育类研究生免试认定教师资格方案的要求,又服务于国家建立标准化工作的战略需求。本书主要对我国全日制教育硕士教学能力的现状进行调查。通过对教学能力整体状况、各维度的现状以及影响因素的分析,总结出全日制教育硕士教学能力存在的问题,并进一步通过访谈探讨造成问题的原因,依据现存问题及原因提出相应策略,从而为教指委及教育硕士各培养院校提供一手数据和决策参考。

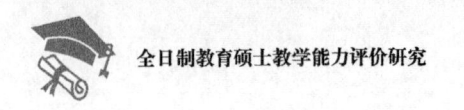

二、调查问卷的设计

调查问卷是依据文献及中小学教师职业标准自编而成的,主要围绕个人基本情况、教学能力总体评价、教学能力评价量表、影响教学能力的因素及提升策略五部分内容,设计了 2 份问卷,即教师卷和学生卷,教师卷的调查对象包括理论导师、实践导师、任课教师和管理者四类群体,学生卷包括在校生和毕业生两类群体。调查问卷的重点在于教学能力评价量表,本书在相关文献及专家咨询的基础上,编制了教学能力评价的三级指标体系,包括一级指标教学实践能力和教学反思与研究能力 2 个,二级指标 6 个,三级指标 21 个(见表2-1-1)。

表 2-1-1　全日制教育硕士教学能力评价指标体系

一级指标	二级指标	三级指标
教学实践能力	教学基本功	口语表达能力
		板书书写能力
		信息技术应用能力
	教学设计能力	课程标准分析能力
		教材分析能力
		学情分析能力
		教学目标拟定能力
		教学过程设计能力
		教学策略设计能力
		教学资源及教具筛选能力
	教学实施能力	创设情境能力
		组织教学能力
		学习指导能力
		教学生成能力
	教学评价与创新能力	教学评价能力
		教学创新能力

续表

一级指标	二级指标	三级指标
教学反思与研究能力	教学反思能力	自我诊断能力
		自我改进能力
	教学研究能力	问题提出能力
		问题处理能力
		成果应用能力

三、问卷调查的实施

本书问卷调查通过问卷星经过预测和正式调查两个阶段进行。预测阶段于2022年11月1日—3日进行，把编制好的问卷星链接同时发给20名教师和30名同学进行试填，并收集反馈意见后再次修订问卷，最终形成定稿。正式调查阶段于2022年11月6日—12日进行，调查采取全覆盖方式，即通过教指委秘书处对全国190所教育硕士培养院校工作群发放问卷星问卷链接，再由各校负责教师转发给教师和学生。共回收问卷42 528份，其中，回收学生卷31 085份，教师卷11 443份。

对回收问卷的参与学校进行统计，参加教师卷调查的学校是170所，参与学生卷调查的院校是177所，按照不同隶属层次、不同类型、不同城市、不同地区、不同审批批次进行统计，具体情况见图2-1-1～图2-1-5。

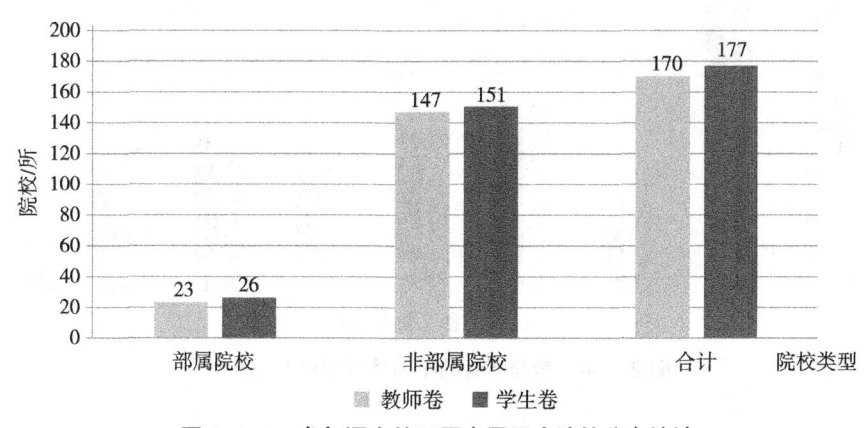

图2-1-1　参与调查的不同隶属层次院校分布统计

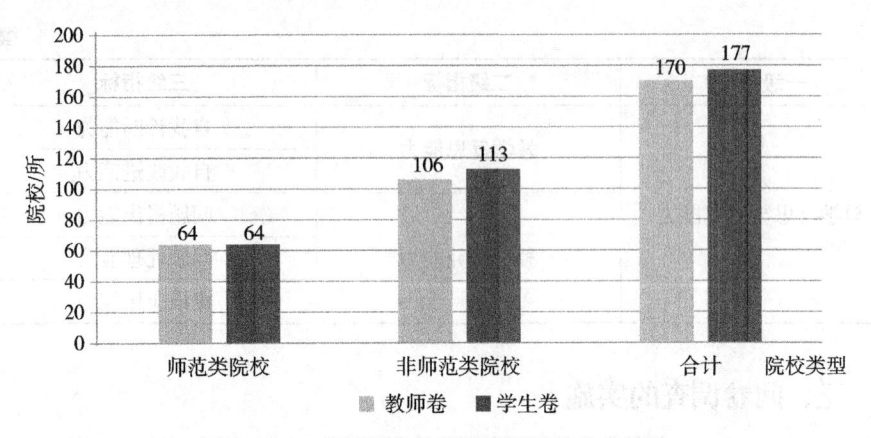

图 2-1-2　参与调查的不同类型院校分布统计

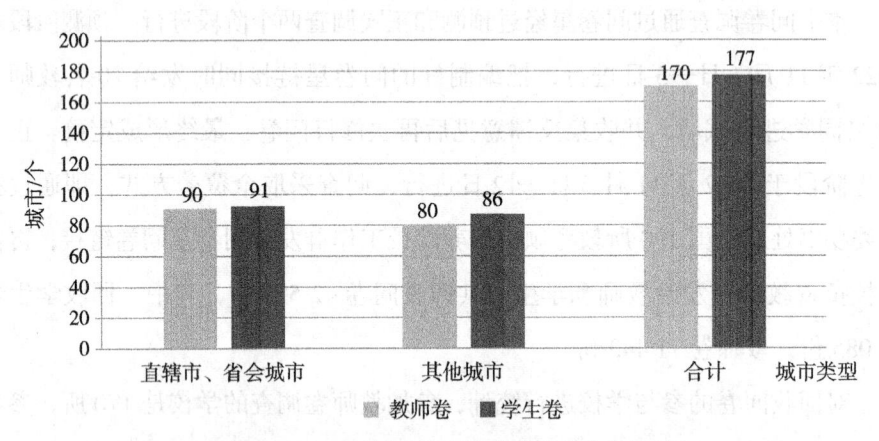

图 2-1-3　参与调查的不同城市院校分布统计

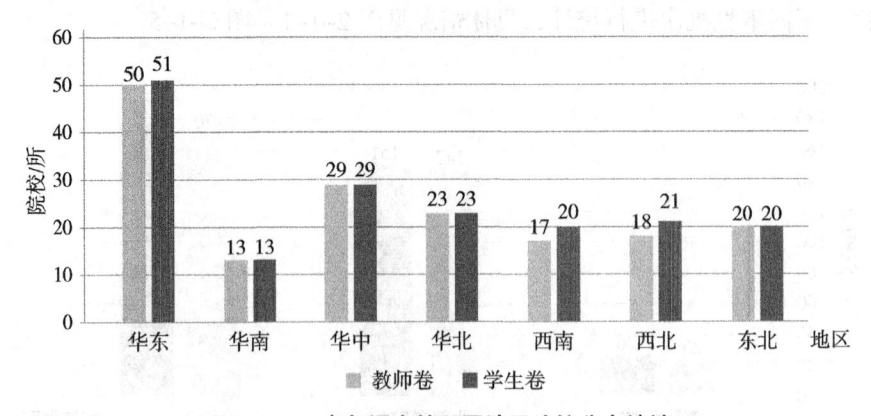

图 2-1-4　参与调查的不同地区院校分布统计

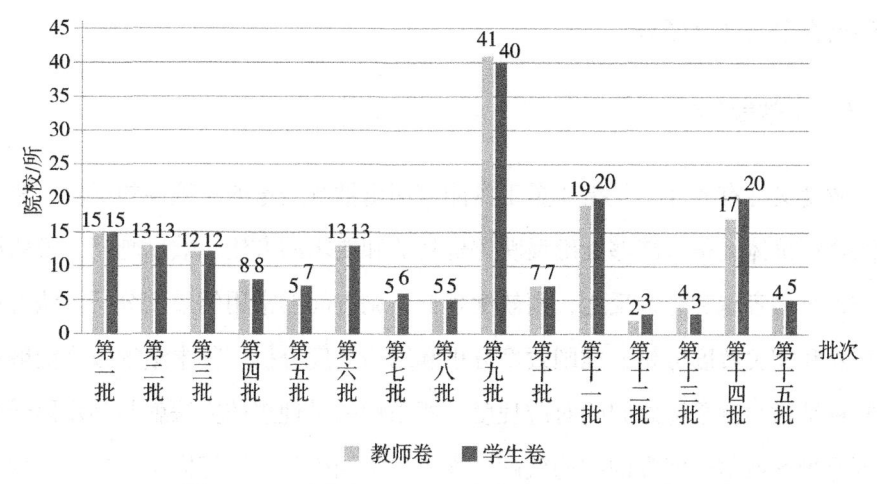

图 2-1-5　参与调查的不同审批批次院校分布统计

四、调查问卷的信度与效度

（一）信度分析

信度是测验的可信度。主要体现测验结果的一致性与稳定性。一般来说，在心理测验、考试试卷、社会性问卷的有效性分析中都要涉及信度分析，适用于态度、意见等类型的量表题项。信度可视为测量结果受随机误差影响的程度，信度系数则是衡量测验好坏的重要指标。

本书采用的是目前最常用的克隆巴赫系数（Cronbach Alpha），简称 α 信度系数。系数作为衡量测量好坏的重要指标，在测验结果中系数越大则可信度越高；若系数低于 0.6 则表明量表需要重新设计了。

本书通过 SPSS 26.0 数据分析软件对量表中的题项进行内部一致性分析。教师问卷中共 31 道题，其中第 27 题（教育硕士教学能力水平）为量表题。学生问卷中共 46 道题，其中第 42 题（教育硕士教学能力水平）为量表题。量表题均为李克特五维量表，包括六种程度指标，因此，使用 α 信度系数检验内部一致性。教师卷评价程度值为 0.958，学生卷评价程度值为 0.964，说明两份问卷中的题项均具有高程度的内部一致性，因此问卷在信度上可信，由此，得

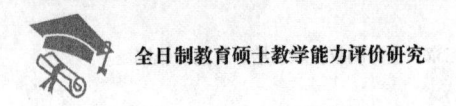

到的调查数据结果可信。

（二）效度分析

效度又称有效性，是指测量工具能够测出被测变量的正确性的程度，是衡量综合评价体系是否能够准确反映评价目的和要求的方法，效度越高，说明测量结果与内容越契合，反之，则效度越低。调查问卷常用的效度分析方法有单项与总和相关效度分析、准则效度分析和结构效度分析。其中结构效度能够反映某种结构与测量值之间的对应程度，所采用的最理想的方法就是利用因子分析测量量表或整个问卷的结构效度。本书参考结构效度进行因子分析，发现教师卷足够度的 KMO=0.930，学生卷足够度的 KMO=0.936，经过 Bartlett 球形度检验，学生卷和教师卷的 Sig<0.05，说明两份问卷显著性较好，问卷数据适用因子分析，结构效度良好。

第二节 调查对象概况

一、教育硕士概况

在全日制教育硕士教学能力的学生卷调查中，共回收问卷 31 085 份，其中按目前就读院校或工作单位分为院校、基础教育、其他 3 类（见表 2-2-1）。

表 2-2-1 就读院校或工作单位人数分布统计表

就读院校或工作单位	人数/人	百分比/%
就读院校	24 405	78.5
人事基础教育	5 818	18.7
其他	862	2.8
总计	31 085	100.0

其中，属于院校教育硕士的 24 405 人中，按目前院校隶属层次划分为部属、省属和市属 3 个层次，按院校的院校类型划分为师范类和非师范类（见表 2-2-2、表 2-2-3）。

表 2-2-2 就读院校的隶属层次人数分布统计表

隶属层次	人数/人	百分比/%
部属	2 072	8.5
省属	18 136	74.3
市属	4 197	17.2
总计	24 405	100.0

表 2-2-3　就读院校的院校类型人数分布统计表

院校类型	人数 / 人	百分比 / %
师范类	17 133	70.2
非师范类	7 272	29.8
总计	24 405	100.0

按目前就读院校或工作单位所在城市类型划分为省会城市、直辖市和其他城市 3 类（见表 2-2-4）。

表 2-2-4　所在城市类型人数分布统计表

城市类型	人数 / 人	百分比 / %
省会城市（自治区首府）	12 549	40.4
直辖市	3 957	12.7
其他城市	14 579	46.9
总计	31 085	100.0

按目前就读院校或工作单位所在地理位置划分为华东、华南、华中、华北、西南、西北、东北 7 个地区（见表 2-2-5）。

表 2-2-5　所在地区人数分布统计表

所在地区	人数 / 人	百分比 / %
华东	5 070	16.3
华南	4 268	13.7
华中	5 463	17.6
华北	4 049	13.0
西南	3 638	11.7
西北	4 038	13.0
东北	4 559	14.7
总计	31 085	100.0

按教育硕士所学专业划分为小学教育、教育管理、心理健康教育、现代教育技术、特殊教育、职业技术教育、科学技术教育、学前教育、学科教学·语

文、学科教学·数学、学科教学·英语、学科教学·物理、学科教学·化学、学科教学·生物、学科教学·思政、学科教学·历史、学科教学·地理、学科教学·体育、学科教学·音乐和学科教学·美术20个专业方向（见表2-2-6）。

表 2-2-6　教育硕士所学专业人数分布统计表

所学专业	人数 / 人	百分比 / %
小学教育	2 726	8.8
教育管理	1 396	4.5
心理健康教育	1 650	5.3
现代教育技术	1 231	4.0
特殊教育	193	0.6
职业技术教育	1 272	4.1
科学技术教育	169	0.6
学前教育	1 516	4.9
学科教学·语文	3 765	12.1
学科教学·数学	2 393	7.7
学科教学·英语	4 832	15.5
学科教学·物理	1 005	3.2
学科教学·化学	1 244	4.0
学科教学·生物	1 565	5.0
学科教学·思政	2 254	7.3
学科教学·历史	1 564	5.0
学科教学·地理	1 133	3.6
学科教学·体育	358	1.2
学科教学·音乐	437	1.4
学科教学·美术	382	1.2
总计	31 085	100.0

在全日制教育硕士教学能力的学生卷调查中，按教育硕士状态划分为毕业生和在校生（见表2-2-7）。

表 2-2-7 不同类型教育硕士人数分布统计表

教育硕士类型	人数/人	百分比/%
毕业生	9 451	30.4
在校生	21 634	69.6
总计	31 085	100.0

按读研前是否取得教师资格证、是否有过从教经历、对中小学幼儿园教师专业标准了解程度、是否能胜任基础教育教学工作进行调查（见表 2-2-8 ~ 表 2-2-11）。

表 2-2-8 读研前是否取得教师资格证人数分布统计表

读研前是否取得教师资格证	人数/人	百分比/%
是	24 597	79.1
否	6 488	20.9
总计	31 085	100.0

表 2-2-9 读研前是否有从教经历人数分布统计表

读研前是否有从教经历	人数/人	百分比/%
是	13 602	43.8
否	17 483	56.2
总计	31 085	100.0

表 2-2-10 对中小学及幼儿园教师专业标准了解程度人数分布统计表

对中小学及幼儿园教师专业标准了解程度	人数/人	百分比/%
很了解	2 825	9.1
了解	8 773	28.2
一般	14 888	47.9
不了解	3 334	10.7
很不了解	1 265	4.1
总计	31 085	100.0

表 2-2-11　能否胜任基础教育教学工作人数分布统计表

能否胜任基础教育教学工作	人数 / 人	百分比 / %
能	28 737	92.4
否	2 348	7.6
总计	31 085	100.0

按全日制教育硕士研究生参加的见习/研习/实习学校进行统计（见表 2-2-12）。

表 2-2-12　参加见习/研习/实习学校人次分布统计表

见习/研习/实习学校[a]	响应 数量 / 人次	响应 百分比 / %	百分比 / %
幼儿园	2 133	5.5	6.9
小学	6 772	17.5	21.8
初中	11 453	29.7	36.8
高中	14 496	37.5	46.6
中职学校	2 136	5.5	6.9
其他	1 637	4.2	5.3
总计	38 627	99.9	——

注：a, 使用了值1对二分组进行制表。

已毕业的9451人中，按毕业年限、是否工作进行统计（见表2-2-13、表2-2-14）。

表 2-2-13　不同毕业年限毕业生人数分布统计表

毕业年限	人数 / 人	百分比 / %
1 年以下	4632	49.0
1~2 年	2959	31.3
3~4 年	1304	13.8
5~6 年	332	3.5
7 年以上	224	2.4
总计	9451	100.0

表 2-2-14　毕业生是否工作人数分布统计表

是否工作	人数/人	百分比/%
是	7185	76.0
否	2266	24.0
总计	9451	100.0

其中，已参加工作毕业生有 7185 人中，按照现在从事的工作与读研时就读专业的相关性、对现有工作满意程度、在工作岗位上取得业绩的大小、就读期间所学知识对现有工作帮助程度、就读期间获得的能力对现有工作帮助程度、本科是否为师范类专业进行统计（见表 2-2-15 ~ 表 2-2-20）。

表 2-2-15　毕业生从事工作与读研时就读专业相关性人数分布统计表

从事工作与读研就读专业的相关性	人数/人	百分比/%
很相关	5156	71.8
比较相关	838	11.7
一般	611	8.5
比较不相关	248	3.5
很不相关	332	4.6
总计	7185	100.1

表 2-2-16　已工作毕业生对现有工作满意程度人数分布统计表

对现有工作满意程度	人数/人	百分比/%
很满意	2302	32.0
满意	2712	37.7
一般	1818	25.3
不满意	222	3.1
很不满意	131	1.8
总计	7185	99.9

表 2-2-17　已工作毕业生对在工作岗位上取得的业绩的认识分布统计表

在工作岗位上取得的业绩	人数/人	百分比/%
很大	597	8.3
比较大	1533	21.3
一般	3811	53.0
不太大	914	12.7
完全没有	330	4.6
总计	7185	99.9

表 2-2-18　就读期间所学知识对现有工作帮助程度统计表

就读教育硕士期间所学的相关知识对现有工作的帮助程度	人数/人	百分比/%
很大	2334	32.5
比较大	2745	38.2
一般	1721	24.0
不大	300	4.2
无帮助	85	1.2
总计	7185	100.1

表 2-2-19　就读期间获得能力对现有工作帮助程度统计表

就读期间获得的能力对现有工作帮助程度	人数/人	百分比/%
很大	2474	34.4
比较大	2691	37.5
一般	1747	24.3
不大	217	3.0
无帮助	56	0.8
总计	7185	100.0

表 2-2-20　本科是否为师范类专业人数分布统计表

本科是否为师范类专业	人数/人	百分比/%
是	4401	61.3
否	2784	38.7
总计	7185	100.0

二、教师概况

（一）教师总体概况

在全日制教育硕士教学能力的教师卷的调查中，共回收教师问卷 11 443 份，其中按所在工作单位类型分为院校、基础教育、其他 3 类（见表 2-2-21）。

表 2-2-21　工作单位类型人数分布统计表

工作单位类型	人数 / 人	百分比 / %
院校	8 190	71.6
基础教育	3 054	26.7
其他	199	1.7
总计	11 443	100.0

其中，院校教师 8190 人，按院校隶属层次划分可分为部属、省属和市属 3 个层次，按院校类型划分可分为师范类和非师范类（见表 2-2-22、表 2-2-23）。

表 2-2-22　院校隶属层次人数分布统计表

院校隶属层次	人数 / 人	百分比 / %
部属	628	7.7
省属	6867	83.8
市属	695	8.5
总计	8190	100.0

表 2-2-23　院校类别人数分布统计表

院校类别	人数 / 人	百分比 / %
师范类	5756	70.3
非师范类	2434	29.7
总计	8190	100.0

按单位所在地理位置划分为华东、华南、华中、华北、西南、西北、东北

7个地区（见表2-2-24）。

表2-2-24 学校或单位所在地区人数分布统计表

单位所在地区	人数/人	百分比/%
华东	2 502	21.9
华南	1 152	10.1
华中	1 836	16.0
华北	1 432	12.5
西南	1 186	10.4
西北	1 313	11.5
东北	2 022	17.7
总计	11 443	100.1

按单位所在城市类型划分为省会城市（自治区首府）、直辖市和其他城市3类（见表2-2-25）。

表2-2-25 学校或单位所在城市类型人数分布统计表

单位所在城市类型	人数/人	百分比/%
省会城市（自治区首府）	4 376	38.2
直辖市	830	7.3
其他城市	6 237	54.5
总计	11 443	100.0

按教师的年龄、学历、职称、工作年限进行统计（见表2-2-26～表2-2-29）。

表2-2-26 年龄人数分布统计表

年龄	人数/人	百分比/%
35岁及以下	1 498	13.1
36—45岁	4 533	39.6
46—55岁	4 303	37.6
56岁及以上	1 109	9.7
总计	11 443	100.0

表 2-2-27 学历人数分布统计表

学历	人数 / 人	百分比 / %
博士研究生	4 896	42.8
硕士研究生	4 043	35.3
本科生及以下	2 504	21.9
总计	11 443	100.0

表 2-2-28 职称人数分布统计表

职称	人数 / 人	百分比 / %
正高级	3 050	26.7
副高级	5 952	52.0
中级及以下	2 441	21.3
总计	11 443	100.0

表 2-2-29 工作年限人数分布统计表

工作年限	人数 / 人	百分比 / %
0～10 年	2 221	19.4
11～20 年	3 389	29.6
21～30 年	3 618	31.6
30 年以上	2 215	19.4
总计	11 443	100.0

按教师所在教育硕士专业划分为小学教育、教育管理、心理健康教育、现代教育技术、特殊教育、职业技术教育、科学技术教育、学前教育、学科教学·语文、学科教学·数学、学科教学·英语、学科教学·物理、学科教学·化学、学科教学·生物、学科教学·思政、学科教学·历史、学科教学·地理、学科教学·体育、学科教学·音乐和学科教学·美术 20 个专业方向（见表 2-2-30）。

表 2-2-30　所在专业人数分布统计表

所在专业	人数/人	百分比/%
小学教育	832	7.3
教育管理	518	4.5
心理健康教育	409	3.6
现代教育技术	386	3.4
特殊教育	39	0.3
职业技术教育	508	4.4
科学技术教育	64	0.6
学前教育	429	3.7
学科教学·语文	1 484	13.0
学科教学·数学	810	7.1
学科教学·英语	1 364	11.9
学科教学·物理	430	3.8
学科教学·化学	538	4.7
学科教学·生物	623	5.4
学科教学·思政	757	6.6
学科教学·历史	557	4.9
学科教学·地理	539	4.7
学科教学·体育	169	1.5
学科教学·音乐	300	2.6
学科教学·美术	232	2.0
其他	455	4.0
总计	11 443	100.0

按教师身份进行统计（见表2-2-31）。

表 2-2-31　教师身份统计表

教师身份	人数/人	百分比/%
导师	3 661	32.0
导师和任课教师	4 414	38.6
导师和管理者	279	2.4

续表

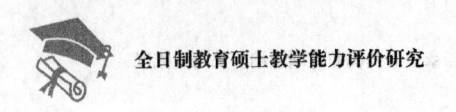

教师身份	人数/人	百分比/%
导师、任课教师和管理者	1 014	8.9
任课教师	1 328	11.6
管理者	466	4.1
任课教师和管理者	281	2.5
总计	11 443	100.1

按对教育硕士研究生培养目标了解程度进行统计（见表2-2-32）。

表2-2-32　对教育硕士研究生培养目标了解程度统计表

对教育硕士研究生培养目标了解程度	人数/人	百分比/%
很了解	5 014	43.8
了解	4 703	41.1
一般	1 581	13.8
不了解	85	0.7
很不了解	60	0.5
总计	11 443	99.9

（二）导师概况

具有导师身份的教师人数为9368人，按导师类型、担任导师年限、对指导的全日制教育硕士研究生的了解程度、对教育硕士研究生导师职责的了解程度、双导师间是否经常沟通合作进行统计（见表2-2-33～表2-2-37）。

表2-2-33　导师类型统计表

导师类型	人数/人	百分比/%
理论导师	6777	72.3
实践导师	2591	27.7
总计	9368	100.0

表 2-2-34 担任导师年限统计表

担任导师年限	人数 / 人	百分比 / %
0～5 年	5595	59.7
6～10 年	2279	24.3
11～15 年	910	9.7
16～20 年	347	3.7
20 年以上	237	2.5
总计	9368	99.9

表 2-2-35 对教育硕士研究生导师职责了解程度统计表

对教育硕士研究生导师职责了解程度	人数 / 人	百分比 / %
很了解	4553	48.6
了解	3798	40.5
一般	956	10.2
不了解	38	0.4
很不了解	23	0.2
总计	9368	99.9

表 2-2-36 对指导的教育硕士研究生了解程度统计表

对指导的教育硕士研究生了解程度	人数 / 人	百分比 / %
很了解	3796	40.5
了解	3895	41.6
一般	1574	16.8
不了解	63	0.7
很不了解	40	0.4
总计	9368	100.0

表 2-2-37 双导师间是否经常沟通合作统计表

双导师间是否经常沟通合作	人数 / 人	百分比 / %
是	7902	84.4
否	1466	15.6
总计	9368	100.0

其中，校内理论导师人数为6777人，按其是否具有教育学类相关专业背景、是否具有基础教育工作和研究经历进行统计，具体人数分布情况见表2-2-38、表2-2-39。

表2-2-38 是否具有教育学类相关专业背景统计表

是否具有教育学类相关专业背景	人数/人	百分比/%
是	5410	79.8
否	1367	20.2
总计	6777	100.0

表2-2-39 是否具有基础教育工作和研究经历统计表

是否具有基础教育工作和研究经历	人数/人	百分比/%
是	4528	66.8
否	2249	33.2
总计	6777	100.0

其中，实践导师人数为2591人，按其参与的教育硕士培养工作进行统计，具体人次分布情况见表2-2-40。

表2-2-40 参与教育硕士培养工作统计表

实践导师参与的教育硕士培养工作[a]	响应 数量/人次	响应 百分比/%	个案百分比/%
教育硕士见习/研习/实习	2357	30.9	91.0
教育硕士论文指导	1540	20.2	59.4
教育硕士授课	774	10.2	29.9
教育硕士论文开题、答辩、评审	1121	14.7	43.3
教育硕士讲座	763	10.0	29.4
教育硕士技能大赛等评委	543	7.1	21.0
教育硕士培养方案研制	320	4.2	12.4
理论导师的课题	163	2.1	6.3
其他	44	0.6	1.7
总计	7625	100.0	—

注：a，值为1时制表的二分组。

（三）四类教师概况

在调查的 11 443 名教师中，由于一人可以同时拥有不同的教师类型，因此按照理论导师、实践导师、任课教师和管理者四种类型进行统计，具体人数见表 2-2-41。

表 2-2-41 四种类型教师统计表

教师类型	人数 / 人	百分比 / %
理论导师	6 777	37.3
实践导师	2 591	14.3
任课教师	6 756	37.2
管理者	2 040	11.2
总计	18 164	100.0

第三章　全日制教育硕士教学能力总体评价

第一节　教学能力总体评价

一、教育硕士对教学能力的评价

（一）总体评价

1. 全体教育硕士❶对教学能力的评价

从全体教育硕士对全日制教育硕士教学能力评价的分布情况可以看出，评价"非常高"的占 5.3%，评价"比较高"的占 27.6%，评价"一般"的占 62.1%，评价"比较低"的占 4.4%，评价"非常低"的占 0.7%（见表 3-1-1）。

表 3-1-1　全体教育硕士对教学能力的评价

评价	人数 / 人	百分比 / %
非常高	1 633	5.3
比较高	8 575	27.6
一般	19 290	62.1
比较低	1 382	4.4
非常低	205	0.7
总计	31 085	100.1

---

❶ 此处全体教育硕士指参与调查的全部样本，下同。

2. 在校生对教学能力的评价

从在校生对全日制教育硕士教学能力评价的分布情况可以看出,评价"非常高"的占 4.4%,评价"比较高"的占 25.6%,评价"一般"的占 64.3%,评价"比较低"的占 5.0%,评价"非常低"的占 0.7%(见表 3-1-2)。

表 3-1-2　在校生对教学能力的评价

评价	人数/人	百分比/%
非常高	951	4.4
比较高	5 537	25.6
一般	13 906	64.3
比较低	1 086	5.0
非常低	154	0.7
总计	21 634	100.0

3. 毕业生对教学能力的评价

从毕业生对全日制教育硕士教学能力评价的分布情况可以看出,评价"非常高"的占 7.2%,评价"比较高"的占 32.1%,评价"一般"的占 57.0%,评价"比较低"的占 3.1%,评价"非常低"的占 0.5%(见表 3-1-3)。

表 3-1-3　毕业生对教学能力的评价

评价	人数/人	百分比/%
非常高	682	7.2
比较高	3038	32.1
一般	5384	57.0
比较低	296	3.1
非常低	51	0.5
总计	9451	99.9

(二)个体不同信息与教学能力的差异性分析

1. 不同就读院校或工作单位的教育硕士与教学能力的评价

不同就读院校或工作单位的教育硕士进行的教学能力评价,获取的有效数据是 31 085 人。

经卡方检验，χ^2 值为 166.127**[1]，sig<0.01，表明不同就读院校或工作单位教育硕士在对教学能力评价的两个选项上，至少有一个选项的频数百分比有极其显著差异。

对占比进行 Z 检验比较，从不同就读院校或工作单位与教学能力评价交叉表中可以看出，在"比较高及以上"选项上，基础教育为 39.4%，高于院校的 31.0%（见表 3-1-4）。

表 3-1-4　就读院校或工作单位与教学能力评价交叉表

教学能力评价		就读院校或工作单位		总计
		院校	工作单位	
比较高及以上	人数 / 人	7 576$_a$	10 208$_b$	10 208
	占比 / %	31.0	39.4	32.8
一般及以下	人数 / 人	16 829$_a$	4 048$_b$	20 877
	占比 / %	69.0	60.6	67.2
总计	人数 / 人	24 405	6 680	31 085
	占比 / %	100.0	100.0	100.0

注：下标字母含义是横向比较，若字母相同，在 0.05 级别，这些类别的列比例相互之间无显著差异。

2. 不同城市的教育硕士教学能力的评价

不同城市教育硕士进行的教学能力评价，获取的有效数据是 31 085 人。

经卡方检验，χ^2 值为 9.974**，sig<0.01，表明不同城市教育硕士在对教学能力评价的两个选项上，至少有一个选项的频数百分比有极其显著差异。

对占比进行 Z 检验比较，从不同城市与教学能力评价交叉表中可以看出，在"比较高及以上"选项上，其他城市为 33.6%，高于其他选项（见表 3-1-5）。

---

[1] χ^2 值右上角 * 号代表数据在 0.05 的显著性水平上差异显著，** 代表数据在 0.01 的显著性水平上差异显著。

表 3-1-5 不同城市与教学能力评价交叉表

教学能力评价		不同城市			总计
		省会城市（自治区首府）	直辖市	其他城市	
比较高及以上	人数/人	4 075$_a$	1 232$_b$	4 901$_c$	10 208
	占比/%	32.5	31.1	33.6	32.8
一般及以下	人数/人	8 474$_a$	2 725$_b$	9 678$_c$	20 877
	占比/%	67.5	68.9	66.4	67.2
总计	人数/人	12 549	3 957	14 579	31 085
	占比/%	100.0	100.0	100.0	100.0

注：下标字母含义是横向比较，若字母相同，在 0.05 级别，这些类别的列比例相互之间无显著差异。

3. 不同地区教育硕士与教学能力的评价

不同地区教育硕士进行的教学能力评价上，获取的有效数据是 31 085 人。

经卡方检验，χ^2 值为 169.195**，sig<0.01，表明不同地区教育硕士在对教学能力评价的两个选项上，至少有一个选项的频数百分比有极其显著差异。

对占比进行 Z 检验比较，从不同地区与教学能力评价交叉表中可以看出，在"比较高及以上"选项上，所有地区的平均值为 32.8%，东北地区为 39.3%，高于其他选项；西南地区为 28.2%、华中地区为 29.6%、西北地区为 30.3%，低于其他选项（见表 3-1-6）。

表 3-1-6 不同地区与教学能力评价交叉表

教学能力评价		地区							总计
		华东	华南	华中	华北	西南	西北	东北	
比较高及以上	人数/人	1 764$_a$	1 435$_a$	1 619$_{b,c}$	1 348$_a$	1 027$_c$	1 223$_b$	1 792$_d$	10 208
	占比/%	34.8	33.6	29.6	33.3	28.2	30.3	39.3	32.8
一般及以下	人数/人	3 306$_a$	2 833$_a$	3 844$_{b,c}$	2 701$_a$	2 611$_c$	2 815$_b$	2 767$_d$	20 877
	占比/%	65.2	66.4	70.4	66.7	71.8	69.7	60.7	67.2
总计	人数/人	5 070	4 268	5 463	4 049	3 638	4 038	4 559	31 085
	占比/%	100.0	100.0	100.0	100.0	100.0	100.0	100.0	100.0

注：下标字母含义是横向比较，若字母相同，在 0.05 级别，这些类别的列比例相互之间无显著差异。

4.有无从教经历的教育硕士与教学能力的评价

有无从教经历教育硕士进行的教学能力评价,获取的有效数据是31 085人。

经卡方检验,χ^2值为367.316**,sig<0.01,表明有无从教经历教育硕士在对教学能力评价的两个选项上,至少有一个选项的频数百分比有极其显著差异。

对占比进行Z检验比较,从有无从教经历与教学能力评价交叉表中可以看出,在"比较高及以上"选项上,有从教经历为38.6%,高于无从教经历的28.3%(见表3-1-7)。

表3-1-7 有无从教经历与教学能力评价交叉表

教学能力评价		有无从教经历		总计
		有	无	
比较高及以上	人数/人	5 254$_a$	4 954$_b$	10 208
	占比/%	38.6	28.3	32.8
一般及以下	人数/人	8 348$_a$	12 529$_b$	20 877
	占比/%	61.4	71.7	67.2
总计	人数/人	13 602	17 483	31 085
	占比/%	100.0	100.0	100.0

注:下标字母含义是横向比较,若字母相同,在0.05级别,这些类别的列比例相互之间无显著差异。

5.能否胜任教育教学工作的教育硕士与教学能力的评价

能否胜任教育教学工作的教育硕士进行的教学能力评价,获取的有效数据是31 085人。

经卡方检验,χ^2值为772.319**,sig<0.01,表明能否胜任教育教学工作的教育硕士在对教学能力评价的两个选项上,至少有一个选项的频数百分比有极其显著差异。

对占比进行Z检验比较,从能否胜任教育教学工作与教学能力评价交叉表中可以看出,在"比较高及以上"选项上,能胜任教育教学工作为35.0%,高于不能胜任教育教学工作的 6.9%（见表 3-1-8）。

表 3-1-8　能否胜任教育教学工作与教学能力评价交叉表

教学能力评价		能否胜任教育教学工作		总计
		能	否	
比较高及以上	人数/人	10 045a	163b	10 208
	占比/%	35.0	6.9	32.8
一般及以下	人数/人	18 692a	2 185b	20 877
	占比/%	65.0	93.1	67.2
总计	人数/人	28 737	2 348	31 085
	占比/%	100.0	100.0	100.0

注：下标字母含义是横向比较，若字母相同，在 0.05 级别，这些类别的列比例相互之间无显著差异。

6. 不同专业教育硕士与教学能力的评价

不同专业教育硕士进行的教学能力评价，获取的有效数据是 31 085 人。其中评价"比较高及以上"的人数为 10 208 人，各专业对其评价的平均百分比为 32.8%，评价"一般及以下"的人数为 20 877 人，各专业对其评价的平均百分比为 67.2%。

对评价的人数残差进行标准化后发现，在评价"一般及以下"的专业中，小学教育专业的教育硕士对教学能力的评价最低，标准化残差为 3.1；其次是学科教学·思政为 2.8，学科教学·英语为 2；职业技术教育、学科教学·语文评价也低于平均水平，其标准化残差均大于 1（见表 3-1-9）。

表 3-1-9　不同专业教育硕士与教学能力评价交叉表

专业	比较高及以上			一般及以下			总计/人
	人数/人	百分比/%	标准化残差	人数/人	百分比/%	标准化残差	
小学教育	762	28.0	-4.5	1 964	72.0	3.1	2 726
教育管理	564	40.4	4.9	832	59.6	-3.4	1 396
心理健康教育	553	33.5	0.5	1 097	66.5	-0.3	1 650
现代教育技术	417	33.9	0.6	814	66.1	-0.4	1 231

续表

专业	比较高及以上 人数/人	百分比/%	标准化残差	一般及以下 人数/人	百分比/%	标准化残差	总计/人
特殊教育	55	28.5	-1.1	138	71.5	0.7	193
职业技术教育	374	29.4	-2.1	898	70.6	1.5	1 272
科学技术教育	63	37.3	1.0	106	62.7	-0.7	169
学前教育	508	33.5	0.5	100.08	66.5	-0.3	1 516
学科教学·语文	1 187	31.5	-1.4	2 578	68.5	1.0	3 765
学科教学·数学	858	35.9	2.6	1 535	64.1	-1.8	2 393
学科教学·英语	1 474	30.5	-2.8	3 358	69.5	2.0	4 832
学科教学·物理	387	38.5	3.1	618	61.5	-2.2	1 005
学科教学·化学	440	35.4	1.6	804	64.6	-1.1	1 244
学科教学·生物	568	36.3	2.4	997	63.7	-1.7	1 565
学科教学·思政	631	28.0	-4.0	1 623	72.0	2.8	2 254
学科教学·历史	495	31.6	-0.8	1 069	68.4	0.6	1 564
学科教学·地理	416	36.7	2.3	717	63.3	-1.6	1 133
学科教学·体育	160	44.7	3.9	198	55.3	-2.7	358
学科教学·音乐	163	37.3	1.6	274	62.7	-1.1	437
学科教学·美术	133	34.8	0.7	249	65.2	-0.5	382
总计	10 208	32.8	0	20 877	67.2	0	31 085

7. 不同隶属层次院校在校生与教学能力的评价

不同隶属层次院校在校生进行的教学能力评价，获取的有效数据是24 405人。

经卡方检验，χ^2值为22.102**，sig<0.01，表明不同层次院校在校生在对教学能力评价的两个选项上，至少有一个选项的频数百分比有极其显著差异。

对占比进行Z检验比较，在不同院校隶属层次与教学能力评价交叉表中可以看出，在"比较高及以上"选项上，部属为34.1%，高于其他层次院校（见表3-1-10）。

表 3-1-10　院校隶属层次与教学能力评价交叉表

教学能力评价		院校隶属层次			总计
		部属	省属	市属	
比较高及以上	人数/人	706$_a$	5 674$_a$	1 196$_b$	7 576
	占比/%	34.1	31.3	28.5	31.0
一般及以下	人数/人	1 366$_a$	12 462$_b$	3 001$_c$	16 829
	占比/%	65.9	68.7	71.5	69.0
总计	人数/人	2 072	18 136	4 197	24 405
	占比/%	100.0	100.0	100.0	100.0

注：下标字母含义是横向比较，若字母相同，在0.05级别，这些类别的列比例相互之间无显著差异。

8. 不同院校类型在校生与教学能力的评价

不同类型院校在校生进行的教学能力评价，获取的有效数据是24 405人。经卡方检验，χ^2值为4.285*，sig=0.038<0.05，表明不同类型院校在校生在对教学能力评价的两个选项上，至少有一个选项的频数百分比有显著差异。

对占比进行 Z 检验比较，从院校类型与教学能力评价交叉表中可以看出，在"比较高及以上"选项上，师范类为31.4%，高于非师范类的30.1%（见表3-1-11）。

表 3-1-11　院校类型与教学能力评价交叉表

教学能力评价		院校类型		总计
		师范类	非师范类	
比较高及以上	人数/人	5 387$_a$	2 189$_b$	7 576
	占比/%	31.4	30.1	31.0
一般及以下	人数/人	11 746$_a$	5 083$_b$	16 829
	占比/%	68.6	69.9	69.0
总计	人数/人	17 133	7 272	24 405
	占比/%	100.0	100.0	100.0

注：下标字母含义是横向比较，若字母相同，在0.05级别，这些类别的列比例相互之间无显著差异。

9. 不同毕业年限毕业生与教学能力的评价

不同毕业年限毕业生进行的教学能力评价，获取的有效数据是 9451 人。

经卡方检验，χ^2 值为 71.030，sig<0.01，表明不同毕业年限毕业生在对教学能力评价的两个选项上，至少有一个选项的频数百分比有极其显著差异。

对占比进行 Z 检验比较，从毕业年限与教学能力评价交叉表中可以看出，在"比较高及以上"选项上，7 年以上为 57.6%、5~6 年为 51.8%，高于其他年限；1 年以下为 37.0%、1~2 年为 38.8%，低于其他选项（见表 3-1-12）。

表 3-1-12　毕业年限与教学能力评价交叉表

教学能力评价		毕业年限					总计
		1 年以下	1~2 年	3~4 年	5~6 年	7 年以上	
比较高及以上	人数/人	1712$_a$	1148$_a$	559$_b$	172$_c$	129$_c$	3720
	占比/%	37.0	38.8	42.9	51.8	57.6	39.4
一般及以下	人数/人	2920$_a$	1811$_a$	745$_b$	160$_c$	95$_c$	5731
	占比/%	63.0	61.2	57.1	48.2	42.4	60.6
总计	人数/人	4632	2959	1304	332	224	9451
	占比/%	100.0	100.0	100.0	100.0	100.0	100.0

注：下标字母含义是横向比较，若字母相同，在 0.05 级别，这些类别的列比例相互之间无显著差异。

10. 是否工作毕业生与教学能力的评价

是否工作毕业生进行的教学能力评价，获取的有效数据是 9451 人。

经卡方检验，χ^2 值为 50.374**，sig<0.01，表明是否工作毕业生在对教学能力评价的两个选项上，至少有一个选项的频数百分比有极其显著差异。

对占比进行 Z 检验比较，从是否工作与教学能力评价交叉表中可以看出，在"比较高及以上"选项上，已工作为 41.4%，高于未工作的 33.0%（见表 3-1-13）。

表 3-1-13　是否工作与教学能力评价交叉表

教学能力评价		是否工作		总计
		是	否	
比较高及以上	人数 / 人	2972$_a$	748$_b$	3720
	占比 / %	41.4	33.0	39.4
一般及以下	人数 / 人	4213$_a$	1518$_b$	5731
	占比 / %	58.6	67.0	60.6
总计	人数 / 人	7185	2266	9451
	占比 / %	100.0	100.0	100.0

注：下标字母含义是横向比较，若字母相同，在 0.05 级别，这些类别的列比例相互之间无显著差异。

11. 毕业生是否为师范专业与教学能力的评价

毕业生是否为师范专业进行的教学能力评价，获取的有效数据是 7185 人。

经卡方检验，χ^2 值为 27.461**，sig<0.01，表明毕业生是否为师范专业在对教学能力评价的两个选项上，至少有一个选项的频数百分比有极其显著差异。

对占比进行 Z 检验比较，从是否为师范专业与教学能力评价交叉表中可以看出，在"比较高及以上"选项上，师范专业为 43.8%，高于非师范专业的 37.5%（见表 3-1-14）。

表 3-1-14　是否为师范专业与教学能力评价交叉表

教学能力评价		是否为师范专业		总计
		是	否	
比较高及以上	人数 / 人	1927$_a$	1045$_b$	2972
	占比 / %	43.8	37.5	41.4
一般及以下	人数 / 人	2474$_a$	1739$_b$	4213
	占比 / %	56.2	62.5	58.6
总计	人数 / 人	4401	2784	7185
	占比 / %	100.0	100.0	100.0

注：下标字母含义是横向比较，若字母相同，在 0.05 级别，这些类别的列比例相互之间无显著差异。

（三）在校生和毕业生与教学能力评价的差异性分析

在校生和毕业生进行的教学能力评价，获取的有效数据是 31 085 人。

经卡方检验，χ^2 值为 261.900**，sig<0.01，表明在校生和毕业生在对教学能力评价的两个选项上，至少有一个选项的频数百分比有极其显著差异。

对占比进行 Z 检验比较，从在校生和毕业生与教学能力评价交叉表中可以看出，在"比较高及以上"选项上，毕业生为 39.4%，高于在校生的 30.0%（见表 3-1-15）。

表 3-1-15　在校生和毕业生与教学能力评价交叉表

教学能力评价		身份		总计
		毕业生	在校生	
比较高及以上	人数 / 人	3 720$_a$	6 488$_b$	10 208
	占比 / %	39.4	30.0	32.8
一般及以下	人数 / 人	5 731$_a$	15 146$_b$	20 877
	占比 / %	60.6	70.0	67.2
总计	人数 / 人	9 451	21 634	31 085
	占比 / %	100.0	100.0	100.0

注：下标字母含义是横向比较，若字母相同，在 0.05 级别，这些类别的列比例相互之间无显著差异。

二、教师对教学能力的评价

（一）总体评价

1. 全体教师与教学能力的评价

从全体教师对全日制教育硕士教学能力评价的分布情况可以看出，评价"非常高"的占 17.7%，评价"比较高"的占 58.7%，评价"一般"的占 21.9%，评价"比较低"的占 1.5%，评价"非常低"的占 0.3%（见表 3-1-16）。

表 3-1-16　全体教师对教学能力的评价

评价	人数 / 人	百分比 / %
非常高	2 023	17.7
比较高	6 715	58.7
一般	2 510	21.9
比较低	166	1.5
非常低	29	0.3
总计	11 443	100.1

2. 理论导师与教学能力的评价

从理论导师对全日制教育硕士教学能力评价的分布情况可以看出,评价"非常高"的占 12.6%,评价"比较高"的占 59.4%,评价"一般"的占 25.8%,评价"比较低"的占 1.9%,评价"非常低"的占 0.3%(见表 3-1-17)。

表 3-1-17　理论导师对教学能力的评价

评价	人数 / 人	百分比 / %
非常高	851	12.6
比较高	4028	59.4
一般	1746	25.8
比较低	129	1.9
非常低	23	0.3
总计	6777	100.0

3. 实践导师与教学能力的评价

从实践导师对全日制教育硕士教学能力评价的分布情况可以看出,评价"非常高"的占 25.8%,评价"比较高"的占 59.8%,评价"一般"的占 13.9%,评价"比较低"和"非常低"的占 0.4%(见表 3-1-18)。

表 3-1-18　实践导师对教学能力的评价

评价	人数 / 人	百分比 / %
非常高	669	25.8
比较高	1550	59.8
一般	361	13.9
比较低	11	0.4
非常低	0	0
总计	2591	99.9

4. 任课教师与教学能力的评价

从任课教师对全日制教育硕士教学能力评价的分布情况可以看出，评价"非常高"的占16.5%，评价"比较高"的占58.9%，评价"一般"的占22.8%，评价"比较低"的占1.6%，评价"非常低"的占0.3%（见表3-1-19）。

表 3-1-19　任课教师对教学能力的评价

评价	人数 / 人	百分比 / %
非常高	1114	16.5
比较高	3982	58.9
一般	1538	22.8
比较低	105	1.6
非常低	17	0.3
总计	6756	100.1

5. 管理者与教学能力的评价

从管理者对全日制教育硕士教学能力评价的分布情况可以看出，评价"非常高"的占21.7%，评价"比较高"的占59.6%，评价"一般"的占17.5%，评价"比较低"的占1.1%，评价"非常低"的占0.1%（见表3-1-20）。

表 3-1-20　管理者对教学能力的评价

评价	人数 / 人	百分比 / %
非常高	443	21.7
比较高	1216	59.6
一般	357	17.5
比较低	22	1.1
非常低	2	0.1
总计	2040	100.0

（二）个体不同信息与教学能力的差异性分析

1. 不同工作单位教师与教学能力的评价

不同工作单位教师进行的教学能力评价，获取的有效数据是 11 443 人。

经卡方检验，χ^2 值为 170.866**，sig<0.01，表明不同工作单位教师在对教学能力评价的两个选项上，至少有一个选项的频数百分比有极其显著差异。

对占比进行 Z 检验比较，从工作单位性质与教学能力评价交叉表中可以看出，在"比较高及以上"选项上，基础教育为 84.6%，高于院校的 73.1%（见表 3-1-21）。

表 3-1-21　工作单位性质与教学能力评价交叉表

教学能力评价		工作单位性质		总计
		院校	基础教育	
比较高及以上	人数 / 人	5 986$_a$	2 752$_b$	8 738
	占比 / %	73.1	84.6	76.4
一般及以下	人数 / 人	2 204$_a$	501$_b$	2 705
	占比 / %	26.9	15.4	23.6
总计	人数 / 人	8 190	3 253	11 443
	占比 / %	100.0	100.0	100.0

注：下标字母含义是横向比较，若字母相同，在 0.05 级别，这些类别的列比例相互之间无显著差异。

2. 不同城市教师与教学能力的评价

不同城市教师进行的教学能力评价，获取的有效数据是 11 443 人。

经卡方检验，χ^2 值为 1.186，sig=0.553>0.05，表明不同城市教师在对教学能力评价的两个选项上无显著差异。

3. 不同地区教师与教学能力的评价

不同地区教师进行的教学能力评价，获取的有效数据是 11 443 人。

经卡方检验，χ^2 值为 26.590**，sig<0.01，表明不同地区教师在对教学能力评价的两个选项上，至少有一个选项的频数百分比有极其显著差异。

对占比进行 Z 检验比较，从不同地区与教学能力评价交叉表中可以看出，在"比较高及以上"选项上，所有地区的平均值为 76.4%，西北地区为 72.2%、西南地区为 73.4%，低于其他选项，但西南地区与华南地区无显著差异（见表 3-1-22）。

表 3-1-22　不同地区与教学能力评价交叉表

教学能力评价		地区							总计
		华东	华南	华中	华北	西南	西北	东北	
比较高及以上	人数/人	1 944$_a$	873$_{a,b}$	1 409$_a$	1 121$_a$	870$_{b,c}$	948$_c$	1 573$_a$	8 738
	占比/%	77.7	75.8	76.7	78.3	73.4	72.2	77.8	76.4
一般及以下	人数/人	558$_a$	279$_{a,b}$	427$_a$	311$_a$	316$_{b,c}$	365$_c$	449$_a$	2 705
	占比/%	22.3	24.2	23.3	21.7	26.6	27.8	22.2	23.6
总计	人数/人	2 502	1 152	1 836	1 432	1 186	1 313	2 022	11 443
	占比/%	100.0	100.0	100.0	100.0	100.0	100.0	100.0	100.0

注：下标字母含义是横向比较，若字母相同，在 0.05 级别，这些类别的列比例相互之间无显著差异。

4. 不同年龄教师与教学能力的评价

不同年龄教师进行的教学能力评价，获取的有效数据是 11 443 人。

经卡方检验，χ^2 值为 8.884*，sig=0.031<0.05，表明不同年龄教师对教学能力评价的两个选项上，至少有一个选项的频数百分比有显著差异。

对占比进行 Z 检验比较，从年龄与教学能力评价交叉表中可以看出，在"比较高及以上"选项上，35 岁及以下为 78.5%，高于其他选项，但与

36～45 岁无显著差异；56 岁及以上为 73.9%，低于其他选项，但与 46～55 岁无显著差异（见表 3-1-23）。

表 3-1-23　年龄与教学能力评价交叉表

教学能力评价		年龄段				总计
		35 岁及以下	36～45 岁	46～55 岁	56 岁及以上	
比较高及以上	人数 / 人	1 176$_a$	3 481$_{a,b}$	3 262$_{b,c}$	819$_c$	8 738
	占比 / %	78.5	76.8	75.8	73.9	76.4
一般及以下	人数 / 人	322$_a$	1 052$_{a,b}$	1 041$_{b,c}$	290$_c$	2 705
	占比 / %	21.5	23.2	24.2	26.1	23.6
总计	人数 / 人	1 498	4 533	4 303	1 109	11 443
	占比 / %	100.0	100.0	100.0	100.0	100.0

注：下标字母含义是横向比较，若字母相同，在 0.05 级别，这些类别的列比例相互之间无显著差异。

5. 不同学历教师与教学能力的评价

不同学历教师进行的教学能力评价，获取的有效数据是 11 443 人。

经卡方检验，χ^2 值为 104.174**，sig<0.01，表明不同学历教师对教学能力评价的两个选项上，至少有一个选项的频数百分比有极其显著差异。

对占比进行 Z 检验比较，从学历与教学能力评价交叉表中可以看出，在 "比较高及以上" 选项上，本科生及以下为 83.5%，高于其他选项（见表 3-1-24）。

表 3-1-24　学历与教学能力评价交叉表

教学能力评价		学历			总计
		博士研究生	硕士研究生	本科生及以下	
比较高及以上	人数 / 人	3 565$_a$	3 083$_b$	2 090$_c$	8 738
	占比 / %	72.8	76.3	83.5	76.4
一般及以下	人数 / 人	1 331$_a$	960$_b$	414$_c$	2 705
	占比 / %	27.2	23.7	16.5	23.6
总计	人数 / 人	4 896	4 043	2 504	11 443
	占比 / %	100.0	100.0	100.0	100.0

注：下标字母含义是横向比较，若字母相同，在 0.05 级别，这些类别的列比例相互之间无显著差异。

6. 不同职称教师与教学能力的评价

不同职称教师进行的教学能力评价，获取的有效数据是 11 443 人。

经卡方检验，χ^2 值为 12.517**，sig<0.01，表明不同职称教师对教学能力评价的两个选项上，至少有一个选项的频数百分比有极其显著差异。

对占比进行 Z 检验比较，从职称与教学能力评价交叉表中可以看出，在"比较高及以上"选项上，中级及以下为 78.5%，高于其他选项（见表 3-1-25）。

表 3-1-25 职称与教学能力评价交叉表

教学能力评价		职称			总计
		正高级	副高级	中级及以下	
比较高及以上	人数 / 人	2 271$_a$	4 550$_b$	1 917$_c$	8 738
	占比 / %	74.5	76.4	78.5	76.4
一般及以下	人数 / 人	779$_a$	1 402$_b$	524$_c$	2 705
	占比 / %	25.5	23.6	21.5	23.6
总计	人数 / 人	3 050	5 952	2 441	11 443
	占比 / %	100.0	100.0	100.0	100.0

注：下标字母含义是横向比较，若字母相同，在 0.05 级别，这些类别的列比例相互之间无显著差异。

7. 不同工作年限教师与教学能力的评价

不同工作年限教师进行的教学能力评价，获取的有效数据是 11 443 人。

经卡方检验，χ^2 值为 1.540，sig=0.673>0.05，表明不同工作年限教师在对教学能力评价的两个选项上无显著差异。

8. 不同专业教师对教学能力的评价

不同专业教师进行的教学能力评价，共 11 443 人参与调查。有 455 人评价了其他项，不统计在内，故获取的有效数据是 10 988 人。其中评价"比较高及以上"的为 8398 人，各专业对其评价的平均百分比为 76.4%，评价"一般及以下"的为 2590 人，各专业对其评价的平均百分比为 23.6%。

对评价的人数残差进行标准化后发现，在评价"一般及以下"的专业中，学科教育·体育专业的教师对教学能力的评价最低，标准化残差为3.2；特殊教育次之、教育管理次之，其标准化残差分别为1.9、1.6（见表3-1-26）。

表3-1-26 教师所在专业与教学能力评价交叉表

专业	比较高及以上 人数/人	百分比/%	标准化残差	一般及以下 人数/人	百分比/%	标准化残差	总计/人
小学教育	631	75.8	−0.2	201	24.2	0.3	832
教育管理	378	73.0	−0.9	140	27.0	1.6	518
心理健康教育	312	76.3	0	97	23.7	0.1	409
现代教育技术	296	76.7	0.1	90	23.3	−0.1	386
特殊教育	24	61.5	−1.1	15	38.5	1.9	39
职业技术教育	383	75.4	−0.3	125	24.6	0.5	508
科学技术教育	53	82.8	0.6	11	17.2	−1.1	64
学前教育	330	76.9	0.1	99	23.1	−0.2	429
学科教学·语文	1 130	76.1	−0.1	354	23.9	0.2	1 484
学科教学·数学	633	78.1	0.6	177	21.9	−1	810
学科教学·英语	1 030	75.5	−0.4	334	24.5	0.7	1 364
学科教学·物理	333	77.4	0.2	97	22.6	−0.4	430
学科教学·化学	407	75.7	−0.2	131	24.3	0.4	538
学科教学·生物	507	81.4	1.4	116	18.6	−2.5	623
学科教学·思政	579	76.5	0	178	23.5	0	757
学科教学·历史	416	74.7	−0.5	141	25.3	0.8	557
学科教学·地理	436	80.9	1.2	103	19.1	−2.1	539
学科教学·体育	109	64.5	−1.8	60	35.5	3.2	169
学科教学·音乐	232	77.3	0.2	68	22.7	−0.3	300
学科教学·美术	179	77.2	0.1	53	22.8	−0.2	232
总计	8 398	76.4	0	2 590	23.6	0	10 988

9. 不同隶属层次院校教师与教学能力的评价

不同隶属层次院校教师进行的教学能力评价，获取的有效数据是8190人。经卡方检验，χ^2值为5.497，sig=0.064>0.05，表明不同隶属层次院校教师在对教学能力评价的两个选项上无显著差异。

10. 不同类型院校教师与教学能力的评价

不同类型院校教师进行的教学能力评价，获取的有效数据是 8190 人。

经卡方检验，χ^2 值为 2.332，sig=0.127>0.05，表明不同类型院校教育硕士在对教学能力评价的两个选项上无显著差异。

11. 有无教育学相关背景教师与教学能力的评价

有无教育学相关背景教师进行的教学能力评价，主要对象为理论导师，获取的有效数据是 6777 人。

经卡方检验，χ^2 值为 4.410*，sig=0.036<0.05，表明有无教育学相关背景教师在对教学能力评价的两个选项上，至少有一个选项的频数百分比有显著差异。

对占比进行 Z 检验比较，从有无教育学相关背景与教学能力评价交叉表中可以看出，在"比较高及以上"选项上，有教育学相关背景为 72.6%，高于无教育学相关背景的 69.7%（见表 3-1-27）。

表 3-1-27 有无教育学相关背景与教学能力评价交叉表

教学能力评价		有无教育学相关背景		总计
		有	无	
比较高及以上	人数 / 人	3926$_a$	953$_b$	4879
	占比 / %	72.6	69.7	72.0
一般及以下	人数 / 人	1484$_a$	414$_b$	1898
	占比 / %	27.4	30.3	28.0
总计	人数 / 人	5410	1367	6777
	占比 / %	100.0	100.0	100.0

注：下标字母含义是横向比较，若字母相同，在 0.05 级别，这些类别的列比例相互之间无显著差异。

12. 有无基础教育工作经历和研究经历教师与教学能力的评价

有无基础教育工作经历和研究经历教师进行的教学能力评价，获取的有效数据是 6777 人。

经卡方检验，χ^2 值为 9.318**，sig<0.01，表明有无基础教育工作经历和研

究经历教师对教学能力评价的两个选项上，至少有一个选项的频数百分比有极其显著差异。

对占比进行 Z 检验比较，从有无基础教育工作经历和研究经历与教学能力评价交叉表中可以看出，在"比较高及以上"选项上，有基础教育经历和研究经历为 73.2%，高于无基础教育经历和研究经历的 69.6%（见表 3-1-28）。

表 3-1-28　有无基础教育工作经历和研究经历与教学能力评价交叉表

教学能力评价		有无基础教育经历和研究经历		总计
		有	无	
比较高及以上	人数 / 人	3313$_a$	1566$_b$	4879
	占比 / %	73.2	69.6	72.0
一般及以下	人数 / 人	1215$_a$	683$_b$	1898
	占比 / %	26.8	30.4	28.0
总计	人数 / 人	4528	2249	6777
	占比 / %	100.0	100.0	100.0

注：下标字母含义是横向比较，若字母相同，在 0.05 级别，这些类别的列比例相互之间无显著差异。

13. 教师担任导师年限与教学能力的评价

教师担任导师年限进行的教学能力评价，获取的有效数据是 9368 人。

经卡方检验，χ^2 值为 10.138*，sig=0.038<0.05，表明教师担任导师年限对教学能力评价的两个选项上，至少有一个选项的频数百分比有显著差异。

对占比进行 Z 检验比较，从担任导师年限与教学能力评价交叉表中可以看出，在"比较高及以上"选项上，0～5 年为 76.7%，高于 11～15 年的 72.6%，但二者分别与其余选项无显著差异（见表 3-1-29）。

表 3-1-29　担任导师年限与教学能力评价交叉表

教学能力评价		担任导师年限					总计
		0～5 年	6～10 年	11～15 年	16～20 年	20 年以上	
比较高及以上	人数 / 人	4292$_a$	1715$_{a,b}$	661$_b$	260$_{a,b}$	170$_{a,b}$	7098
	占比 / %	76.7	75.3	72.6	74.9	71.7	75.8

续表

教学能力评价		担任导师年限					总计
		0~5年	6~10年	11~15年	16~20年	20年以上	
一般及以下	人数/人	1303$_a$	564$_{a,b}$	249$_b$	87$_{a,b}$	67$_{a,b}$	2270
	占比/%	23.3	24.7	27.4	25.1	28.3	24.2
总计	人数/人	5595	2279	910	347	237	9368
	占比/%	100.0	100.0	100.0	100.0	100.0	100.0

注：下标字母含义是横向比较，若字母相同，在0.05级别，这些类别的列比例相互之间无显著差异。

14. 双导师间是否经常进行沟通合作与教学能力的评价

双导师间是否经常沟通合作进行的教学能力评价，获取的有效数据是9368人。

经卡方检验，χ^2值为369.834**，sig<0.01，表明双导师间是否经常沟通合作对教学能力评价的两个选项上，至少有一个选项的频数百分比有极其显著差异。

对占比进行Z检验比较，从双导师间是否经常沟通合作与教学能力评价交叉表中可以看出，在"比较高及以上"选项上，经常沟通合作为79.4%，高于不经常沟通合作的56.0%（见表3-1-30）。

表3-1-30 双导师间是否经常沟通合作与教学能力评价交叉表

教学能力评价		双导师间是否经常沟通合作		总计
		是	否	
比较高及以上	人数/人	6277$_a$	821$_b$	7098
	占比/%	79.4	56.0	75.8
一般及以下	人数/人	1625$_a$	645$_b$	2270
	占比/%	20.6	44.0	24.2
总计	人数/人	7902	1466	9368
	占比/%	100.0	100.0	100.0

注：下标字母含义是横向比较，若字母相同，在0.05级别，这些类别的列比例相互之间无显著差异。

（三）不同教师身份与教学能力评价的差异性分析

不同身份教师进行的教学能力评价，获取的有效数据是 18 164 人。

经卡方检验，χ^2 值为 225.637**，sig<0.01，表明不同教师身份对教学能力评价的两个选项上，至少有一个选项的频数百分比有极其显著差异。

对占比进行 Z 检验比较，从不同教师身份与教学能力评价交叉表中可以看出，在"比较高及以上"选项上，实践导师为 85.6%，高于其他选项；理论教师为 72.0%，低于其他选项（见表 3-1-31）。

表 3-1-31　教师身份与教学能力评价交叉表

教学能力评价		教师身份				总计
		理论导师	实践导师	任课教师	管理者	
比较高及以上	人数/人	4 879$_a$	2 219$_b$	5 096$_c$	1 659$_d$	13 853
	占比/%	72.0	85.6	75.4	81.3	76.3
一般及以下	人数/人	1 898$_a$	372$_b$	1 660$_c$	381$_d$	4 311
	占比/%	28.0	14.4	24.6	18.7	23.7
总计	人数/人	6 777	2 591	6 756	2 040	18 164
	占比/%	100.0	100.0	100.0	100.0	100.0

注：下标字母含义是横向比较，若字母相同，在 0.05 级别，这些类别的列比例相互之间无显著差异。

三、教育硕士和教师与教学能力评价的差异性分析

教育硕士和教师进行的教学能力评价，获取的有效数据是 42 528 人。

经卡方检验，χ^2 值为 6 413.385**，sig<0.01，表明教育硕士和教师在对教学能力评价的两个选项上，至少有一个选项的频数百分比有极其显著差异。

对占比进行 Z 检验比较，从教育硕士和教师与教学能力评价交叉表中可以看出，在"比较高及以上"选项上，教师为 76.4%，高于教育硕士的 32.8%（见表 3-1-32）。

表 3-1-32　教育硕士和教师与教学能力评价交叉表

教学能力评价		身份		总计
		教育硕士	教师	
比较高及以上	人数 / 人	10 208ₐ	8 738_b	18 946
	占比 / %	32.8	76.4	44.5
一般及以下	人数 / 人	20 877ₐ	2 705_b	23 582
	占比 / %	67.2	23.6	55.5
总计	人数 / 人	31 085	11 443	42 528
	占比 / %	100.0	100.0	100.0

注：下标字母含义是横向比较，若字母相同，在0.05级别，这些类别的列比例相互之间无显著差异。

第二节　教学实践能力总体评价

一、教育硕士对教学实践能力的评价

（一）总体评价

1. 全体教育硕士对教学实践能力的评价

从全体教育硕士对全日制教育硕士教学实践能力评价的分布情况可以看出，评价"非常高"的占5.4%，评价"比较高"的占29.8%，评价"一般"的占59.6%，评价"比较低"的占4.5%，评价"非常低"的占0.7%（见表3-2-1）。

表 3-2-1　全体教育硕士对教学实践能力的评价

评价	人数 / 人	百分比 / %
非常高	1 682	5.4
比较高	9 272	29.8
一般	18 542	59.6
比较低	1 384	4.5
非常低	205	0.7
总计	31 085	100.0

2. 在校生对教学实践能力的评价

从在校生对全日制教育硕士教学实践能力评价的分布情况可以看出，评价"非常高"的占4.5%，评价"比较高"的占27.6%，评价"一般"的占62.1%，评价"比较低"的占5.1%，评价"非常低"的占0.7%（见表3-2-2）。

表3-2-2 在校生对教学实践能力的评价

评价	人数 / 人	百分比 / %
非常高	983	4.5
比较高	5 964	27.6
一般	13 426	62.1
比较低	1 105	5.1
非常低	156	0.7
总计	21 634	100.0

3. 毕业生对教学实践能力的评价

从毕业生对全日制教育硕士教学实践能力评价的分布情况可以看出，评价"非常高"的占7.4%，评价"比较高"的占35.0%，评价"一般"的占54.1%，评价"比较低"的占3.0%，评价"非常低"的占0.5%（见表3-2-3）。

表3-2-3 毕业生对教学实践能力的评价

评价	人数 / 人	百分比 / %
非常高	699	7.4
比较高	3308	35.0
一般	5116	54.1
比较低	279	3.0
非常低	49	0.5
总计	9451	100.0

（二）个体不同信息与教学实践能力的差异性分析

1. 就读院校或工作单位的教育硕士与教学实践能力的评价

不同就读院校或工作单位的教育硕士进行的教学实践能力评价，获取的有效数据是 31 085 人。

经卡方检验，χ^2 值为 218.211**，sig<0.01，表明不同就读院校或工作单位教育硕士在对教学实践能力评价的两个选项上，至少有一个选项的频数百分比有极其显著差异。

对占比进行 Z 检验比较，从不同就读院校或工作单位与教学实践能力评价交叉表中可以看出，在"比较高及以上"选项上，基础教育为 42.9%，高于院校的 33.1%（见表 3-2-4）。

表 3-2-4　就读院校或工作单位性质与教学实践能力评价交叉表

教学实践能力评价		就读院校或工作单位		总计
		院校	基础教育	
比较高及以上	人数 / 人	8 089$_a$	2 865$_b$	10 954
	占比 / %	33.1	42.9	35.2
一般及以下	人数 / 人	16 316$_a$	3 815$_b$	20 131
	占比 / %	66.9	57.1	64.8
总计	人数 / 人	24 405	6 680	31 085
	占比 / %	100.0	100.0	100.0

注：下标字母含义是横向比较，若字母相同，在 0.05 级别，这些类别的列比例相互之间无显著差异。

2. 不同城市教育硕士与教学实践能力的评价

不同城市教育硕士进行的教学实践能力评价，获取的有效数据是 31 085 人。

经卡方检验，χ^2 值为 15.087**，sig<0.01，表明不同城市教育硕士在对教学实践能力评价的两个选项上，至少有一个选项的频数百分比有极其显著差异。

对占比进行 Z 检验比较，从不同城市与教学实践能力评价交叉表中可以看出，在"比较高及以上"选项上，直辖市为 32.7%，低于其他选项（见表 3-2-5）。

表 3-2-5　不同城市与教学实践能力评价交叉表

教学实践能力评价		城市			总计
		省会城市（自治区首府）	直辖市	其他城市	
比较高及以上	人数/人	4 413$_a$	1 293$_b$	5 248$_a$	10 954
	占比/%	35.2	32.7	36.0	35.2
一般及以下	人数/人	8 136$_a$	2 664$_b$	9 331$_a$	20 131
	占比/%	64.8	67.3	64.0	64.8
总计	人数/人	12 549	3 957	14 579	31 085
	占比/%	100.0	100.0	100.0	100.0

注：下标字母含义是横向比较，若字母相同，在 0.05 级别，这些类别的列比例相互之间无显著差异。

3. 不同地区教育硕士与教学实践能力的评价

不同地区教育硕士进行的教学实践能力评价，获取的有效数据是 31 085 人。

经卡方检验，χ^2 值为 134.197**，sig<0.01，表明不同地区教育硕士在对教学实践能力评价的两个选项上，至少有一个选项的频数百分比有显著差异。

对占比进行 Z 检验比较，从不同地区与教学实践能力评价交叉表中可以看出，在"比较高及以上"选项上，所有地区的平均值为 35.2%，东北地区为 40.8%，高于其他选项；西南地区为 30.6%、华中地区为 32.6%、西北地区为 32.7%，低于其他选项（见表 3-2-6）。

表 3-2-6　不同地区与教学实践能力评价交叉表

教学实践能力评价		地区							总计
		华东	华南	华中	华北	西南	西北	东北	
比较高及以上	人数/人	1 872$_a$	1 562$_a$	1 779$_{b,c}$	1 442$_a$	1 115$_c$	1 322$_b$	1 862$_d$	10 954
	占比/%	36.9	36.6	32.6	35.6	30.6	32.7	40.8	35.2
一般及以下	人数/人	3 198$_a$	2 706$_a$	3 684$_{b,c}$	2 607$_a$	2 523$_c$	2 716$_b$	2 697$_d$	20 131
	占比/%	63.1	63.4	67.4	64.4	69.4	67.3	59.2	64.8
总计	人数/人	5 070	4 268	5 463	4 049	3 638	4 038	4 559	31 085
	占比/%	100.0	100.0	100.0	100.0	100.0	100.0	100.0	100.0

注：下标字母含义是横向比较，若字母相同，在 0.05 级别，这些类别的列比例相互之间无显著差异。

4. 有无从教经历教育硕士与教学实践能力的评价

有无从教经历教育硕士进行的教学实践能力评价,获取的有效数据是 31 085 人。

经卡方检验,χ^2 值为 432.360**,sig<0.01,表明有无从教经历教育硕士在对教学实践能力评价的两个选项上,至少有一个选项的频数百分比有极其显著差异。

对占比进行 Z 检验比较,从有无从教经历与教学实践能力评价交叉表中可以看出,在"比较高及以上"选项上,有从教经历为 41.6%,高于无从教经历的 30.3%(见表 3-2-7)。

表 3-2-7 有无从教经历与教学实践能力评价交叉表

教学实践能力评价		从教经历		总计
		有	无	
比较高及以上	人数 / 人	5 662$_a$	5 292$_b$	10 954
	占比 / %	41.6	30.3	35.2
一般及以下	人数 / 人	7 940$_a$	12 191$_b$	20 131
	占比 / %	58.4	69.7	64.8
总计	人数 / 人	13 602	17 483	31 085
	占比 / %	100.0	100.0	100.0

注:下标字母含义是横向比较,若字母相同,在 0.05 级别,这些类别的列比例相互之间无显著差异。

5. 能否胜任教育教学工作的教育硕士与教学实践能力的评价

能否胜任教育教学工作的教育硕士进行的教学实践能力评价,获取的有效数据是 31 085 人。

经卡方检验,χ^2 值为 833.101**,sig<0.01,表明能否胜任教育教学工作的教育硕士在对教学实践能力评价的两个选项上,至少有一个选项的频数百分比有极其显著差异。

对占比进行 Z 检验比较,从能否胜任教育教学工作与教学实践能力评价交叉表中可以看出,在"比较高及以上"选项上,能够胜任教育教学工作为

37.5%，高于不能胜任教育教学工作的 7.9%（见表 3-2-8）。

表 3-2-8 能否胜任教育教学工作与教学实践能力评价交叉表

教学实践能力评价		能否胜任教育教学工作		总计
		能	否	
比较高及以上	人数/人	10 769a	185b	10 954
	占比/%	37.5	7.9	35.2
一般及以下	人数/人	17 968a	2 163b	20 131
	占比/%	62.5	92.1	64.8
总计	人数/人	28 737	2 348	31 085
	占比/%	100.0	100.0	100.0

注：下标字母含义是横向比较，若字母相同，在 0.05 级别，这些类别的列比例相互之间无显著差异。

6. 不同专业教育硕士与教学实践能力的评价

不同专业教育硕士进行的教学实践能力评价，获取的有效数据是 31 085 人。其中评价"比较高及以上"的人数为 10 954 人，各专业对其评价的平均百分比为 35.2%，评价"一般及以下"的人数为 20 131 人，各专业对其评价的平均百分比为 64.8%。

对评价的人数残差进行标准化后发现，在评价"一般及以下"的专业中，小学教育专业的教育硕士对教学能力的评价最低，标准化残差为 3.3；其次是学科教学·英语，标准化残差为 3.2，学科教学·思政，标准化残差为 2.8；职业技术教育其标准化残差也大于 1（见表 3-2-9）。

表 3-2-9 不同专业教育硕士与教学实践能力评价交叉表

专业	比较高及以上			一般及以下			总计/人
	人数/人	百分比/%	标准化残差	人数/人	百分比/%	标准化残差	
小学教育	822	30.2	−4.5	1 904	69.8	3.3	2 726
教育管理	605	43.3	5.1	791	56.7	−3.8	1 396
心理健康教育	597	36.2	0.6	1 053	63.8	−0.5	1 650
现代教育技术	471	38.3	1.8	760	61.7	−1.3	1 231

续表

专业	比较高及以上 人数/人	百分比/%	标准化残差	一般及以下 人数/人	百分比/%	标准化残差	总计/人
特殊教育	58	30.1	−1.2	135	69.9	0.9	193
职业技术教育	395	31.1	−2.5	877	68.9	1.9	1 272
科学技术教育	74	43.8	1.9	95	56.2	−1.4	169
学前教育	511	33.7	−1	1 005	66.3	0.7	1 516
学科教学·语文	1 289	34.2	−1	2 476	65.8	0.8	3 765
学科教学·数学	918	38.4	2.6	1 475	61.6	−1.9	2 393
学科教学·英语	1 524	31.5	−4.3	3 308	68.5	3.2	4 832
学科教学·物理	424	42.2	3.7	581	57.8	−2.7	1 005
学科教学·化学	473	38.0	1.7	771	62.0	−1.2	1 244
学科教学·生物	624	39.9	3.1	941	60.1	−2.3	1 565
学科教学·思政	688	30.5	−3.8	1 566	69.5	2.8	2 254
学科教学·历史	531	34.0	−0.9	1 033	66.0	0.6	1 564
学科教学·地理	444	39.2	2.2	689	60.8	−1.7	1 133
学科教学·体育	174	48.6	4.3	184	51.4	−3.1	358
学科教学·音乐	180	41.2	2.1	257	58.8	−1.5	437
学科教学·美术	152	39.8	1.5	230	60.2	−1.1	382
总计	10 954	35.2	0	20 131	64.8	0	31 085

7. 不同隶属层次院校在校生与教学实践能力的评价

不同隶属层次院校在校生进行的教学实践能力评价，获取的有效数据是24 405人。

经卡方检验，χ^2值为17.667**，sig<0.01，表明不同隶属层次院校在校生在对教学实践能力评价的两个选项上，至少有一个选项的频数百分比有极其显著差异。

对占比进行Z检验比较，从不同院校隶属层次与教学实践能力评价交叉表中可以看出，在"比较高及以上"选项上，部属为35.9%，高于其他选项（见表3-2-10）。

表 3-2-10　院校隶属层次与教学实践能力评价交叉表

教学实践能力评价		院校隶属层次			总计
		部属	省属	市属	
比较高及以上	人数 / 人	744$_a$	6 051$_b$	1 294$_c$	8 089
	占比 / %	35.9	33.4	30.8	33.1
一般及以下	人数 / 人	1 328$_a$	12 085$_b$	2 903$_c$	16 316
	占比 / %	64.1	66.6	69.2	66.9
总计	人数 / 人	2 072	18 136	4 197	24 405
	占比 / %	100.0	100.0	100.0	100.0

注：下标字母含义是横向比较，若字母相同，在 0.05 级别，这些类别的列比例相互之间无显著差异。

8. 不同院校类型在校生与教学实践能力的评价

不同类型院校在校生进行的教学实践能力评价，获取的有效数据是 24 405 人。

经卡方检验，χ^2 值为 5.011*，sig=0.025<0.05，表明不同类型院校在校生在对教学实践能力评价的两个选项上，至少有一个选项的频数百分比有显著差异。

对占比进行 Z 检验比较，从院校类型与教学实践能力评价交叉表中可以看出，在"比较高及以上"选项上，师范类为 33.6%，高于非师范类的 32.1%（见表 3-2-11）。

表 3-2-11　院校类型与教学实践能力评价交叉表

教学实践能力评价		院校类型		总计
		师范类	非师范类	
比较高及以上	人数 / 人	5 754$_a$	2 335$_b$	8 089
	占比 / %	33.6	32.1	33.1
一般及以下	人数 / 人	11 379$_a$	4 937$_b$	16 316
	占比 / %	66.4	67.9	66.9
总计	人数 / 人	17 133	7 272	24 405
	占比 / %	100.0	100.0	100.0

注：下标字母含义是横向比较，若字母相同，在 0.05 级别，这些类别的列比例相互之间无显著差异。

9. 不同毕业年限毕业生与教学实践能力的评价

不同毕业年限毕业生进行的教学实践能力评价，获取的有效数据是9451人。

经卡方检验，χ^2值为66.065**，sig<0.01，表明不同毕业年限毕业生在对教学实践能力评价的两个选项上，至少有一个选项的频数百分比有极其显著差异。

对占比进行Z检验比较，从毕业年限与教学实践能力评价交叉表中可以看出，在"比较高及以上"选项上，7年以上为58.5%、5~6年为55.1%，高于其他选项；1年以下为39.9%、1~2年为41.9%，低于其他选项（见表3-2-12）。

表3-2-12 毕业年限与教学实践能力评价交叉表

教学实践能力评价		毕业年限					总计
		1年以下	1~2年	3~4年	5~6年	7年以上	
比较高及以上	人数/人	1848$_a$	1241$_a$	604$_b$	183$_c$	131$_c$	4007
	占比/%	39.9	41.9	46.3	55.1	58.5	42.4
一般及以下	人数/人	2784$_a$	1718$_a$	700$_b$	149$_c$	93$_c$	5444
	占比/%	60.1	58.1	53.7	44.9	41.5	57.6
总计	人数/人	4632	2959	1304	332	224	9451
	占比/%	100.0	100.0	100.0	100.0	100.0	100.0

注：下标字母含义是横向比较，若字母相同，在0.05级别，这些类别的列比例相互之间无显著差异。

10. 是否工作毕业生与教学实践能力的评价

是否工作毕业生进行的教学实践能力评价，获取的有效数据是9451人。

经卡方检验，χ^2值为59.134**，sig<0.01，表明是否工作毕业生在对教学实践能力评价的两个选项上，至少有一个选项的频数百分比有极其显著差异。

对占比进行Z检验比较，从是否工作与教学实践能力评价交叉表中可以看出，在"比较高及以上"选项上，已工作为44.6%，高于未工作的35.4%（见表3-2-13）。

表 3-2-13　是否工作与教学实践能力评价交叉表

教学实践能力评价		是否工作		总计
		是	否	
比较高及以上	人数 / 人	3204$_a$	803$_b$	4007
	占比 / %	44.6	35.4	42.4
一般及以下	人数 / 人	3981$_a$	1463$_b$	5444
	占比 / %	55.4	64.6	57.6
总计	人数 / 人	7185	2266	9451
	占比 / %	100.0	100.0	100.0

注：下标字母含义是横向比较，若字母相同，在 0.05 级别，这些类别的列比例相互之间无显著差异。

11. 毕业生是否为师范专业与教学实践能力的评价

毕业生是否为师范专业进行的教学实践能力评价，获取的有效数据是 7185 人。

经卡方检验，χ^2 值为 31.644**，sig<0.01，表明毕业生是否为师范专业在对教学实践能力评价的两个选项上，至少有一个选项的频数百分比有极其显著差异。

对占比进行 Z 检验比较，从是否为师范专业与教学实践能力评价交叉表中可以看出，在"比较高及以上"选项上，师范专业为 47.2%，高于非师范专业的 40.4%（见表 3-2-14）。

表 3-2-14　是否为师范专业与教学实践能力评价交叉表

教学实践能力评价		是否为师范专业		总计
		是	否	
比较高及以上	人数 / 人	2078$_a$	1126$_b$	3204
	占比 / %	47.2	40.4	44.6
一般及以下	人数 / 人	2323$_a$	1658$_b$	3981
	占比 / %	52.8	59.6	55.4
总计	人数 / 人	4401	2784	7185
	占比 / %	100.0	100.0	100.0

注：下标字母含义是横向比较，若字母相同，在 0.05 级别，这些类别的列比例相互之间无显著差异。

(三)在校生和毕业生与教学实践能力评价的差异性分析

在校生和毕业生进行的教学实践能力评价,获取的有效数据是31 085人。

经卡方检验,χ^2值为304.952**,sig<0.01,表明在校生和毕业生在对教学实践能力评价的两个选项上,至少有一个选项的频数百分比有极其显著的差异。

对占比进行Z检验比较,从在校生和毕业生与教学实践能力评价交叉表中可以看出,在"比较高及以上"选项上,毕业生为42.4%,高于在校生的32.1%(见表3-2-15)。

表3-2-15 在校生和毕业生与教学实践能力评价交叉表

教学实践能力评价		身份		总计
		毕业生	在校生	
比较高及以上	人数/人	4 007$_a$	6 947$_b$	10 954
	占比/%	42.4	32.1	35.2
一般及以下	人数/人	5 444$_a$	14 687$_b$	20 131
	占比/%	57.6	67.9	64.8
总计	人数/人	9 451	21 634	31 085
	占比/%	100.0	100.0	100.0

注:下标字母含义是横向比较,若字母相同,在0.05级别,这些类别的列比例相互之间无显著差异。

二、教师对教学实践能力的评价

(一)总体评价

1. 全体教师对教学实践能力的评价

从全体教师对全日制教育硕士教学实践能力评价的分布情况可以看出,评价"非常高"的占17.9%,评价"比较高"的占57.0%,评价"一般"的占23.3%,评价"比较低"的占1.6%,评价"非常低"的占0.3%(见表3-2-16)。

表 3-2-16　全体教师对教学实践能力的评价

评价	人数／人	百分比／%
非常高	2 045	17.9
比较高	6 520	57.0
一般	2 664	23.3
比较低	180	1.6
非常低	34	0.3
总计	11 443	100.1

2. 理论导师对教学实践能力的评价

从理论导师对全日制教育硕士教学实践能力评价的分布情况可以看出，评价"非常高"的占12.6%，评价"比较高"的占58.1%，评价"一般"的占26.8%，评价"比较低"的占2.0%，评价"非常低"的占0.4%（见表3-2-17）。

表 3-2-17　理论导师对教学实践能力的评价

评价	人数／人	百分比／%
非常高	854	12.6
比较高	3938	58.1
一般	1819	26.8
比较低	138	2.0
非常低	28	0.4
总计	6 777	99.9

3. 实践导师对教学实践能力的评价

从实践导师对全日制教育硕士教学实践能力评价的分布情况可以看出，评价"非常高"的占25.9%，评价"比较高"的占57.4%，评价"一般"的占15.9%，评价"比较低"和"非常低"的占0.7%（见表3-2-18）。

表 3-2-18　实践导师对教学实践能力的评价

评价	人数 / 人	百分比 / %
非常高	672	25.8
比较高	1487	57.8
一般	413	14.0
比较低	19	0.4
非常低	0	0
总计	2591	100.0

4. 任课教师对教学实践能力的评价

从任课教师对全日制教育硕士教学实践能力评价的分布情况来看，评价"非常高"的占 16.7%，评价"比较高"的占 56.8%，评价"一般"的占 24.4%，评价"比较低"的占 1.7%，评价"非常低"的占 0.3%（见表 3-2-19）。

表 3-2-19　任课教师对教学实践能力的评价

评价	人数 / 人	百分比 / %
非常高	1131	16.7
比较高	3840	56.8
一般	1648	24.4
比较低	116	1.7
非常低	21	0.3
总计	6756	99.9

5. 管理者对教学实践能力的评价

从管理者对全日制教育硕士教学实践能力评价的分布情况可以看出，评价"非常高"的占 22.1%，评价"比较高"的占 57.5%，评价"一般"的占 19.2%，评价"比较低"和"非常低"的占 1.3%（见表 3-2-20）。

表 3-2-20　管理者对教学实践能力的评价

评价	人数 / 人	百分比 / %
非常高	450	22.1

续表

评价	人数/人	百分比/%
比较高	1172	57.5
一般	391	19.2
比较低	26	1.3
非常低	1	0
总计	2040	100.1

（二）个体不同信息与教学实践能力的差异性分析

1. 不同工作单位教师与教学实践能力的评价

不同工作单位教师进行的教学实践能力评价，获取的有效数据是11 443人。

经卡方检验，χ^2值为160.409**，sig<0.01，表明不同工作单位教师在对教学实践能力评价的两个选项上，至少有一个选项的频数百分比有极其显著差异。

对占比进行Z检验比较，从工作单位性质与教学实践能力评价交叉表中可以看出，在"比较高及以上"选项上，基础教育为83.0%，高于院校的71.6%（见表3-2-21）。

表3-2-21 工作单位性质与教学实践能力评价交叉表

教学实践能力评价		工作单位性质		总计
		院校	基础教育	
比较高及以上	人数/人	5 865$_a$	2 700$_b$	8 565
	占比/%	71.6	83.0	74.8
一般及以下	人数/人	2 325$_a$	553$_b$	2 878
	占比/%	28.4	17.0	25.2
总计	人数/人	8 190	3 253	11 443
	占比/%	100.0	100.0	100.0

注：下标字母含义是横向比较，若字母相同，在0.05级别，这些类别的列比例相互之间无显著差异。

2. 不同城市教师与教学实践能力的评价

不同城市教师进行的教学实践能力评价,获取的有效数据是 11 443 人。

经卡方检验,χ^2 值为 3.366,sig=0.185>0.05,表明不同城市教师在对教学实践能力评价的两个选项上无显著差异。

3. 不同地区教师与教学实践能力的评价

不同地区教师进行的教学实践能力评价,获取的有效数据是 11 443 人。

经卡方检验,χ^2 值为 33.882**,sig<0.01,表明不同地区教师在对教学实践能力评价的两个选项上,至少有一个选项的频数百分比有极其显著差异。

对占比进行 Z 检验比较,从不同地区与教学实践能力评价交叉表中可以看出,在"比较高及以上"选项上,所有地区的平均值为 74.8%,西北地区为 68.9%,低于其他选项(见表 3-2-22)。

表 3-2-22 不同地区与教学实践能力评价交叉表

教学实践能力评价		地区							总计
		华东	华南	华中	华北	西南	西北	东北	
比较高及以上	人数/人	1 906$_a$	872$_{a,b}$	1 379$_{a,b}$	1 086$_{a,b}$	866$_b$	905$_c$	1 551$_a$	8 565
	占比/%	76.2	75.7	75.1	75.8	73.0	68.9	76.7	74.8
一般及以下	人数/人	596$_a$	280$_{a,b}$	457$_{a,b}$	346$_{a,b}$	320$_b$	408$_c$	471$_a$	2 878
	占比/%	23.8	24.3	24.9	24.2	27.0	31.1	23.3	25.2
总计	人数/人	2 502	1 152	1 836	1 432	1 186	1 313	2 022	11 443
	占比/%	100.0	100.0	100.0	100.0	100.0	100.0	100.0	100.0

注:下标字母含义是横向比较,若字母相同,在 0.05 级别,这些类别的列比例相互之间无显著差异。

4. 不同年龄教师与教学实践能力的评价

不同年龄教师进行的教学实践能力评价,获取的有效数据是 11 443 人。

经卡方检验,χ^2 值为 19.452**,sig<0.01,表明不同年龄教师对教学实践能力评价的两个选项上,至少有一个选项的频数百分比有极其显著差异。

对占比进行 Z 检验比较,从年龄与教学实践能力评价交叉表中可以看出,在"比较高及以上"选项上,35 岁及以下为 77.6%,高于其他选项,但与

36～45岁无显著差异；56岁及以上为70.6%，低于其他选项（见表3-2-23）。

表3-2-23 年龄与教学实践能力评价交叉表

教学实践能力评价		年龄				总计
		35岁及以下	36～45岁	46～55岁	56岁及以上	
比较高及以上	人数/人	1 162$_a$	3 431$_{a,b}$	3 189$_b$	783$_c$	8 565
	占比/%	77.6	75.7	74.1	70.6	74.8
一般及以下	人数/人	336$_a$	1 102$_{a,b}$	1 114$_b$	326$_c$	2 878
	占比/%	22.4	24.3	25.9	29.4	25.2
总计	人数/人	1 498	4 533	4 303	1 109	11 443
	占比/%	100.0	100.0	100.0	100.0	100.0

注：下标字母含义是横向比较，若字母相同，在0.05级别，这些类别的列比例相互之间无显著差异。

5. 不同学历教师与教学实践能力的评价

不同学历教师进行的教学实践能力评价，获取的有效数据是11 443人。

经卡方检验，χ^2值为76.127**，sig<0.01，表明不同学历教师对教学实践能力评价的两个选项上，至少有一个选项的频数百分比有极其显著差异。

对占比进行Z检验比较，从学历与教学实践能力评价交叉表中可以看出，在"比较高及以上"选项上，本科生及以下为81.1%，高于其他选项（见表3-2-24）。

表3-2-24 学历与教学实践能力评价交叉表

教学实践能力评价		学历			总计
		博士研究生	硕士研究生	本科生及以下	
比较高及以上	人数/人	3 514$_a$	3 021$_b$	2 030$_c$	8 565
	占比/%	71.8	74.7	81.1	74.8
一般及以下	人数/人	1 382$_a$	1 022$_b$	474$_c$	2 878
	占比/%	28.2	25.3	18.9	25.2
总计	人数/人	4 896	4 043	2 504	11 443
	占比/%	100.0	100.0	100.0	100.0

注：下标字母含义是横向比较，若字母相同，在0.05级别，这些类别的列比例相互之间无显著差异。

6. 不同职称教师与教学实践能力的评价

不同职称教师进行的教学实践能力评价，获取的有效数据是 11 443 人。

经卡方检验，χ^2 值为 15.731**，sig<0.01，表明不同职称教师对教学实践能力评价的两个选项上，至少有一个选项的频数百分比有极其显著差异。

对占比进行 Z 检验比较，从职称与教学实践能力评价交叉表中可以看出，在"比较高及以上"选项上，中级及以下为 77.4%，高于其他选项（见表 3-2-25）。

表 3-2-25　职称与教学实践能力评价交叉表

教学实践能力评价		职称			总计
		正高级	副高级	中级及以下	
比较高及以上	人数 / 人	2 219[a]	4 456[b]	1 890[c]	8 565
	占比 / %	72.8	74.9	77.4	74.8
一般及以下	人数 / 人	831[a]	1 496[b]	551[c]	2 878
	占比 / %	27.2	25.1	22.6	25.2
总计	人数 / 人	3 050	5 952	2 441	11 443
	占比 / %	100.0	100.0	100.0	100.0

注：下标字母含义是横向比较，若字母相同，在 0.05 级别，这些类别的列比例相互之间无显著差异。

7. 不同工作年限教师与教学实践能力的评价

不同工作年限教师进行的教学实践能力评价，获取的有效数据是 11 443 人。

经卡方检验，χ^2 值为 3.489，sig=0.322>0.05，表明不同工作年限教师在对教学实践能力评价的两个选项上无显著差异。

8. 不同专业教师与教学实践能力的评价

不同专业教师进行的教学实践能力评价，获取的有效数据是 10 988 人。其中评价"比较高及以上"的人数为 8227 人，各专业对其评价的平均百分比为 74.9%，评价"一般及以下"的人数为 2761 人，各专业对其评价的平均百分比为 25.1%。

对评价的人数残差进行标准化后发现，在评价"一般及以下"的专业中，学科教育·体育专业的教师对教学能力的评价最低，标准化残差为4.1；教育管理、心理健康教育、特殊教育和学前教育的评价也低于平均水平，其标准化残差均大于1（见表3-2-26）。

表3-2-26 教师所在专业与教学实践能力评价交叉表

专业	比较高及以上 人数/人	比较高及以上 百分比/%	比较高及以上 标准化残差	一般及以下 人数/人	一般及以下 百分比/%	一般及以下 标准化残差	总计/人
小学教育	617	74.2	−0.2	215	25.8	0.4	832
教育管理	374	72.2	−0.7	144	27.8	1.2	518
心理健康教育	289	70.7	−1.0	120	29.3	1.7	409
现代教育技术	283	73.3	−0.4	103	26.7	0.6	386
特殊教育	24	61.5	−1.0	15	38.5	1.7	39
职业技术教育	369	72.6	−0.6	139	27.4	1.0	508
科学技术教育	50	78.1	0.3	14	21.9	−0.5	64
学前教育	306	71.3	−0.8	123	28.7	1.5	429
学科教学·语文	1 131	76.2	0.6	353	23.8	−1.0	1 484
学科教学·数学	621	76.7	0.6	189	23.3	−1.0	810
学科教学·英语	1 011	74.1	−0.3	353	25.9	0.6	1 364
学科教学·物理	333	77.4	0.6	97	22.6	−1.1	430
学科教学·化学	415	77.1	0.6	123	22.9	−1.0	538
学科教学·生物	498	79.9	1.5	125	20.1	−2.5	623
学科教学·思政	567	74.9	0	190	25.1	0	757
学科教学·历史	411	73.8	−0.3	146	26.2	0.5	557
学科教学·地理	428	79.4	1.2	111	20.6	−2.1	539
学科教学·体育	100	59.2	−2.4	69	40.8	4.1	169
学科教学·音乐	224	74.7	0	76	25.3	0.1	300
学科教学·美术	176	75.9	0.2	56	24.1	−0.3	232
总计	8 227	74.9	0	2 761	25.1	0	10 988

9. 不同隶属层次院校教师与教学实践能力的评价

不同隶属层次院校教师进行的教学实践能力评价，获取的有效数据是 8190 人。

经卡方检验，χ^2 值为 8.920*，sig=0.012<0.05，表明不同隶属层次院校教师在对教学实践能力评价的两个选项上，至少有一个选项的频数百分比有显著差异。

对占比进行 Z 检验比较，从院校隶属层次与教学实践能力评价交叉表中可以看出，在"比较高及以上"选项上，市属为 76.3%，高于省属的 71.0%，但与部属无显著差异（见表 3-2-27）。

表 3-2-27 院校隶属层次与教学实践能力评价交叉表

教学实践能力评价		院校隶属层次			总计
		部属	省属	市属	
比较高及以上	人数/人	457$_{a,b}$	4878$_b$	530$_a$	5865
	占比/%	72.8	71.0	76.3	71.6
一般及以下	人数/人	171$_{a,b}$	1989$_b$	165$_a$	2325
	占比/%	27.2	29.0	23.7	28.4
总计	人数/人	628	6867	695	8190
	占比/%	100.0	100.0	100.0	100.0

注：下标字母含义是横向比较，若字母相同，在 0.05 级别，这些类别的列比例相互之间无显著差异。

10. 不同类型院校教师与教学实践能力的评价

不同类型院校教师进行的教学实践能力评价，获取的有效数据是 8190 人。

经卡方检验，χ^2 值为 4.146*，sig=0.042<0.05，表明不同类型院校教育硕士在对教学实践能力评价的两个选项上，至少有一个选项的频数百分比有显著差异。

对占比进行 Z 检验比较，从院校类型与教学实践能力评价交叉表中可以看出，在"比较高及以上"选项上，非师范类为 73.2%，高于师范类的 71.0%（见表 3-2-28）。

表 3-2-28　院校类型与教学实践能力评价交叉表

教学实践能力评价		院校类型		总计
		师范类	非师范类	
比较高及以上	人数 / 人	4084$_a$	1781$_b$	5865
	占比 / %	71.0	73.2	71.6
一般及以下	人数 / 人	1672$_a$	653$_b$	2325
	占比 / %	29.0	26.8	28.4
总计	人数 / 人	5756	2434	8190
	占比 / %	100.0	100.0	100.0

注：下标字母含义是横向比较，若字母相同，在 0.05 级别，这些类别的列比例相互之间无显著差异。

11. 有无教育学相关背景教师与教学实践能力的评价

有无教育学相关背景教师进行的教学实践能力评价，主要对象为理论导师，获取的有效数据是 6777 人。

经卡方检验，χ^2 值为 0.596，sig=0.440>0.05，表明有无教育学相关背景教师在对教学实践能力评价的两个选项上无显著差异。

12. 有无基础教育工作经历和研究经历教师与教学实践能力的评价

有无基础教育工作经历和研究经历教师进行的教学实践能力评价，主要对象为理论导师，获取的有效数据是 6777 人。

经卡方检验，χ^2 值为 12.456**，sig<0.01，表明有无基础教育工作经历和研究经历教师对教学实践能力评价的两个选项上，至少有一个选项的频数百分比有极其显著差异。

对占比进行 Z 检验比较，有无基础教育工作经历和研究经历与教学实践能力评价交叉表中可以看出，在"比较高及以上"选项上，有基础教育和研究经历为 72.1%，高于无基础教育和研究经历的 67.9%（见表 3-2-29）。

表 3-2-29 有无基础教育工作经历和研究经历与教学实践能力评价交叉表

教学实践能力评价		基础教育和研究经历		总计
		有	无	
比较高及以上	人数 / 人	3264$_a$	1528$_b$	4792
	占比 / %	72.1	67.9	70.7
一般及以下	人数 / 人	1264$_a$	721$_b$	1985
	占比 / %	27.9	32.1	29.3
总计	人数 / 人	4528	2249	6777
	占比 / %	100.0	100.0	100.0

注：下标字母含义是横向比较，若字母相同，在0.05级别，这些类别的列比例相互之间无显著差异。

13. 教师担任导师年限与教学实践能力的评价

教师担任导师年限进行的教学实践能力评价，获取的有效数据是9368人。

经卡方检验，χ^2值为21.470**，sig<0.01，表明教师担任导师年限对教学能实践力评价的两个选项上，至少有一个选项的频数百分比有极其显著差异。

对占比进行Z检验比较，从担任导师年限和教学实践能力评价交叉表中可以看出，在"比较高及以上"选项上，0~5年为75.6%，高于其他选项，但与6~10年无显著差异（见表3-2-30）。

表 3-2-30 担任导师年限与教学实践能力评价交叉表

教学实践能力评价		担任导师年限					总计
		0~5年	6~10年	11~15年	16~20年	20年以上	
比较高及以上	人数 / 人	4229$_a$	1680$_{a,b}$	634$_c$	244$_{b,c}$	164$_{b,c}$	6951
	占比 / %	75.6	73.7	69.7	70.3	69.2	74.2
一般及以下	人数 / 人	1366$_a$	599$_{a,b}$	276$_c$	103$_{b,c}$	73$_{b,c}$	2417
	占比 / %	24.4	26.3	30.3	29.7	30.8	25.8
总计	人数 / 人	5595	2279	910	347	237	9368
	占比 / %	100.0	100.0	100.0	100.0	100.0	100.0

注：下标字母含义是横向比较，若字母相同，在0.05级别，这些类别的列比例相互之间无显著差异。

14. 双导师间是否经常进行沟通合作与教学实践能力的评价

双导师间是否经常沟通合作进行的教学实践能力评价，获取的有效数据是9368人。

经卡方检验，χ^2值为359.589**，sig<0.01，表明双导师间是否经常沟通合作对教学实践能力评价的两个选项上，至少有一个选项的频数百分比有极其显著差异。

对占比进行Z检验比较，从双导师间是否经常沟通合作和教学实践能力评价交叉表中可以看出，在"比较高及以上"选项上，经常沟通合作为77.9%，高于不经常沟通合作的54.3%（见表3-2-31）。

表3-2-31 双导师间是否经常沟通合作与教学实践能力评价交叉表

教学实践能力评价		双导师间是否经常沟通合作		总计
		是	否	
比较高及以上	人数/人	6155$_a$	796$_b$	6951
	占比/%	77.9	54.3	74.2
一般及以下	人数/人	1747$_a$	670$_b$	2417
	占比/%	22.1	45.7	25.8
总计	人数/人	7902	1466	9368
	占比/%	100.0	100.0	100.0

注：下标字母含义是横向比较，若字母相同，在0.05级别，这些类别的列比例相互之间无显著差异。

（三）不同教师身份与教学实践能力评价的差异性分析

不同身份教师进行的教学实践能力评价，获取的有效数据是18 164人。

经卡方检验，χ^2值为187.755**，sig<0.01，表明不同教师身份对教学实践能力评价的两个选项上，至少有一个选项的频数百分比有极其显著差异。

对占比进行Z检验比较，从不同教师身份与教学实践能力交叉表中可以看出，在"比较高及以上"选项上，实践导师为83.3%，高于其他选项；理论教师为70.7%，低于其他选项（见表3-2-32）。

表 3-2-32　教师身份与教学实践能力评价交叉表

教学实践能力评价		教师身份				总计
		理论导师	实践导师	任课教师	管理者	
比较高及以上	人数 / 人	4 792$_a$	2 159$_b$	4 971$_c$	1 622$_d$	13 544
	占比 / %	70.7	83.3	73.6	79.5	74.6
一般及以下	人数 / 人	1 985$_a$	432$_b$	1 785$_c$	418$_d$	4 620
	占比 / %	29.3	16.7	26.4	20.5	25.4
总计	人数 / 人	6 777	2 591	6 756	2 040	18 164
	占比 / %	100.0	100.0	100.0	100.0	100.0

注：下标字母含义是横向比较，若字母相同，在 0.05 级别，这些类别的列比例相互之间无显著差异。

三、教育硕士和教师与教学实践能力评价的差异性分析

教育硕士和教师进行的教学实践能力评价，获取的有效数据是 42 528 人。

经卡方检验，χ^2 值为 5 284.802**，sig<0.01，表明教育硕士和教师在对教学实践能力评价的两个选项上，至少有一个选项的频数百分比有极其显著差异。

对占比进行 Z 检验比较，从教育硕士和教师与全日制教育硕士教学实践能力评价交叉表中可以看出，在"比较高及以上"选项上，教师为 74.8%，高于教育硕士的 35.2%（见表 3-2-33）。

表 3-2-33　教育硕士和教师与教学实践能力评价交叉表

教学实践能力评价		身份		总计
		教育硕士	教师	
比较高及以上	人数 / 人	10 954$_a$	8 562$_b$	19 516
	占比 / %	35.2	74.8	45.9
一般及以下	人数 / 人	20 131$_a$	2 878$_b$	23 009
	占比 / %	64.8	25.2	54.1

续表

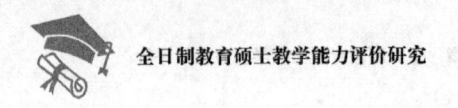

教学实践能力评价		身份		总计
		教育硕士	教师	
总计	人数/人	31 085	11 443	42 528
	占比/%	100.0	100.0	100.0

注：下标字母含义是横向比较，若字母相同，在 0.05 级别，这些类别的列比例相互之间无显著差异。

第三节 教学反思和研究能力总体评价

一、教育硕士对教学反思和研究能力的评价

（一）总体评价

1. 全体教育硕士对教学反思和研究能力的评价

从全体教育硕士对教学反思与研究能力评价的分布情况可以看出，评价"非常高"的占 5.9%，评价"比较高"的占 30.4%，评价"一般"的占 58.7%，评价"比较低"的占 4.5%，评价"非常低"的占 0.5%（见表 3-3-1）。

表 3-3-1 全体教育硕士对教学反思与研究能力的评价

评价	人数/人	百分比/%
非常高	1 833	5.9
比较高	9 460	30.4
一般	18 233	58.7
比较低	1 405	4.5
非常低	154	0.5
总计	31 085	100.0

2. 在校生对教学反思和研究能力的评价

从在校生对全日制教育硕士教学反思与研究能力评价的分布情况可以看出，

评价"非常高"的占 5.1%，评价"比较高"的占 28.8%，评价"一般"的占 60.5%，评价"比较低"的占 5.1%，评价"非常低"的占 0.5%（见表 3-3-2）。

表 3-3-2　在校生对教学反思与研究能力的评价

评价	人数 / 人	百分比 / %
非常高	1 103	5.1
比较高	6 221	28.8
一般	13 090	60.5
比较低	1 104	5.1
非常低	116	0.5
总计	21 634	100.0

3. 毕业生对教学反思和研究能力的评价

从毕业生对全日制教育硕士教学反思与研究能力评价的分布情况可以看出，评价"非常高"的占 7.7%，评价"比较高"的占 34.3%，评价"一般"的占 54.4%，评价"比较低"的占 3.2%，评价"非常低"的占 0.4%（见表 3-3-3）。

表 3-3-3　毕业生对教学反思与研究能力的评价

评价	人数 / 人	百分比 / %
非常高	730	7.7
比较高	3239	34.3
一般	5143	54.4
比较低	301	3.2
非常低	38	0.4
总计	9451	100.0

（二）个体不同信息与教学反思和研究能力的差异性分析

1. 不同就读院校或工作单位的教育硕士与教学反思和研究能力的评价

不同就读院校或工作单位的教育硕士进行的教学评价与创新能力评价，获取的有效数据是 31 085 人。

经卡方检验，χ^2 值为 94.283**，sig<0.01，表明不同就读院校或工作单位教育硕士在对教学反思和研究能力评价的两个选项上，至少有一个选项的频数百分比有极其显著差异。

对占比进行 Z 检验比较，从不同就读院校或工作单位与教学反思和研究能力评价交叉表中可以看出，在"比较高及以上"选项上，基础教育为 41.4%，高于院校的 34.9%（见表 3-3-4）。

表 3-3-4 就读院校或工作单位与教学反思和研究能力交叉表

教学反思和研究能力评价		就读院校或工作单位		总计
		院校	基础教育	
比较高及以上	人数 / 人	8 528$_a$	2 765$_b$	11 293
	占比 / %	34.9	41.4	36.3
一般及以下	人数 / 人	15 877$_a$	3 915$_b$	19 792
	占比 / %	65.1	58.6	63.7
总计	人数 / 人	24 405	6 680	31 085
	占比 / %	100.0	100.0	100.0

注：下标字母含义是横向比较，若字母相同，在 0.05 级别，这些类别的列比例相互之间无显著差异。

2. 不同城市教育硕士与教学反思和研究能力的评价

不同城市教育硕士进行的教学反思和研究能力评价，获取的有效数据是 31 085 人。

经卡方检验，χ^2 值为 7.396*，sig=0.025<0.05，表明不同城市教育硕士在对教学反思和研究能力评价的两个选项上，至少有一个选项的频数百分比有显著差异。

对占比进行 Z 检验比较，从不同城市和教学反思和研究能力评价交叉表中可以看出，在"比较高及以上"选项上，其他城市为 36.9%，高于直辖市的 34.6%，但与省会城市（自治区首府）无显著差异（见表 3-3-5）。

表 3-3-5 不同城市与教学反思和研究能力评价交叉表

教学反思和研究能力评价		城市			总计
		省会城市（自治区首府）	直辖市	其他城市	
比较高及以上	人数/人	4 539$_{a, b}$	1 370$_b$	5 384$_a$	11 293
	占比/%	36.2	34.6	36.9	36.3
一般及以下	人数/人	8 010$_{a, b}$	2 587$_b$	9 195$_a$	19 792
	占比/%	63.8	65.4	63.1	63.7
总计	人数/人	12 549	3 957	14 579	31 085
	占比/%	100.0	100.0	100.0	100.0

注：下标字母含义是横向比较，若字母相同，在 0.05 级别，这些类别的列比例相互之间无显著差异。

3. 不同地区教育硕士与教学反思和研究能力的评价

不同地区教育硕士进行的教学反思和研究能力评价，获取的有效数据是 31 085 人。

经卡方检验，χ^2 值为 167.821**，sig<0.01，表明不同地区教育硕士在对教学反思和研究能力评价的两个选项上，至少有一个选项的频数百分比有极其显著差异。

对占比进行 Z 检验比较，从不同地区与教学反思和研究能力评价交叉表中可以看出，在"比较高及以上"选项上，所有地区的平均值为 36.3%，东北地区为 43.7%，高于其他选项；西南地区为 31.7%，低于其他选项（见表 3-3-6）。

表 3-3-6 不同地区与教学反思和研究能力评价交叉表

教学反思和研究能力评价		地区							总计
		华东	华南	华中	华北	西南	西北	东北	
比较高及以上	人数/人	1 898$_a$	1 549$_a$	1 844$_b$	1 474$_a$	1 155$_c$	1 379$_b$	1 994$_d$	11 293
	占比/%	37.4	36.3	33.8	36.4	31.7	34.2	43.7	36.3
一般及以下	人数/人	3 172$_a$	2 719$_a$	3 619$_b$	2 575$_a$	2 483$_c$	2 659$_b$	2 565$_d$	19 792
	占比/%	62.6	63.7	66.2	63.6	68.3	65.8	56.3	63.7

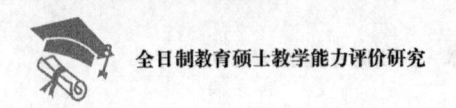

续表

教学反思和研究能力评价		地区							总计
		华东	华南	华中	华北	西南	西北	东北	
总计	人数/人	5 070	4 268	5 463	4 049	3 638	4 038	4 559	31 085
	占比/%	100.0	100.0	100.0	100.0	100.0	100.0	100.0	100.0

注：下标字母含义是横向比较，若字母相同，在 0.05 级别，这些类别的列比例相互之间无显著差异。

4. 有无从教经历教育硕士与教学反思和研究能力的评价

有无从教经历教育硕士进行的教学反思和研究能力评价，获取的有效数据是 31 085 人。

经卡方检验，χ^2 值为 18 061**，sig<0.01，表明有无从教经历教育硕士在对教学反思和研究能力评价的两个选项上，至少有一个选项的频数百分比有极其显著差异。

对占比进行 Z 检验比较，从有无从教经历与教学反思和研究能力评价交叉表中可以看出，在"比较高及以上"选项上，有从教经历为 40.5%，高于无从教经历的 33.1%（见表 3-3-7）。

表 3-3-7　有无从教经历与教学反思和研究能力评价交叉表

教学反思和研究能力评价		从教经历		总计
		有	无	
比较高及以上	人数/人	5 506$_a$	5 787$_b$	11 293
	占比/%	40.5	33.1	36.3
一般及以下	人数/人	8 096$_a$	11 696$_b$	19 792
	占比/%	59.5	66.9	63.7
总计	人数/人	13 602	17 483	31 085
	占比/%	100.0	100.0	100.0

注：下标字母含义是横向比较，若字母相同，在 0.05 级别，这些类别的列比例相互之间无显著差异。

5. 能否胜任教育教学工作的教育硕士与教学反思和研究能力的评价

能否胜任教育教学工作的教育硕士进行的教学反思和研究能力评价，获取的有效数据是 31 085 人。

经卡方检验，χ^2 值为 638.072**，sig<0.01，表明能否胜任教育教学工作的教育硕士在对教学反思和研究能力评价的两个选项上，至少有一个选项的频数百分比有极其显著差异。

对占比进行 Z 检验比较，从能否胜任教育教学工作与教学反思和研究能力评价交叉表中可以看出，在"比较高及以上"选项上，能胜任教育教学工作为 38.3%，高于不能胜任教育教学工作的 12.2%（见表 3-3-8）。

不同专业教育硕士进行的教学反思和实践能力评价，获取的有效数据是 31 085 人。其中评价"比较高及以上"的人数为 11 293 人，各专业对其评价的平均百分比为 36.3%，评价"一般及以下"的人数为 19 792 人，各专业对其评价的平均百分比为 63.7%。

表 3-3-8　能否胜任教育教学工作与教学反思和研究能力评价交叉表

教学反思和研究能力评价		能否胜任教育教学工作		总计
		能	否	
比较高及以上	人数 / 人	11 006$_a$	287$_b$	11 293
	占比 / %	38.3	12.2	36.3
一般及以下	人数 / 人	17 731$_a$	2 061$_b$	19 792
	占比 / %	61.7	87.8	63.7
总计	人数 / 人	28 737	2 348	31 085
	占比 / %	100.0	100.0	100.0

注：下标字母含义是横向比较，若字母相同，在 0.05 级别，这些类别的列比例相互之间无显著差异。

6. 不同专业教育硕士与教学反思和研究能力的评价

对评价的人数残差进行标准化后发现，在评价"一般及以下"的专业中，小学教育和学科教学·思政专业的教育硕士对教学能力的评价最低，标准化残差均为 2.6；其次是学科教学·英语，标准化残差为 2.4；学科教学·语文和学科教学·历史评价均低于平均值，其标准化残差均大于 1（见表 3-3-9）。

表 3-3-9　不同专业教育硕士与教学反思和实践能力评价交叉表

专业	比较高及以上 人数/人	百分比/%	标准化残差	一般及以下 人数/人	百分比/%	标准化残差	总计/人
小学教育	884	32.4	−3.4	1 842	67.6	2.6	2 726
教育管理	612	43.8	4.7	784	56.2	−3.5	1 396
心理健康教育	651	39.5	2.1	999	60.5	−1.6	1 650
现代教育技术	489	39.7	2.0	742	60.3	−1.5	1 231
特殊教育	62	32.1	−1.0	131	67.9	0.7	193
职业技术教育	435	34.2	−1.3	837	65.8	1.0	1 272
科学技术教育	72	42.6	1.4	97	57.4	−1.0	169
学前教育	579	38.2	1.2	937	61.8	−0.9	1 516
学科教学·语文	1 284	34.1	−2.3	2 481	65.9	1.7	3 765
学科教学·数学	920	38.4	1.7	1 473	61.6	−1.3	2 393
学科教学·英语	1 624	33.6	−3.1	3 208	66.4	2.4	4 832
学科教学·物理	407	40.5	2.2	598	59.5	−1.7	1 005
学科教学·化学	477	38.3	1.2	767	61.7	−0.9	1 244
学科教学·生物	608	38.8	1.7	957	61.2	−1.2	1 565
学科教学·思政	719	31.9	−3.5	1 535	68.1	2.6	2 254
学科教学·历史	513	32.8	−2.3	1 051	67.2	1.7	1 564
学科教学·地理	424	37.4	0.6	709	62.6	−0.5	1 133
学科教学·体育	176	49.2	4.0	182	50.8	−3.0	358
学科教学·音乐	190	43.5	2.5	247	56.5	−1.9	437
学科教学·美术	167	43.7	2.4	215	56.3	−1.8	382
总计	11 293	36.3	0	19 792	63.7	0	31 085

7. 不同隶属层次院校在校生与教学反思和研究能力的评价

不同隶属层次院校在校生进行的教学反思和研究能力评价，获取的有效数据是 24 405 人。

经卡方检验，χ^2 值为 15.973**，sig<0.01，表明不同隶属层次院校在校生在对教学反思和研究能力评价的两个选项上，至少有一个选项的频数百分比有极

其显著差异。

对占比进行 Z 检验比较，从不同院校隶属层次与教学反思和研究能力评价交叉表中可以看出，在"比较高及以上"选项上，部属为 37.5%，高于其他选项（见表 3-3-10）。

表 3-3-10 院校隶属层次与教学反思和研究能力评价交叉表

教学反思和研究能力评价		院校隶属层次			总计
		部属	省属	市属	
比较高及以上	人数 / 人	777$_a$	6 380$_b$	1 371$_c$	8 528
	占比 / %	37.5	35.2	32.7	34.9
一般及以下	人数 / 人	1 295$_a$	11 756$_b$	2 826$_c$	15 877
	占比 / %	62.5	64.8	67.3	65.1
总计	人数 / 人	2 072	18 136	4 197	24 405
	占比 / %	100.0	100.0	100.0	100.0

注：下标字母含义是横向比较，若字母相同，在 0.05 级别，这些类别的列比例相互之间无显著差异。

8. 不同院校类型在校生与教学反思和研究能力的评价

不同类型院校在校生进行的教学反思和研究能力评价，获取的有效数据是 24 405 人。

经卡方检验，χ^2 值为 0.054，sig=0.817>0.05，表明不同类型院校在校生在对教学反思和研究能力评价的两个选项上无显著差异。

9. 不同毕业年限毕业生与教学反思和研究能力的评价

不同毕业年限毕业生进行的教学反思和研究能力评价，获取的有效数据是 9451 人。

经卡方检验，χ^2 值为 33.926**，sig<0.01，表明不同毕业年限毕业生在对教学反思和研究能力评价的两个选项上，至少有一个选项的频数百分比有极其显著差异。

对占比进行 Z 检验比较，毕业年限与教学反思和研究能力评价交叉表中可以看出，在"比较高及以上"选项上，7 年以上为 55.8%，高于其他选项，但与 5~6 年无显著差异；1 年以下为 40.1%，低于其他选项（见表 3-3-11）。

表 3-3-11　毕业年限与教学反思和研究能力评价交叉表

教学反思和研究能力评价		毕业年限					总计
		1 年以下	1~2 年	3~4 年	5~6 年	7 年以上	
比较高及以上	人数 / 人	1856$_a$	1253$_b$	571$_{b,c}$	164$_{c,d}$	125$_d$	3969
	占比 / %	40.1	42.3	43.8	49.4	55.8	42.0
一般及以下	人数 / 人	2776$_a$	1706$_b$	733$_{b,c}$	168$_{c,d}$	99$_d$	5482
	占比 / %	59.9	57.7	56.2	50.6	44.2	58.0
总计	人数 / 人	4632	2959	1304	332	224	9451
	占比 / %	100.0	100.0	100.0	100.0	100.0	100.0

注：下标字母含义是横向比较，若字母相同，在 0.05 级别，这些类别的列比例相互之间无显著差异。

10. 是否工作毕业生与教学反思和研究能力的评价

是否工作毕业生进行的教学反思和研究能力评价，获取的有效数据是 9451 人。

经卡方检验，χ^2 值为 17.880**，sig<0.01，表明是否工作毕业生在对教学反思和研究能力评价的两个选项上，至少有一个选项的频数百分比有极其显著差异。

对占比进行 Z 检验比较，从是否工作与教学反思和研究能力评价交叉表中可以看出，在"比较高及以上"选项中，已工作为 43.2%，高于未工作的 38.2%（见表 3-3-12）。

表 3-3-12　是否工作与教学反思和研究能力评价交叉表

教学反思和研究能力评价		是否工作		总计
		是	否	
比较高及以上	人数 / 人	3104$_a$	865$_b$	3969
	占比 / %	43.2	38.2	42.0
一般及以下	人数 / 人	4081$_a$	1401$_b$	5482
	占比 / %	56.8	61.8	58.0

续表

教学反思和研究能力评价		是否工作		总计
		是	否	
总计	人数/人	7185	2266	9451
	占比/%	100.0	100.0	100.0

注：下标字母含义是横向比较，若字母相同，在 0.05 级别，这些类别的列比例相互之间无显著差异。

11. 毕业生是否为师范专业与教学反思和研究能力的评价

毕业生是否为师范专业进行的教学反思和研究能力评价，获取的有效数据是 7185 人。

经卡方检验，χ^2 值为 6.642**，sig<0.01，表明毕业生是否为师范专业在对教学反思和研究能力评价的两个选项上，至少有一个选项的频数百分比有极其显著差异。

对占比进行 Z 检验比较，从是否为师范专业与教学反思和研究能力评价交叉表中可以看出，在"比较高及以上"选项上，师范专业为 44.4%，高于非师范专业的 41.3%（见表 3-3-13）。

表 3-3-13 是否为师范专业与教学反思和研究能力评价交叉表

教学反思和研究能力评价		是否为师范专业		总计
		是	否	
比较高及以上	人数/人	1954$_a$	1150$_b$	3104
	占比/%	44.4	41.3	43.2
一般及以下	人数/人	2447$_a$	1634$_b$	4081
	占比/%	55.6	58.7	56.8
总计	人数/人	4401	2784	7185
	占比/%	100.0	100.0	100.0

注：下标字母含义是横向比较，若字母相同，在 0.05 级别，这些类别的列比例相互之间无显著差异。

（三）在校生和毕业生与教学反思和研究能力评价的差异性分析

在校生和毕业生进行的教学反思和研究能力评价，获取的有效数据是 31 085 人。

经卡方检验，χ^2 值为 188.481**，sig<0.01，表明在校生和毕业生在对教学反思和研究能力评价的两个选项上，至少有一个选项的频数百分比有极其显著差异。

对占比进行 Z 检验比较，从在校生和毕业生与教学反思和研究能力评价交叉表中可以看出，在"比较高及以上"选项上，毕业生为 42.0%，高于在校生的 33.9%（见表 3-3-14）。

表 3-3-14　在校生和毕业生与教学反思和研究能力评价交叉表

教学反思和研究能力评价		身份		总计
		毕业生	在校生	
比较高及以上	人数 / 人	3 969_a	7 324_b	11 293
	占比 / %	42.0	33.9	36.3
一般及以下	人数 / 人	5 482_a	14 310_b	19 792
	占比 / %	58.0	66.1	63.7
总计	人数 / 人	9 451	21 634	31 085
	占比 / %	100.0	100.0	100.0

注：下标字母含义是横向比较，若字母相同，在 0.05 级别，这些类别的列比例相互之间无显著差异。

二、教师对教学反思和研究能力的评价

（一）总体评价

1. 全体教师对教学反思和研究能力的评价

从全体教师对全日制教育硕士教学反思和研究能力评价的分布情况可以看出，评价"非常高"的占 17.1%，评价"比较高"的占 52.8%，评价"一般"

的占 27.4%，评价"比较低"的占 2.4%，评价"非常低"的占 0.3%（见表 3-3-15）。

表 3-3-15　全体教师对教学反思和研究能力的评价

评价	人数 / 人	百分比 / %
非常高	1 953	17.1
比较高	6 043	52.8
一般	3 132	27.4
比较低	279	2.4
非常低	36	0.3
总计	11 443	100.0

2. 理论导师对教学反思和研究能力的评价

从理论导师对全日制教育硕士教学反思和研究能力评价的分布情况可以看出，评价"非常高"的占 11.5%，评价"比较高"的占 51.9%，评价"一般"的占 32.8%，评价"比较低"的占 3.3%，评价"非常低"的占 0.4%（见表 3-3-16）。

表 3-3-16　理论导师对教学反思和研究能力的评价

评价	人数 / 人	百分比 / %
非常高	782	11.5
比较高	3516	51.9
一般	2223	32.8
比较低	226	3.3
非常低	30	0.4
总计	6777	99.9

3. 实践导师对教学反思和研究能力的评价

从实践导师对全日制教育硕士教学反思和研究能力评价的分布情况可以看出，评价"非常高"的占 25.7%，评价"比较高"的占 57.4%，评价"一般"的占 16.0%，评价"比较低"和"非常低"的占 0.9%（见表 3-3-17）。

表 3-3-17　实践导师对教学反思和研究能力的评价

评价	人数 / 人	百分比 / %
非常高	666	25.7
比较高	1487	57.4
一般	415	16.0
比较低	23	0.9
非常低	0	0
总计	2591	100.0

4. 任课教师对教学反思和研究能力的评价

从任课教师对全日制教育硕士教学反思和研究能力评价的分布情况可以看出，评价"非常高"的占 15.6%，评价"比较高"的占 51.9%，评价"一般"的占 29.5%，评价"比较低"的占 2.6%，评价"非常低"的占 0.3%（见表 3-3-18）。

表 3-3-18　任课教师对教学反思和研究能力的评价

评价	人数 / 人	百分比 / %
非常高	1057	15.6
比较高	3504	51.9
一般	1995	29.5
比较低	178	2.6
非常低	22	0.3
总计	6756	99.9

5. 管理者对教学反思和研究能力的评价

从管理者对全日制教育硕士教学反思和研究能力评价的分布情况可以看出，评价"非常高"的占 20.6%，评价"比较高"的占 54.2%，评价"一般"的占 23.1%，评价"比较低"的占 1.9%，评价"非常低"的占 0.1%（见表 3-3-19）。

表 3-3-19　管理者对教学反思和研究能力的评价

评价	人数 / 人	百分比 / %
非常高	421	20.6
比较高	1106	54.2
一般	472	23.1
比较低	39	1.9
非常低	2	0.1
总计	2040	99.9

（二）个体不同信息与教学反思和研究能力的差异性分析

1. 不同工作单位教师与教学反思和研究能力的评价

不同工作单位教师进行的教学反思和研究能力评价，获取的有效数据是 11 443 人。

经卡方检验，χ^2 值为 342.856**，sig<0.01，表明不同工作单位教师在对教学反思和研究能力评价的两个选项上，至少有一个选项的频数百分比有极其显著差异。

对占比进行 Z 检验比较，从工作单位性质与教学反思和研究能力评价交叉表中可以看出，在"比较高及以上"选项上，基础教育为 82.5%，高于院校的 64.9%（见表 3-3-20）。

表 3-3-20　工作单位性质与教学反思和研究能力评价交叉表

教学反思和研究能力评价		工作单位性质		总计
		高校	基础教育	
比较高及以上	人数 / 人	2 683$_b$	5 313$_a$	7 996
	占比 / %	82.5	64.9	69.9
一般及以下	人数 / 人	570$_b$	2 877$_a$	3 447
	占比 / %	17.5	35.1	30.1
总计	人数 / 人	3 253	8 190	11 443
	占比 / %	100.0	100.0	100.0

注：下标字母含义是横向比较，若字母相同，在 0.05 级别，这些类别的列比例相互之间无显著差异。

2. 不同城市教师与教学反思和研究能力的评价

不同城市教师进行的教学反思和研究能力评价，获取的有效数据是 11 443 人。

经卡方检验，χ^2 值为 1.805，sig=0.406>0.05，表明不同城市教师在对教学反思和研究能力评价的两个选项上无显著差异。

3. 不同地区教师与教学反思和研究能力的评价

不同地区教师进行的教学反思和研究能力评价，获取的有效数据是 11 443 人。

经卡方检验，χ^2 值为 37.133**，sig<0.01，表明不同地区教师在对教学反思和研究能力评价的两个选项上，至少有一个选项的频数百分比有极其显著差异。

对占比进行 Z 检验比较，从不同地区与教学反思和研究能力评价交叉表中可以看出，在"比较高及以上"选项上，所有地区的平均值为 69.9%，东北地区为 73.6%，高于其他选项，但与华东地区无显著差异；西北地区为 64.6%，低于其他选项，但与西南地区无显著差异（见表 3-3-21）。

表 3-3-21 不同地区与教学反思和研究能力评价交叉表

教学反思和研究能力评价		华东	华南	华中	华北	西南	西北	东北	总计
比较高及以上	人数/人	1 782$_{a,b}$	808$_{b,c}$	1 270$_{b,c}$	1 002$_{b,c}$	798$_{c,d}$	848$_d$	1 488$_a$	7 996
	占比/%	71.2	70.1	69.2	70	67.3	64.6	73.6	69.9
一般及以下	人数/人	720$_{a,b}$	344$_{b,c}$	566$_{b,c}$	430$_{b,c}$	388$_{c,d}$	465$_d$	534$_a$	3 447
	占比/%	28.8	29.9	30.8	30	32.7	35.4	26.4	30.1
总计	人数/人	2 502	1 152	1 836	1 432	1 186	1 313	2 022	11 443
	占比/%	100.0	100.0	100.0	100.0	100.0	100.0	100.0	100.0

注：下标字母含义是横向比较，若字母相同，在 0.05 级别，这些类别的列比例相互之间无显著差异。

4. 不同年龄教师与教学反思和研究能力的评价

不同年龄教师进行的教学反思和研究能力评价，获取的有效数据是

11 443 人。

经卡方检验，χ^2 值为 39.008**，sig<0.01，表明不同年龄教师对教学反思和研究能力评价的两个选项上，至少有一个选项的频数百分比有极其显著差异。

对占比进行 Z 检验比较，从不同年龄与教学反思和研究能力评价交叉表中可以看出，在"比较高及以上"选项上，其中 35 岁及以下为 73.6%、36～45 岁为 71.1%，高于其他选项；56 岁及以上为 63.1%，低于其他选项（见表 3-3-22）。

表 3-3-22　年龄与教学反思和研究能力评价交叉表

教学反思和研究能力评价		年龄				总计
		35 岁及以下	36～45 岁	46～55 岁	56 岁及以上	
比较高及以上	人数/人	1 103$_a$	3 224$_a$	2 969$_b$	700$_c$	7 996
	占比/%	73.6	71.1	69.0	63.1	69.9
一般及以下	人数/人	395$_a$	1 309$_a$	1 334$_b$	409$_c$	3 447
	占比/%	26.4	28.9	31.0	36.9	30.1
总计	人数/人	1 498	4 533	4 303	1 109	11 443
	占比/%	100.0	100.0	100.0	100.0	100.0

注：下标字母含义是横向比较，若字母相同，在 0.05 级别，这些类别的列比例相互之间无显著差异。

5. 不同学历教师与教学反思和研究能力的评价

不同学历教师进行的教学能力评价，获取的有效数据是 11 443 人。

经卡方检验，χ^2 值为 185.051**，sig<0.01，表明不同学历教师对教学反思和研究能力评价的两个选项上，至少有一个选项的频数百分比有极其显著差异。

对占比进行 Z 检验比较，从不同学历和教学反思和研究能力评价交叉表中可以看出，在"比较高及以上"选项上，本科生及以下为 79.9%，高于其他选项（见表 3-3-23）。

表 3-3-23　学历与教学反思和研究能力评价交叉表

教学反思和研究能力评价		学历			总计
		博士研究生	硕士研究生	本科生及以下	
比较高及以上	人数 / 人	3 162$_a$	2 833$_b$	2 001$_c$	7 996
	占比 / %	64.6	70.1	79.9	69.9
一般及以下	人数 / 人	1 734$_a$	1 210$_b$	503$_c$	3 447
	占比 / %	35.4	29.9	20.1	30.1
总计	人数 / 人	4 896	4 043	2 504	11 443
	占比 / %	100.0	100.0	100.0	100.0

注：下标字母含义是横向比较，若字母相同，在 0.05 级别，这些类别的列比例相互之间无显著差异。

6. 不同职称教师与教学反思和研究能力的评价

不同职称教师进行的教学反思和研究能力评价，获取的有效数据是 11 443 人。

经卡方检验，χ^2 值为 54.729**，sig<0.01，表明不同职称教师对教学反思和研究能力评价的两个选项上，至少有一个选项的频数百分比有极其显著差异。

对占比进行 Z 检验比较，从职称与教学反思和研究能力评价交叉表中可以看出，在"比较高及以上"选项上，中级及以下为 73.9%，高于其他选项（见表 3-3-24）。

表 3-3-24　职称与教学反思和研究能力评价交叉表

教学反思和研究能力评价		职称			总计
		正高级	副高级	中级及以下	
比较高及以上	人数 / 人	1 983$_a$	4 210$_b$	1 803$_c$	7 996
	占比 / %	65.0	70.7	73.9	69.9
一般及以下	人数 / 人	1 067$_a$	1 742$_b$	638$_c$	3 447
	占比 / %	35.0	29.3	26.1	30.1
总计	人数 / 人	3 050	5 952	2 441	11 443
	占比 / %	100.0	100.0	100.0	100.0

注：下标字母含义是横向比较，若字母相同，在 0.05 级别，这些类别的列比例相互之间无显著差异。

7. 不同工作年限教师与教学反思和研究能力的评价

不同工作年限教师进行的教学反思和研究能力评价，获取的有效数据是 11 443 人。

经卡方检验，χ^2 值为 14.505**，sig<0.01，表明不同工作年限教师在对教学反思和研究能力评价的两个选项上，至少有一个选项的频数百分比有极其显著差异。

对占比进行 Z 检验比较，从工作年限和教学反思和研究能力评价交叉表中可以看出，在"比较高及以上"选项上，30 年以上为 67.1%，低于其他选项，但与 11 ~ 20 年无显著差异（见表 3-3-25）。

表 3-3-25　工作年限与教学反思和研究能力评价交叉表

教学反思和研究能力评价		工作年限				总计
		0 ~ 10 年	11 ~ 20 年	21 ~ 30 年	30 年以上	
比较高及以上	人数 / 人	1 589$_a$	2 347$_{a,b}$	2 574$_a$	1 486$_b$	7 996
	占比 / %	71.5	69.3	71.1	67.1	69.9
一般及以下	人数 / 人	632$_a$	1 042$_{a,b}$	1 044$_a$	729$_b$	3 447
	占比 / %	28.5	30.7	28.9	32.9	30.1
总计	人数 / 人	2 221	3 389	3 618	2 215	11 443
	占比 / %	100.0	100.0	100.0	100.0	100.0

注：下标字母含义是横向比较，若字母相同，在 0.05 级别，这些类别的列比例相互之间无显著差异。

8. 不同专业教师与教学反思和研究能力的评价

不同专业教师进行的教学反思和研究能力评价，获取的有效数据是 10 988 人。其中评价"比较高及以上"的人数为 7673 人，各专业对其评价的平均百分比为 69.8%，评价"一般及以下"的人数为 3315 人，各专业对其评价的平均百分比为 30.2%。

对评价的人数残差进行标准化后发现，在评价"一般及以下"的专业中，学科教育·体育专业的教师对教学能力的评价最低，标准化残差为 3.5；教育管理、心理健康教育、特殊教育、学科教学·历史的评价也低于平均水平，其标准化残差均大于 1（见表 3-3-26）。

表 3-3-26　教师所在专业与教学反思和研究能力评价交叉表

专业	比较高及以上 人数/人	百分比/%	标准化残差	一般及以下 人数/人	百分比/%	标准化残差	总计/人
小学教育	569	68.4	−0.5	263	31.6	0.8	832
教育管理	341	65.8	−1.1	177	34.2	1.7	518
心理健康教育	265	64.8	−1.2	144	35.2	1.9	409
现代教育技术	276	71.5	0.4	110	28.5	−0.6	386
特殊教育	22	56.4	−1	17	43.6	1.5	39
职业技术教育	357	70.3	0.1	151	29.7	−0.2	508
科学技术教育	49	76.6	0.6	15	23.4	−1	64
学前教育	297	69.2	−0.1	132	30.8	0.2	429
学科教学·语文	1 066	71.8	0.9	418	28.2	−1.4	1 484
学科教学·数学	583	72.0	0.7	227	28.0	−1.1	810
学科教学·英语	937	68.7	−0.5	427	31.3	0.8	1 364
学科教学·物理	305	70.9	0.3	125	29.1	−0.4	430
学科教学·化学	368	68.4	−0.4	170	31.6	0.6	538
学科教学·生物	463	74.3	1.3	160	25.7	−2	623
学科教学·思政	524	69.2	−0.2	233	30.8	0.3	757
学科教学·历史	372	66.8	−0.9	185	33.2	1.3	557
学科教学·地理	403	74.8	1.4	136	25.2	−2.1	539
学科教学·体育	93	55.0	−2.3	76	45.0	3.5	169
学科教学·音乐	219	73.0	0.7	81	27.0	−1	300
学科教学·美术	164	70.7	0.2	68	29.3	−0.2	232
总计	7 673	69.8	0	3 315	30.2	0	10 988

9. 不同隶属层次院校教师与教学反思和研究能力的评价

不同隶属层次院校教师进行的教学反思和研究能力评价，获取的有效数据是 8190 人。

经卡方检验，χ^2 值为 9.673[**]，sig<0.01，表明不同隶属层次院校教师在对

教学反思和研究能力评价的两个选项上，至少有一个选项的频数百分比有极其显著差异。

对占比进行Z检验比较，从院校隶属层次与教学反思和研究能力评价交叉表中可以看出，在"比较高及以上"选项上，市属为69.2%，高于省属的64.2%，但与部属无显著差异（见表3-3-27）。

表3-3-27　院校隶属层次与教学反思和研究能力评价交叉表

教学反思和研究能力评价		院校隶属层次			总计
		部属	省属	市属	
比较高及以上	人数/人	426$_{a,b}$	4406$_b$	481$_a$	5313
	占比/%	67.8	64.2	69.2	64.9
一般及以下	人数/人	202$_{a,b}$	2461$_b$	214$_a$	2877
	占比/%	32.2	35.8	30.8	35.1
总计	人数/人	628	6867	695	8190
	占比/%	100.0	100.0	100.0	100.0

注：下标字母含义是横向比较，若字母相同，在0.05级别，这些类别的列比例相互之间无显著差异。

10. 不同类型院校教师与教学反思和研究能力的评价

不同类型院校教师进行的教学反思和研究能力评价，获取的有效数据是8190人。

经卡方检验，χ^2值为6.418*，sig=0.011<0.05，表明不同类型院校教育硕士在对教学反思和研究能力评价的两个选项上，至少有一个选项的频数百分比有显著差异。

对占比进行Z检验比较，不同类型院校与教学反思和研究能力评价交叉表中可以看出，在"比较高及以上"选项上，非师范类为66.9%，高于师范类的64.0%（见表3-3-28）。

表 3-3-28 院校类型与教学反思和研究能力评价交叉表

教学反思和研究能力评价		院校类型		总计
		师范类	非师范类	
比较高及以上	人数 / 人	3684$_a$	1629$_b$	5313
	占比 / %	64.0	66.9	64.9
一般及以下	人数 / 人	2072$_a$	805$_b$	2877
	占比 / %	36.0	33.1	35.1
总计	人数 / 人	5756	2434	8190
	占比 / %	100.0	100.0	100.0

注：下标字母含义是横向比较，若字母相同，在 0.05 级别，这些类别的列比例相互之间无显著差异。

11. 有无教育学相关背景教师与教学反思和研究能力的评价

有无教育学相关背景教师进行的教学反思和研究能力评价，获取的有效数据是 6777 人。

经卡方检验，χ^2 值为 3.312，sig=0.069>0.05，表明有无教育学相关背景教师在对教学反思和研究能力评价的两个选项上无显著差异。

对占比进行 Z 检验比较，从有无教育学相关背景与教学反思和研究能力评价交叉表中可以看出，在"比较高及以上"选项上，有教育学相关背景为 64.0%，高于无教育学相关背景的 61.3%（见表 3-3-29）。

表 3-3-29 有无教育学相关背景与教学反思和研究能力评价交叉表

教学反思和研究能力评价		有无教育学相关背景		总计
		有	无	
比较高及以上	人数 / 人	3460$_a$	838$_a$	4298
	占比 / %	64.0	61.3	63.4
一般及以下	人数 / 人	1950$_a$	529$_a$	2479
	占比 / %	36.0	38.7	36.6
总计	人数 / 人	5410	1367	6777
	占比 / %	100.0	100.0	100.0

注：下标字母含义是横向比较，若字母相同，在 0.05 级别，这些类别的列比例相互之间无显著差异。

12. 有无基础教育工作经历和研究经历教师与教学反思和研究能力的评价

有无具有基础教育工作经历和研究经历教师进行的教学反思和研究能力评价，获取的有效数据是6777人。

经卡方检验，χ^2值为15.423**，sig<0.01，表明有无基础教育工作经历和研究经历教师对教学反思和研究能力评价的两个选项上，至少有一个选项的频数百分比有极其显著差异。

对占比进行Z检验比较，从有无础教育工作和研究经历与教学反思和研究能力评价交叉表中可以看出，在"比较高及以上"选项上，有基础教育和研究经历为65.0%，高于无基础教育和研究经历的60.2%（见表3-3-30）。

表3-3-30 有无基础教育工作经历和研究经历与教学反思和研究能力评价交叉表

教学反思和研究能力评价		有无基础教育经历和研究经历		总计
		有	无	
比较高及以上	人数 / 人	2945$_a$	1353$_b$	4298
	占比 / %	65.0	60.2	63.4
一般及以下	人数 / 人	1583$_a$	896$_b$	2479
	占比 / %	35.0	39.8	36.6
总计	人数 / 人	4528	2249	6777
	占比 / %	100.0	100.0	100.0

注：下标字母含义是横向比较，若字母相同，在0.05级别，这些类别的列比例相互之间无显著差异。

13. 教师担任导师年限与教学反思和研究能力的评价

教师担任导师年限进行的教学反思和研究能力评价，获取的有效数据是9368人。

经卡方检验，χ^2值为53.502**，sig<0.01，表明教师担任导师年限对教学反思和研究能力评价的两个选项上，至少有一个选项的频数百分比有极其显著差异。

对占比进行Z检验比较，从担任导师年限和教学反思和研究能力评价交叉表中可以看出，在"比较高及以上"选项上，0~5年为71.3%、6~10年为

67.4%，高于其他选项（见表 3-3-31）。

表 3-3-31　担任导师年限与教学反思和研究能力评价交叉表

教学反思和研究能力评价		担任导师年限					总计
		0~5年	6~10年	11~15年	16~20年	20年以上	
比较高及以上	人数/人	3991$_a$	1537$_b$	567$_c$	214$_c$	142$_c$	6451
	占比/%	71.3	67.4	62.3	61.7	59.9	68.9
一般及以下	人数/人	1604$_a$	742$_b$	343$_c$	133$_c$	95$_c$	2917
	占比/%	28.7	32.6	37.7	38.3	40.1	31.1
总计	人数/人	5595	2279	910	347	237	9368
	占比/%	100.0	100.0	100.0	100.0	100.0	100.0

注：下标字母含义是横向比较，若字母相同，在 0.05 级别，这些类别的列比例相互之间无显著差异。

14. 双导师间是否经常进行沟通合作与教学反思和研究能力的评价

双导师间是否经常沟通合作进行的教学反思和研究能力评价，获取的有效数据是 9368 人。

经卡方检验，χ^2 值为 318.312**，sig<0.01，表明双导师间是否经常沟通合作对教学反思和研究能力评价的两个选项上，至少有一个选项的频数百分比有极其显著差异。

对占比进行 Z 检验比较，从双导师间是否经常沟通合作与教学反思和研究能力评价交叉表中可以看出，在"比较高及以上"选项上，经常沟通合作为 72.5%，高于不经常沟通合作的 49.0%（见表 3-3-32）。

表 3-3-32　双导师间是否经常沟通合作与教学反思和研究能力评价交叉表

教学反思和研究能力评价		双导师间是否经常沟通合作		总计
		是	否	
比较高及以上	人数/人	5732$_a$	719$_b$	6451
	占比/%	72.5	49.0	68.9
一般及以下	人数/人	2170$_a$	747$_b$	2917
	占比/%	27.5	51.0	31.1

续表

教学反思和研究能力评价		双导师间是否经常沟通合作		总计
		是	否	
总计	人数/人	7902	1466	9368
	占比/%	100.0	100.0	100.0

注：下标字母含义是横向比较，若字母相同，在 0.05 级别，这些类别的列比例相互之间无显著差异。

（三）不同教师身份与教学反思和研究能力评价的差异性分析

不同身份教师进行的教学反思和研究能力评价，获取的有效数据是 18 164 人。

经卡方检验，χ^2 值为 379.186**，sig<0.01，表明不同教师身份对教学反思和研究能力评价的两个选项上，至少有一个选项的频数百分比有极其显著差异。

对占比进行 Z 检验比较，不同教师身份和教学反思和研究能力评价交叉表中可以看出，在"比较高及以上"选项上，实践导师为 83.1%，高于其他选项；理论教师为 63.4%，低于其他选项（见表 3-3-33）。

表 3-3-33　教师身份与教学反思和研究能力评价交叉表

教学反思和研究能力评价		教师身份				总计
		理论导师	实践导师	任课教师	管理者	
比较高及以上	人数/人	4 298$_a$	2 153$_b$	4 561$_c$	1 527$_d$	12 539
	占比/%	63.4	83.1	67.5	74.9	69.0
一般及以下	人数/人	2 479$_a$	438$_b$	2 195$_c$	513$_d$	5 625
	占比/%	36.6	16.9	32.5	25.1	31.0
总计	人数/人	6 777	2 591	6 756	2 040	18 164
	占比/%	100.0	100.0	100.0	100.0	100.0

注：下标字母含义是横向比较，若字母相同，在 0.05 级别，这些类别的列比例相互之间无显著差异。

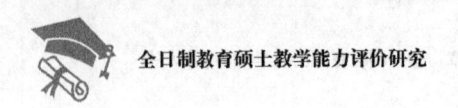

三、教育硕士和教师与教学反思和研究能力评价的差异性分析

教育硕士和教师进行的教学反思和研究能力评价,获取的有效数据是42 528人。

经卡方检验,χ^2值为3 798.003**,sig<0.01,表明教育硕士和教师在对教学反思和研究能力评价的两个选项上,至少有一个选项的频数百分比有极其显著差异。

对占比进行Z检验比较,从教育硕士和教师与全日制教育硕士教学反思和研究能力评价交叉表中可以看出,在"比较高及以上"选项上,教师为69.9%,高于教育硕士的36.3%(见表3-3-34)。

表3-3-34 教育硕士和教师与教学反思和研究能力评价交叉表

教学反思和研究能力		身份		总计
		教育硕士	教师	
比较高及以上	人数/人	11 293$_a$	7 996$_b$	19 289
	占比/%	36.3	69.9	45.4
一般及以下	人数/人	19 792$_a$	3 447$_b$	23 239
	占比/%	63.7	30.1	54.6
总计	人数/人	31 085	11 443	42 528
	占比/%	100.0	100.0	100.0

注:下标字母含义是横向比较,若字母相同,在0.05级别,这些类别的列比例相互之间无显著差异。

第四节 访谈专家对教学能力的评价

一、对教学能力的总体评价

在对访谈专家进行的全日制教育硕士教学能力现状咨询中,评价"很好"的占 3.9%，评价"比较好"的占 72.5%，评价"一般"的占 23.5%（见表 3-4-1）。

表 3-4-1 访谈专家对教学能力的评价

评价	人数 / 人	百分比 / %
很好	2	3.9
比较好	37	72.5
一般	12	23.5
总计	51	99.9

二、对教学能力的差异性评价

（一）是否存在院校间差异的评价

在对全日制教育硕士教学能力是否存在院校间差异的调查中，认为全日制教育硕士教学能力存在院校间差异的专家占 88.2%，认为全日制教育硕士教学能力不存在院校间差异和不清楚的占 11.8%（见表 3-4-2）。

表 3-4-2 院校间是否存在教学能力的差异

评价	人数 / 人	百分比 / %
是	45	88.2
否	1	2.0
不清楚	5	9.8
总计	51	100.0

进一步根据题项"全日制教育硕士教学能力哪些院校高、哪些院校低"的结果归纳总结可以发现：整体来看，受访专家们认为教育部直属六所师范大学、省属重点师范大学、"985"院校、"211"院校、普通师范类院校的全日制教育硕士教学能力较高。同时，受访专家中有人表示，根据十多年组织、评审全国相关技能大赛的经验，获奖频次较高的院校主要有"华南师范大学、南京师范大学、浙江师范大学、华中师范大学、湖南师范大学、福建师范大学、曲

阜师范大学等"。还有专家表示：像沈阳师范大学这类很有特色的院校，全日制教育硕士教学能力还是比较高的，在全国教育硕士教学技能大赛中也有体现。也有不少专家指出，有师范教育传统、办学条件比较好、生源质量比较高、重视实践教学、培养过程比较规范、对教育硕士专业学位研究生教育有正确认识且高度重视研究生培养与管理工作、严谨务实的院校全日制教育硕士教学能力较高。

此外，大部分受访专家们都认为一些综合性大学和一些地方性院校培养的全日制教育硕士特别是本科非相关专业的教学能力偏弱，且非师范类的院校，特别是理工科类的院校培养的全日制教育硕士教学能力比较低。

（二）是否存在地区间差异的评价

在对全日制教育硕士教学能力是否存在地区间差异的调查中，认为全日制教育硕士教学能力存在地区间差异的占62.7%；"不清楚"的占31.4%；认为不存在地区间差异的占5.9%（见表3-4-3）。

表3-4-3 地区间是否存在教学能力的差异

评价	人数/人	百分比/%
是	32	62.7
否	3	5.9
不清楚	16	31.4
总计	51	100.0

进一步根据题项"全日制教育硕士教学能力哪些地区高、哪些地区低"的结果归纳总结可以发现：整体来看，受访专家们认为东部长三角、珠三角、京津等发达地区的全日制教育硕士教学能力比较高，因为其更容易接触前沿问题，把握教育改革动态更准。有专家表示，就全国而言，北京师范大学坐落在北京，首都北京是我国政治和经济活动的中心城市，北京师范大学历史悠久，有地域优势，所以北京师范大学全日制教育硕士教学能力的提高与发展有得天独厚的优势。也有专家表示：沈阳师范大学坐落在辽宁省会城市沈阳，享誉辽

宁乃至东北，沈阳师范大学有着光荣的办学传统，沈阳师范大学全日制教育硕士教学能力整体水平比较高。同时，还有不少专家认为，重视学科教学的教学与研究、重视教育硕士实践课程建设与实践基地建设、重视教育硕士教学实践训练的地区，以及基础教育和高等教育衔接紧密的地区全日制教育硕士教学能力高一些。

此外，受访专家普遍认为西部偏远、欠发达地区的全日制教育硕士教学能力较低。

第四章 全日制教育硕士教学基本功评价

第一节 教学基本功总体评价

一、教育硕士对教学基本功的总体评价

（一）全体教育硕士对教学基本功的评价

从全体教育硕士对全日制教育硕士教学基本功评价的分布情况可以看出，评价"非常高"的占 16.7%，评价"比较高"的占 42.2%，评价"一般"的占 38.8%，评价"比较低"的占 2.0%，评价"非常低"的占 0.2%（见表 4-1-1）。

表 4-1-1 全体教育硕士对教学基本功的评价

评价	人数/人	百分比/%
非常高	5 196	16.7
比较高	13 113	42.2
一般	12 065	38.8
比较低	636	2.0
非常低	75	0.2
总计	31 085	99.9

（二）在校生对教学基本功的评价

从在校生对全日制教育硕士教学基本功评价的分布情况可以看出，评

价"非常高"的占14.0%，评价"比较高"的占41.8%，评价"一般"的占41.6%，评价"比较低"的占2.3%，评价"非常低"的占0.2%（见表4-1-2）。

表4-1-2　在校生对教学基本功的评价

评价	人数/人	百分比/%
非常高	3 038	14.0
比较高	9 050	41.8
一般	9 002	41.6
比较低	492	2.3
非常低	52	0.2
总计	21 634	99.9

（三）毕业生对教学基本功的现状

从毕业生对全日制教育硕士教学基本功评价的分布情况可以看出，评价"非常高"的占22.8%，评价"比较高"的占43.0%，评价"一般"的占32.4%，评价"比较低"的占1.5%，评价"非常低"的占0.2%（见表4-1-3）。

表4-1-3　毕业生对教学基本功的评价

评价	人数/人	百分比/%
非常高	2158	22.8
比较高	4063	43.0
一般	3063	32.4
比较低	144	1.5
非常低	23	0.2
总计	9451	99.9

二、教师对教学基本功的总体评价

（一）全体教师对教学基本功的评价

从全体教师对全日制教育硕士教学基本功评价的分布情况可以看出，评价"非常高"的占 23.2%，评价"比较高"的占 54.4%，评价"一般"的占 20.7%，评价"比较低"的占 1.6%，评价"非常低"的占 0.2%（见表 4-1-4）。

表 4-1-4　全体教师对教学基本功的评价

评价	人数 / 人	百分比 / %
非常高	2 650	23.2
比较高	6 226	54.4
一般	2 363	20.7
比较低	185	1.6
非常低	19	0.2
总计	11 443	100.1

（二）理论导师对教学基本功的评价

从理论导师对全日制教育硕士教学基本功评价的分布情况可以看出，评价"非常高"的占 17.8%，评价"比较高"的占 55.8%，评价"一般"的占 24.2%，评价"比较低"的占 2.0%，评价"非常低"的占 0.2%（见表 4-1-5）。

表 4-1-5　理论导师对教学基本功的评价

评价	人数 / 人	百分比 / %
非常高	1205	17.8
比较高	3783	55.8
一般	1642	24.2
比较低	134	2.0
非常低	13	0.2
总计	6777	100.0

（三）实践导师对教学基本功的评价

从实践导师对全日制教育硕士教学基本功评价的分布情况可以看出，评价"非常高"的占30.8%，评价"比较高"的占54.1%，评价"一般"的占14.4%，评价"比较低"的占0.7%，评价"非常低"的占0.1%（见表4-1-6）。

表4-1-6　实践导师对教学基本功的评价

评价	人数/人	百分比/%
非常高	798	30.8
比较高	1401	54.1
一般	372	14.4
比较低	18	0.7
非常低	2	0.1
总计	2591	100.1

（四）任课教师对教学基本功的评价

从任课教师对全日制教育硕士教学基本功评价的分布情况可以看出，评价"非常高"的占22.0%，评价"比较高"的占54.4%，评价"一般"的占21.7%，评价"比较低"的占1.8%，评价"非常低"的占0.1%（见表4-1-7）。

表4-1-7　任课教师对教学基本功的评价

评价	人数/人	百分比/%
非常高	1486	22.0
比较高	3675	54.4
一般	1463	21.7
比较低	122	1.8
非常低	10	0.1
总计	6756	100.0

（五）管理者对教学基本功的评价

从管理者对全日制教育硕士教学基本功评价的分布情况可以看出，评价"非常高"的占 27.6%，评价"比较高"的占 53.8%，评价"一般"的占 17.3%，评价"比较低"和"非常低"的占 1.3%（见表 4-1-8）。

表 4-1-8 管理者对教学基本功的评价

评价	人数/人	百分比/%
非常高	563	27.6
比较高	1098	53.8
一般	352	17.3
比较低	26	1.3
非常低	1	0
总计	2040	100.0

第二节 教学基本功各维度评价

一、口语表达能力

（一）教育硕士对口语表达能力的评价

1. 全体教育硕士对口语表达能力的评价

从全体教育硕士对全日制教育硕士口语表达能力评价的分布情况可以看出，评价"非常高"的占 17.3%，评价"比较高"的占 42.8%，评价"一般"的占 37.0%，评价"比较低"的占 2.7%，评价"非常低"的占 0.3%（见表 4-2-1）。

表 4-2-1　全体教育硕士对口语表达能力的评价

评价	人数 / 人	百分比 / %
非常高	5 388	17.3
比较高	13 294	42.8
一般	11 491	37.0
比较低	827	2.7
非常低	85	0.3
总计	31 085	100.1

2. 在校生对口语表达能力的评价

从在校生对全日制教育硕士口语表达能力评价的分布情况可以看出，评价"非常高"的占 14.7%，评价"比较高"的占 42.2%，评价"一般"的占 39.7%，评价"比较低"的占 3.1%，评价"非常低"的占 0.3%（见表 4-2-2）。

表 4-2-2　在校生对口语表达能力的评价

评价	人数 / 人	百分比 / %
非常高	3 179	14.7
比较高	9 140	42.2
一般	8 595	39.7
比较低	661	3.1
非常低	59	0.3
总计	21 634	100.0

3. 毕业生对口语表达能力的评价

从毕业生对全日制教育硕士口语表达能力评价的分布情况可以看出，评价"非常高"的占 23.4%，评价"比较高"的占 44.0%，评价"一般"的占 30.6%，评价"比较低"的占 1.8%，评价"非常低"的占 0.3%（见表 4-2-3）。

表 4-2-3　毕业生对口语表达能力的评价

评价	人数 / 人	百分比 / %
非常高	2209	23.4
比较高	4154	44.0

续表

评价	人数/人	百分比/%
一般	2896	30.6
比较低	166	1.8
非常低	26	0.3
总计	9451	100.1

（二）教师对口语表达能力的评价

1. 全体教师对口语表达能力的评价

从全体教师对全日制教育硕士口语表达能力评价的分布情况可以看出，评价"非常高"的占25.9%，评价"比较高"的占56.5%，评价"一般"的占16.3%，评价"比较低"的占1.1%，评价"非常低"的占0.1%（见表4-2-4）。

表 4-2-4　全体教师对口语表达能力的评价

评价	人数/人	百分比/%
非常高	2 967	25.9
比较高	6 464	56.5
一般	1 870	16.3
比较低	129	1.1
非常低	13	0.1
总计	11 443	99.9

2. 理论导师对口语表达能力的评价

从理论导师对全日制教育硕士口语表达能力评价的分布情况可以看出，评价"非常高"的占19.9%，评价"比较高"的占59.3%，评价"一般"的占19.3%，评价"比较低"的占1.4%，评价"非常低"的占0.1%（见表4-2-5）。

表 4-2-5　理论导师对口语表达能力的评价

评价	人数/人	百分比/%
非常高	1347	19.9

续表

评价	人数/人	百分比/%
比较高	4018	59.3
一般	1311	19.3
比较低	92	1.4
非常低	9	0.1
总计	6777	100.0

3. 实践导师对口语表达能力的评价

从实践导师对全日制教育硕士口语表达能力评价的分布情况可以看出，评价"非常高"的占36.0%，评价"比较高"的占54.2%，评价"一般"的占9.3%，评价"比较低"和"非常低"的占0.5%（见表4-2-6）。

表4-2-6　实践导师对口语表达能力的评价

评价	人数/人	百分比/%
非常高	932	36.0
比较高	1405	54.2
一般	240	9.3
比较低	14	0.5
非常低	0	0
总计	2591	100.0

4. 任课教师对口语表达能力的评价

从任课教师对全日制教育硕士口语表达能力评价的分布情况可以看出，评价"非常高"的占24.5%，评价"比较高"的占57.1%，评价"一般"的占17.1%，评价"比较低"的占1.2%，评价"非常低"的占0.1%（见表4-2-7）。

表4-2-7　任课教师对口语表达能力的评价

评价	人数/人	百分比/%
非常高	1657	24.5
比较高	3858	57.1
一般	1158	17.1

续表

评价	人数/人	百分比/%
比较低	78	1.2
非常低	5	0.1
总计	6756	100.0

5. 管理者对口语表达能力的评价

从管理者对全日制教育硕士口语表达能力评价的分布情况可以看出，评价"非常高"的占 30.8%，评价"比较高"的占 54.7%，评价"一般"的占 13.7%，评价"比较低"和"非常低"的占 0.8%（见表 4-2-8）。

表 4-2-8　管理者对口语表达能力的评价

评价	人数/人	百分比/%
非常高	628	30.8
比较高	1115	54.7
一般	279	13.7
比较低	17	0.8
非常低	1	0
总计	2040	100.0

二、板书书写能力

（一）教育硕士对板书书写能力的评价

1. 全体教育硕士对板书书写能力的评价

从全体教育硕士对全日制教育硕士板书书写能力评价的分布情况可以看出，评价"非常高"的占 15.8%，评价"比较高"的占 37.4%，评价"一般"的占 41.7%，评价"比较低"的占 4.6%，评价"非常低"的占 0.5%（见表 4-2-9）。

表 4-2-9　全体教育硕士对板书书写能力的评价

评价	人数 / 人	百分比 / %
非常高	4 910	15.8
比较高	11 639	37.4
一般	12 950	41.7
比较低	1 437	4.6
非常低	149	0.5
总计	31 085	100.0

2. 在校生对板书书写能力的评价

从在校生对全日制教育硕士板书书写能力评价的分布情况可以看出，评价"非常高"的占 13.5%，评价"比较高"的占 37.2%，评价"一般"的占 43.8%，评价"比较低"的占 5.0%，评价"非常低"的占 0.5%（见表 4-2-10）。

表 4-2-10　在校生对板书书写能力的评价

评价	人数 / 人	百分比 / %
非常高	2 921	13.5
比较高	8 057	37.2
一般	9 484	43.8
比较低	1 073	5.0
非常低	99	0.5
总计	21 634	100.0

3. 毕业生对板书书写能力的评价

从毕业生对全日制教育硕士板书书写能力评价的分布情况可以看出，评价"非常高"的占 21.0%，评价"比较高"的占 37.9%，评价"一般"的占 36.7%，评价"比较低"的占 3.9%，评价"非常低"的占 0.5%（见表 4-2-11）。

表 4-2-11 毕业生对板书书写能力的评价

评价	人数/人	百分比/%
非常高	1989	21.0
比较高	3582	37.9
一般	3466	36.7
比较低	364	3.9
非常低	50	0.5
总计	9451	100.0

（二）教师对板书书写能力的评价

1. 全体教师对板书书写能力的评价

从全体教师对全日制教育硕士板书书写能力评价的分布情况可以看出，评价"非常高"的占19.5%，评价"比较高"的占49.0%，评价"一般"的占28.6%，评价"比较低"的占2.6%，评价"非常低"的占0.3%（见表4-2-12）。

表 4-2-12 全体教师对板书书写能力的评价

评价	人数/人	百分比/%
非常高	2 229	19.5
比较高	5 610	49.0
一般	3 273	28.6
比较低	300	2.6
非常低	31	0.3
总计	11 443	100.0

2. 理论导师对板书书写能力的评价

从理论导师对全日制教育硕士板书书写能力评价的分布情况可以看出，评价"非常高"的占14.2%，评价"比较高"的占49.7%，评价"一般"的占32.6%，评价"比较低"的占3.2%，评价"非常低"的占0.3%（见表4-2-13）。

表 4-2-13　理论导师对板书书写能力的评价

评价	人数 / 人	百分比 / %
非常高	959	14.2
比较高	3369	49.7
一般	2210	32.6
比较低	218	3.2
非常低	21	0.3
总计	6777	100.0

3. 实践导师对板书书写能力的评价

从实践导师对全日制教育硕士板书书写能力评价的分布情况可以看出，评价"非常高"的占 26.2%，评价"比较高"的占 49.2%，评价"一般"的占 22.8%，评价"比较低"的占 1.6%，评价"非常低"的占 0.2%（见表 4-2-14）。

表 4-2-14　实践导师对板书书写能力的评价

评价	人数 / 人	百分比 / %
非常高	680	26.2
比较高	1275	49.2
一般	591	22.8
比较低	41	1.6
非常低	4	0.2
总计	2591	100.0

4. 任课教师对板书书写能力的评价

从任课教师对全日制教育硕士板书书写能力评价的分布情况可以看出，评价"非常高"的占 18.2%，评价"比较高"的占 48.5%，评价"一般"的占 30.1%，评价"比较低"的占 2.9%，评价"非常低"的占 0.3%（见表 4-2-15）。

表 4-2-15　任课教师对板书书写能力的评价

评价	人数/人	百分比/%
非常高	1229	18.2
比较高	3278	48.5
一般	2035	30.1
比较低	196	2.9
非常低	18	0.3
总计	6756	100.0

5. 管理者对板书书写能力的评价

从管理者对全日制教育硕士板书书写能力评价的分布情况可以看出，评价"非常高"的占 22.6%，评价"比较高"的占 48.8%，评价"一般"的占 26.3%，评价"比较低"的占 2.1%，评价"非常低"的占 0.2%（见表 4-2-16）。

表 4-2-16　管理者对板书书写能力的评价

评价	人数/人	百分比/%
非常高	462	22.6
比较高	995	48.8
一般	536	26.3
比较低	42	2.1
非常低	5	0.2
总计	2040	100.0

三、信息技术应用能力

（一）教育硕士对信息技术应用能力的评价

1. 全体教育硕士对信息技术应用能力的评价

从全体教育硕士对信息技术应用能力评价的分布情况可以看出，评价"非常高"的占 17.9%，评价"比较高"的占 43.2%，评价"一般"的占 36.4%，评价"比较低"的占 2.3%，评价"非常低"的占 0.2%（见表 4-2-17）。

表 4-2-17　全体教育硕士对信息技术应用能力的评价

评价	人数 / 人	百分比 / %
非常高	5 563	17.9
比较高	13 433	43.2
一般	11 312	36.4
比较低	704	2.3
非常低	73	0.2
总计	31 085	100.0

2. 在校生对信息技术应用能力的评价

从在校生对信息技术应用能力评价的分布情况可以看出，评价"非常高"的占 15.6%，评价"比较高"的占 43.5%，评价"一般"的占 38.1%，评价"比较低"的占 2.5%，评价"非常低"的占 0.2%（见表 4-2-18）。

表 4-2-18　在校生对信息技术应用能力的评价

评价	人数 / 人	百分比 / %
非常高	3 384	15.6
比较高	9 416	43.5
一般	8 249	38.1
比较低	533	2.5
非常低	52	0.2
总计	21 634	99.9

3. 毕业生对信息技术应用能力的评价

从毕业生对信息技术应用能力评价的分布情况可以看出，评价"非常高"的占 23.1%，评价"比较高"的占 42.5%，评价"一般"的占 32.4%，评价"比较低"的占 1.8%，评价"非常低"的占 0.2%（见表 4-2-19）。

表 4-2-19 毕业生对信息技术应用能力的评价

评价	人数/人	百分比/%
非常高	2179	23.1
比较高	4017	42.5
一般	3063	32.4
比较低	171	1.8
非常低	21	0.2
总计	9451	100.0

（二）教师对信息技术应用能力的评价

1. 全体教师对信息技术应用能力的评价

从全体教师对全日制教育硕士信息技术应用能力评价的分布情况可以看出，评价"非常高"的占27.7%，评价"比较高"的占54.1%，评价"一般"的占17.1%，评价"比较低"的占0.9%，评价"非常低"的占0.1%（见表4-2-20）。

表 4-2-20 全体教师对信息技术应用能力的评价

评价	人数/人	百分比/%
非常高	3 169	27.7
比较高	6 191	54.1
一般	1 961	17.1
比较低	106	0.9
非常低	16	0.1
总计	11 443	99.9

2. 理论导师对信息技术应用能力的评价

从理论导师对全日制教育硕士信息技术应用能力评价的分布情况可以看出，评价"非常高"的占20.6%，评价"比较高"的占57.1%，评价"一般"的占21.0%，评价"比较低"的占1.2%，评价"非常低"的占0.2%（见表4-2-21）。

表 4-2-21　理论导师对信息技术应用能力的评价

评价	人数 / 人	百分比 / %
非常高	1394	20.6
比较高	3869	57.1
一般	1420	21.0
比较低	81	1.2
非常低	13	0.2
总计	6777	100.1

3. 实践导师对信息技术应用能力的评价

从实践导师对全日制教育硕士信息技术应用能力评价的分布情况可以看出，评价"非常高"的占 41.9%，评价"比较高"的占 49.9%，评价"一般"的占 8.0%，评价"比较低"和"非常低"的占 0.2%（见表 4-2-22）。

表 4-2-22　实践导师对信息技术应用能力的评价

评价	人数 / 人	百分比 / %
非常高	1085	41.9
比较高	1293	49.9
一般	207	8.0
比较低	6	0.2
非常低	0	0
总计	2591	100.0

4. 任课教师对信息技术应用能力的评价

从任课教师对全日制教育硕士信息技术应用能力评价的分布情况可以看出，评价"非常高"的占 25.9%，评价"比较高"的占 55.0%，评价"一般"的占 17.9%，评价"比较低"的占 1.1%，评价"非常低"的占 0.1%（见表 4-2-23）。

表 4-2-23　任课教师对信息技术应用能力的评价

评价	人数 / 人	百分比 / %
非常高	1750	25.9
比较高	3713	55.0

续表

评价	人数/人	百分比/%
一般	1212	17.9
比较低	72	1.1
非常低	9	0.1
总计	6756	100.0

5. 管理者对信息技术应用能力的评价

从管理者对全日制教育硕士信息技术应用能力评价的分布情况可以看出，评价"非常高"的占31.1%，评价"比较高"的占52.4%，评价"一般"的占15.9%，评价"比较低"和"非常低"的占0.6%（见表4-2-24）。

表4-2-24 管理者对信息技术应用能力的评价

评价	人数/人	百分比/%
非常高	634	31.1
比较高	1068	52.4
一般	325	15.9
比较低	12	0.6
非常低	1	0
总计	2040	100.0

第三节 教学基本功的差异性分析

一、教学基本功总体的差异性分析

（一）教育硕士与教学基本功的差异性分析

1. 个体不同信息与教学基本功的差异性分析

（1）不同就读院校或工作单位的教育硕士对教学基本功的评价

不同就读院校或工作单位的教育硕士进行的教学基本功评价，获取的有效数据是 31 085 人。

经卡方检验，χ^2 值为 279.314**，sig<0.01，表明不同就读院校或工作单位的教育硕士在对教学基本功评价的两个选项上，至少有一个选项的频数百分比有极其显著差异。

对占比进行 Z 检验比较，从就读院校或工作单位与教学基本功评价交叉表中可以看出，在"比较高及以上"选项上，基础教育为 67.8%，高于院校的 56.5%（见表 4-3-1）。

表 4-3-1　就读院校或工作单位与教学基本功评价交叉表

教学基本功评价		就读院校或工作单位		总计
		院校	基础教育	
比较高及以上	人数 / 人	13 779$_a$	4 530$_b$	18 309
	占比 / %	56.5	67.8	58.9
一般及以下	人数 / 人	10 626$_a$	2 150$_b$	12 776
	占比 / %	43.5	32.2	41.1
总计	人数 / 人	24 405	6 680	31 085
	占比 / %	100.0	100.0	100.0

注：下标字母含义是横向比较，若字母相同，在 0.05 级别，这些类别的列比例相互之间无显著差异。

（2）不同城市的教育硕士对教学基本功的评价

不同城市的教育硕士进行的教学基本功评价，获取的有效数据是 31 085 人。

经卡方检验，χ^2 值为 28.180**，sig<0.01，表明不同城市的教育硕士在对教学基本功评价的两个选项上，至少有一个选项的频数百分比有极其显著差异。

对占比进行 Z 检验比较，从不同城市与教学基本功评价交叉表中可以看出，在"比较高及以上"选项上，其他城市为 60.3%，高于其他选项（见表 4-3-2）。

表 4-3-2　不同城市与教学基本功评价交叉表

教学基本功评价		城市			总计
		省会城市（自治区首府）	直辖市	其他城市	
比较高及以上	人数/人	7 292$_a$	2 221$_b$	8 796$_c$	18 309
	占比/%	58.1	56.1	60.3	58.9
一般及以下	人数/人	5 257$_a$	1 736$_b$	5 783$_c$	12 776
	占比/%	41.9	43.9	39.7	41.1
总计	人数/人	12 549	3 957	14 579	31 085
	占比/%	100.0	100.0	100.0	100.0

注：下标字母含义是横向比较，若字母相同，在0.05级别，这些类别的列比例相互之间无显著差异。

（3）不同地区教育硕士对教学基本功的评价

不同地区的教育硕士进行的教学基本功评价，获取的有效数据是31 085人。

经卡方检验，χ^2值为333.870**，sig<0.01，表明不同地区的教育硕士在对教学基本功评价的两个选项上，至少有一个选项的频数百分比有极其显著差异。

对占比进行Z检验比较，从不同地区与教学基本功评价交叉表中可以看出，在"比较高及以上"选项上，所有地区的平均值为58.9%，东北地区为68.2%，高于其他选项；西南地区为50.2%，低于其他选项（见表4-3-3）。

表 4-3-3　不同地区与教学基本功评价交叉表

教学基本功评价		地区							总计
		华东	华南	华中	华北	西南	西北	东北	
比较高及以上	人数/人	3 061$_a$	2 439$_b$	3 048$_b$	2 530$_c$	1 828$_d$	2 296$_a$	3 107$_e$	18 309
	占比/%	60.4	57.1	55.8	62.5	50.2	56.9	68.2	58.9
一般及以下	人数/人	2 009$_a$	1 829$_b$	2 415$_b$	1 519$_c$	1 810$_d$	1 742$_a$	1 452$_e$	12 776
	占比/%	39.6	42.9	44.2	37.5	49.8	43.1	31.8	41.1

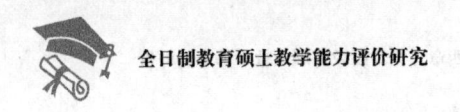

续表

教学基本功评价		地区							总计
		华东	华南	华中	华北	西南	西北	东北	
总计	人数/人	5 070	4 268	5 463	4 049	3 638	4 038	4 559	31 085
	占比/%	100.0	100.0	100.0	100.0	100.0	100.0	100.0	100.0

注：下标字母含义是横向比较，若字母相同，在 0.05 级别，这些类别的列比例相互之间无显著差异。

（4）有无从教经历的教育硕士对教学基本功的评价

有无从教经历的教育硕士进行的教学基本功评价，获取的有效数据是 31 085 人。

经卡方检验，χ^2 值为 146.263**，sig<0.01，表明有无从教经历的教育硕士在对教学基本功评价的两个选项上，至少有一个选项的频数百分比有极其显著差异。

对占比进行 Z 检验比较，从有无从教经历与教学基本功评价交叉表中可以看出，在"比较高及以上"选项上，有从教经历为 62.7%，高于无从教经历的 55.9%（见表 4-3-4）。

表 4-3-4　有无从教经历与教学基本功评价交叉表

教学基本功评价		有无从教经历		总计
		有	无	
比较高及以上	人数/人	8 532$_a$	9 777$_b$	18 309
	占比/%	62.7	55.9	58.9
一般及以下	人数/人	5 070$_a$	7 706$_b$	12 776
	占比/%	37.3	44.1	41.1
总计	人数/人	13 602	17 483	31 085
	占比/%	100.0	100.0	100.0

注：下标字母含义是横向比较，若字母相同，在 0.05 级别，这些类别的列比例相互之间无显著差异。

（5）能否胜任教育教学工作的教育硕士对教学基本功的评价

能否胜任教育教学工作的教育硕士进行的教学基本功评价，获取的有效数据是 31 085 人。

经卡方检验，χ^2 值为 838.970**，sig<0.01，表明能否胜任教育教学工作的教育硕士在对教学基本功评价的两个选项上，至少有一个选项的频数百分比有极其显著差异。

对占比进行 Z 检验比较，从能否胜任教育教学工作与教学基本功评价交叉表中可以看出，在"比较高及以上"选项上，能胜任教育教学工作为 61.2%，高于不能胜任教育教学工作的 30.6%（见表 4-3-5）。

表 4-3-5　能否胜任教育教学工作与教学基本功评价交叉表

教学基本功评价		能否胜任教育教学工作		总计
		能	否	
比较高及以上	人数 / 人	17 590$_a$	719$_b$	18 309
	占比 / %	61.2	30.6	58.9
一般及以下	人数 / 人	11 147$_a$	1 629$_b$	12 776
	占比 / %	38.8	69.4	41.1
总计	人数 / 人	28 737	2 348	31 085
	占比 / %	100.0	100.0	100.0

注：下标字母含义是横向比较，若字母相同，在 0.05 级别，这些类别的列比例相互之间无显著差异。

（6）不同专业教育硕士对教学基本功的评价

不同专业教育硕士进行的教学基本功评价评价，获取的有效数据是 31 085 人。其中评价"比较高及以上"的人数为 18 309 人，各专业对其评价的平均百分比为 58.9%，评价"一般及以下"的人数为 12 776 人，各专业对其评价的平均百分比为 41.1%。

对评价的人数残差进行标准化后发现，在评价"一般及以下"的专业中，小学教育、职业技术教育专业的教育硕士对教学基本功的评价最低，标准化残差为 4.0，其次是学科教学·英语和心理健康教育，标准化残差分别为 2.9、2.2，教育管理、特殊教育、学前教育、学科教学·思政专业的标准化残差也大于 1（见表 4-3-6）。

表 4-3-6 不同专业教育硕士与教学基本功评价交叉表

专业	比较高及以上 人数/人	百分比/%	标准化残差	一般及以下 人数/人	百分比/%	标准化残差	总计/人
小学教育	1 471	54.0	−3.4	1 255	46.0	4.0	2 726
教育管理	793	56.8	−1.0	603	43.2	1.2	1 396
心理健康教育	915	55.5	−1.8	735	44.5	2.2	1 650
现代教育技术	704	57.2	−0.8	527	42.8	0.9	1 231
特殊教育	102	52.8	−1.1	91	47.2	1.3	193
职业技术教育	658	51.7	−3.3	614	48.3	4.0	1 272
科学技术教育	103	60.9	0.3	66	39.1	−0.4	169
学前教育	845	55.7	−1.6	671	44.3	1.9	1 516
学科教学·语文	2 282	60.6	1.4	1 483	39.4	−1.6	3 765
学科教学·数学	1 544	64.5	3.6	849	35.5	−4.3	2 393
学科教学·英语	2 718	56.3	−2.4	2 114	43.8	2.9	4 832
学科教学·物理	655	65.2	2.6	350	34.8	−3.1	1 005
学科教学·化学	763	61.3	1.1	481	38.7	−1.3	1 244
学科教学·生物	1 015	64.9	3.1	550	35.1	−3.7	1 565
学科教学·思政	1 277	56.7	−1.4	977	43.3	1.7	2 254
学科教学·历史	1 005	64.3	2.8	559	35.7	−3.3	1 564
学科教学·地理	700	61.8	1.3	433	38.2	−1.5	1 133
学科教学·体育	237	66.2	1.8	121	33.8	−2.2	358
学科教学·音乐	271	62.0	0.8	166	38.0	−1.0	437
学科教学·美术	251	65.7	1.7	131	34.3	−2.1	382
总计	18 309	58.9	0	12 776	41.1	0	31 085

（7）不同隶属层次院校在校生对教学基本功的评价

不同隶属层次院校在校生进行的教学基本功评价，获取的有效数据是 24 405 人。

经卡方检验，χ^2 值为 24.079**，sig<0.01，表明不同隶属层次院校在校生在对教学基本功评价的两个选项上，至少有一个选项的频数百分比有极其显著

差异。

对占比进行 Z 检验比较，从院校隶属层次与教学基本功评价交叉表中可以看出，在"比较高及以上"选项上，市属为 53.2%，低于其他选项（见表 4-3-7）。

表 4-3-7　院校隶属层次与教学基本功评价交叉表

教学基本功评价		院校隶属层次			总计
		部属	省属	市属	
比较高及以上	人数 / 人	1 211$_a$	10 337$_a$	2 231$_b$	13 779
	占比 / %	58.4	57.0	53.2	56.5
一般及以下	人数 / 人	861$_a$	7 799$_a$	1 966$_b$	10 626
	占比 / %	41.6	43.0	46.8	43.5
总计	人数 / 人	2 072	18 136	4 197	24 405
	占比 / %	100.0	100.0	100.0	100.0

注：下标字母含义是横向比较，若字母相同，在 0.05 级别，这些类别的列比例相互之间无显著差异。

（8）不同院校类型在校生对教学基本功的评价

不同院校类型在校生进行的教学基本功评价，获取的有效数据是 24 405 人。

经卡方检验，χ^2 值为 16.238**，sig<0.01，表明不同院校类型在校生在对教学基本功评价的两个选项上，至少有一个选项的频数百分比有极其显著差异。

对占比进行 Z 检验比较，从院校类型与教学基本功评价交叉表中可以看出，在"比较高及以上"选项上，师范类为 57.3%，高于非师范类的 54.5%（见表 4-3-8）。

表 4-3-8　院校类型与教学基本功评价交叉表

教学基本功评价		院校类型		总计
		师范类	非师范类	
比较高及以上	人数 / 人	9 816$_a$	3 963$_b$	13 779
	占比 / %	57.3	54.5	56.5

续表

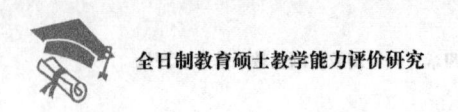

教学基本功评价		院校类型		总计
		师范类	非师范类	
一般及以下	人数/人	7 317$_a$	3 309$_b$	10 626
	占比/%	42.7	45.5	43.5
总计	人数/人	17 133	7 272	24 405
	占比/%	100.0	100.0	100.0

注：下标字母含义是横向比较，若字母相同，在0.05级别，这些类别的列比例相互之间无显著差异。

（9）不同毕业年限毕业生对教学基本功的评价

不同毕业年限毕业生进行的教学基本功评价，获取的有效数据是9451人。

经卡方检验，χ^2值为74.740**，sig<0.01，表明不同毕业年限毕业生在对教学基本功评价的两个选项上，至少有一个选项的频数百分比有极其显著差异。

对占比进行Z检验比较，从毕业年限与教学基本功评价交叉表中可以看出，在"比较高及以上"选项上，5~6年为79.5%，高于其他选项，但与7年以上无显著差异；1年以下为62.1%，低于其他选项（见表4-3-9）。

表4-3-9 毕业年限与教学基本功评价交叉表

教学基本功评价		毕业年限					总计
		1年以下	1~2年	3~4年	5~6年	7年以上	
比较高及以上	人数/人	2877$_a$	2017$_b$	898$_b$	264$_c$	165$_{b,c}$	6221
	占比/%	62.1	68.2	68.9	79.5	73.7	65.8
一般及以下	人数/人	1755$_a$	942$_b$	406$_b$	68$_c$	59$_{b,c}$	3230
	占比/%	37.9	31.8	31.1	20.5	26.3	34.2
总计	人数/人	4632	2959	1304	332	224	9451
	占比/%	100.0	100.0	100.0	100.0	100.0	100.0

注：下标字母含义是横向比较，若字母相同，在0.05级别，这些类别的列比例相互之间无显著差异。

（10）是否工作毕业生对教学基本功的评价

是否工作毕业生进行的教学基本功评价，获取的有效数据是9451人。

经卡方检验，χ^2 值为 200.234**，sig<0.01，表明是否工作毕业生在对教学基本功评价的两个选项上，至少有一个选项的频数百分比有极其显著差异。

对占比进行 Z 检验比较，从是否工作与教学基本功评价交叉表中可以看出，在"比较高及以上"选项上，已工作为 69.7%，高于未工作的 53.5%（见表 4-3-10）。

表 4-3-10　是否工作与教学基本功评价交叉表

教学基本功评价		是否工作		总计
		是	否	
比较高及以上	人数 / 人	5008$_a$	1213$_b$	6221
	占比 / %	69.7	53.5	65.8
一般及以下	人数 / 人	2177$_a$	1053$_b$	3230
	占比 / %	30.3	46.5	34.2
总计	人数 / 人	7185	2266	9451
	占比 / %	100.0	100.0	100.0

注：下标字母含义是横向比较，若字母相同，在 0.05 级别，这些类别的列比例相互之间无显著差异。

（11）毕业生是否为师范专业对教学基本功的评价

毕业生是否为师范专业进行的教学基本功评价，获取的有效数据是 31 085 人。

经卡方检验，χ^2 值为 54.013**，sig<0.01，表明毕业生是否为师范专业在对教学基本功评价的两个选项上，至少有一个选项的频数百分比有极其显著差异。

对占比进行 Z 检验比较，从是否为师范专业与教学基本功评价交叉表中可以看出，在"比较高及以上"选项上，师范专业为 72.9%，高于非师范专业的 64.7%（见表 4-3-11）。

表 4-3-11　是否为师范专业与教学基本功评价交叉表

教学基本功评价		是否为师范专业		总计
		是	否	
比较高及以上	人数 / 人	3207$_a$	1801$_b$	5008
	占比 / %	72.9	64.7	69.7
一般及以下	人数 / 人	1194$_a$	983$_b$	2177
	占比 / %	27.1	35.3	30.3
总计	人数 / 人	4401	2784	7185
	占比 / %	100.0	100.0	100.0

注：下标字母含义是横向比较，若字母相同，在 0.05 级别，这些类别的列比例相互之间无显著差异。

2. 在校生和毕业生与教学基本功的差异性分析

在校生和毕业生进行的教学基本功评价，获取的有效数据是 31 085 人。

经卡方检验，χ^2 值为 268.930**，sig<0.01，表明在校生和毕业生在对教学基本功评价的两个选项上，至少有一个选项的频数百分比有极其显著差异。

对占比进行 Z 检验比较，从在校生和毕业生与教学基本功评价交叉表中可以看出，在"比较高及以上"选项上，毕业生为 65.8%，高于在校生的 55.9%（见表 4-3-12）。

表 4-3-12　在校生和毕业生与教学基本功评价交叉表

教学基本功评价		身份		总计
		毕业生	在校生	
比较高及以上	人数 / 人	6 221$_a$	12 088$_b$	18 309
	占比 / %	65.8	55.9	58.9
一般及以下	人数 / 人	3 230$_a$	9 546$_b$	12 776
	占比 / %	34.2	44.1	41.1
总计	人数 / 人	9 451	21 634	31 085
	占比 / %	100.0	100.0	100.0

注：下标字母含义是横向比较，若字母相同，在 0.05 级别，这些类别的列比例相互之间无显著差异。

（二）教师与教学基本功的差异性分析

1. 教师个体不同信息与教学基本功的差异性分析

（1）不同工作单位教师对教学基本功的评价

不同工作单位教师进行的教学基本功评价，获取的有效数据是 11 443 人。

经卡方检验，χ^2 值为 131.421**，sig<0.01，表明不同工作单位教师在对教学基本功评价的两个选项上，至少有一个选项的频数百分比有极其显著差异。

对占比进行 Z 检验比较，从工作单位性质与教学基本功评价交叉表中可以看出，在"比较高及以上"选项上，基础教育为 84.7%，高于院校的 74.7%（见表 4-3-13）。

表 4-3-13　工作单位性质与教学基本功评价交叉表

教学基本功评价		工作单位性质		总计
		院校	基础教育	
比较高及以上	人数 / 人	6 122$_a$	2 754$_b$	8 876
	占比 / %	74.7	84.7	77.6
一般及以下	人数 / 人	2 068$_a$	499$_b$	2 567
	占比 / %	25.3	15.3	22.4
总计	人数 / 人	8 190	3 253	11 443
	占比 / %	100.0	100.0	100.0

注：下标字母含义是横向比较，若字母相同，在 0.05 级别，这些类别的列比例相互之间无显著差异。

（2）不同城市教师对教学基本功的评价

不同城市教师进行的教学基本功评价，获取的有效数据是 11 443 人。

经卡方检验，χ^2 值为 5.476，sig=0.065>0.05，表明不同城市教师在对教学基本功评价的两个选项上无显著差异。

（3）不同地区教师对教学基本功的评价

不同地区教师进行的教学基本功评价，获取的有效数据是 11 443 人。

经卡方检验，χ^2 值为 27.359**，sig<0.01，表明不同地区教师在对教学基本

功评价的两个选项上，至少有一个选项的频数百分比有极其显著差异。

对占比进行 Z 检验比较，从不同地区与教学基本功评价交叉表中可以看出，在"比较高及以上"选项上，所有地区的平均值为 77.6%，西南地区为 74.4%、西北地区为 74.3%，低于其他选项，但二者与华南地区无显著差异（见表 4-3-14）。

表 4-3-14　不同地区与教学基本功评价交叉表

教学基本功评价		区域							总计
		华东	华南	华中	华北	西南	西北	东北	
比较高及以上	人数/人	1 956$_{a,b}$	871$_{b,c}$	1 440$_{a,b}$	1 143$_a$	882$_c$	976$_c$	1 608$_a$	8 876
	占比/%	78.2	75.6	78.4	79.8	74.4	74.3	79.5	77.6
一般及以下	人数/人	546$_{a,b}$	281$_{b,c}$	396$_{a,b}$	289$_a$	304$_c$	337$_c$	414$_a$	2 567
	占比/%	21.8	24.4	21.6	20.2	25.6	25.7	20.5	22.4
总计	人数/人	2 502	1 152	1 836	1 432	1 186	1 313	2 022	11 443
	占比/%	100.0	100.0	100.0	100.0	100.0	100.0	100.0	100.0

注：下标字母含义是横向比较，若字母相同，在 0.05 级别，这些类别的列比例相互之间无显著差异。

（4）不同年龄教师对教学基本功的评价

不同年龄教师进行的教学基本功评价，获取的有效数据是 11 443 人。

经卡方检验，χ^2 值为 28.209**，sig<0.01，表明不同年龄教师对教学基本功评价的两个选项上，至少有一个选项的频数百分比有极其显著差异。

对占比进行 Z 检验比较，从年龄与教学基本功评价交叉表中可以看出，在"比较高及以上"选项上，35 岁及以下为 81.3%，高于其他选项；56 岁及以上为 72.7%，低于其他选项（见表 4-3-15）。

表 4-3-15　年龄与教学基本功评价交叉表

教学基本功评价		年龄				总计
		35 岁及以下	36~45 岁	46~55 岁	56 岁及以上	
比较高及以上	人数/人	1 218$_a$	3 534$_b$	3 318$_b$	806$_c$	8 876
	占比/%	81.3	78.0	77.1	72.7	77.6

续表

教学基本功评价		年龄				总计
		35岁及以下	36~45岁	46~55岁	56岁及以上	
一般及以下	人数/人	280$_a$	999$_b$	985$_b$	303$_c$	2 567
	占比/%	18.7	22.0	22.9	27.3	22.4
总计	人数/人	1 498	4 533	4 303	1 109	11 443
	占比/%	100.0	100.0	100.0	100.0	100.0

注：下标字母含义是横向比较，若字母相同，在0.05级别，这些类别的列比例相互之间无显著差异。

（5）不同学历教师对教学基本功的评价

不同学历教师进行的教学基本功评价，获取的有效数据是11 443人。

经卡方检验，χ^2值为71.189**，sig<0.01，表明不同学历教师对教学基本功评价的两个选项上，至少有一个选项的频数百分比有极其显著差异。

对占比进行Z检验比较，从学历与教学基本功评价交叉表中可以看出，在"比较高及以上"选项上，本科生及以下为83.4%，高于其他选项（见表4-3-16）。

表4-3-16　学历与教学基本功评价交叉表

教学基本功评价		学历			总计
		博士研究生	硕士研究生	本科生及以下	
比较高及以上	人数/人	3 662$_a$	3 125$_b$	2 089$_c$	8 876
	占比/%	74.8	77.3	83.4	77.6
一般及以下	人数/人	1 234$_a$	918$_b$	415$_c$	2 567
	占比/%	25.2	22.7	16.6	22.4
总计	人数/人	4 896	4 043	2 504	11 443
	占比/%	100.0	100.0	100.0	100.0

注：下标字母含义是横向比较，若字母相同，在0.05级别，这些类别的列比例相互之间无显著差异。

（6）不同职称教师对教学基本功的评价

不同职称教师进行的教学基本功评价，获取的有效数据是11 443人。

经卡方检验，χ^2值为29.261**，sig<0.01，表明不同职称教师对教学基本功

评价的两个选项上,至少有一个选项的频数百分比有极其显著差异。

对占比进行 Z 检验比较,从职称与教学基本功评价交叉表中可以看出,在"比较高及以上"选项上,中级及以下为 80.6%,高于其他选项(见表 4-3-17)。

表 4-3-17 职称与教学基本功评价交叉表

教学基本功评价		职称			总计
		正高级	副高级	中级及以下	
比较高及以上	人数 / 人	2 274$_a$	4 634$_b$	1 968$_c$	8 876
	占比 / %	74.6	77.9	80.6	77.6
一般及以下	人数 / 人	776$_a$	1 318$_b$	473$_c$	2 567
	占比 / %	25.4	22.1	19.4	22.4
总计	人数 / 人	3 050	5 952	2 441	11 443
	占比 / %	100.0	100.0	100.0	100.0

注:下标字母含义是横向比较,若字母相同,在 0.05 级别,这些类别的列比例相互之间无显著差异。

(7)不同工作年限教师对教学基本功的评价

不同工作年限教师进行的教学基本功评价,获取的有效数据是 11 443 人。

经卡方检验,χ^2 值为 12.012*,sig=0.021<0.05,表明不同工作年限教师对教学基本功评价的两个选项上,至少有一个选项的频数百分比有显著差异。

对占比进行 Z 检验比较,从工作年限教师与教学基本功评价交叉表中可以看出,在"比较高及以上"选项上,0~10 年为 79.9%,高于其他选项,但与 21~30 年无显著差异(见表 4-3-18)。

表 4-3-18 工作年限教师与教学基本功评价交叉表

教学基本功评价		工作年限				总计
		0~10 年	11~20 年	21~30 年	30 年以上	
比较高及以上	人数 / 人	1 775$_a$	2 599$_b$	2 819$_{a,b}$	1 683$_b$	8 876
	占比 / %	79.9	76.7	77.9	76.0	77.6
一般及以下	人数 / 人	446$_a$	790$_b$	799$_{a,b}$	532$_b$	2 567
	占比 / %	20.1	23.3	22.1	24.0	22.4

续表

教学基本功评价		工作年限				总计
		0~10年	11~20年	21~30年	30年以上	
总计	人数/人	2 221	3 389	3 618	2 215	11 443
	占比/%	100.0	100.0	100.0	100.0	100.0

注：下标字母含义是横向比较，若字母相同，在0.05级别，这些类别的列比例相互之间无显著差异。

（8）不同专业教师对教学基本功的评价

不同专业教师进行的教学基本功评价，获取的有效数据是10 988人。其中评价"比较高及以上"的人数为8523人，各专业对其评价的平均百分比为77.6%，评价"一般及以下"的人数为2465人，各专业对其评价的平均百分比为22.4%。

对评价的人数残差进行标准化后发现，在评价"一般及以下"的专业中，学科教学·体育专业的教师对教学基本功的评价最低，标准化残差为4.4；学前教育为2.9，特殊教育为2.8，心理健康教育为2.5；小学教育、教育管理、职业技术教育、学科教学·英语、学科教学·音乐的评价也低于平均评价，其标准化残差均大于或等于1（见表4-3-19）。

表4-3-19 教师所在专业与教学基本功评价交叉表

专业	比较高及以上			一般及以下			总计/人
	人数/人	百分比/%	标准化残差	人数/人	百分比/%	标准化残差	
小学教育	616	74.0	-1.2	216	26.0	2.1	832
教育管理	391	75.5	-0.5	127	24.5	1.0	518
心理健康教育	293	71.6	-1.4	116	28.4	2.5	409
现代教育技术	296	76.7	-0.2	90	23.3	0.4	386
特殊教育	22	56.4	-1.5	17	43.6	2.8	39
职业技术教育	382	75.2	-0.6	126	24.8	1.1	508
科学技术教育	53	82.8	0.5	11	17.2	-0.9	64
学前教育	304	70.9	-1.6	125	29.1	2.9	429

续表

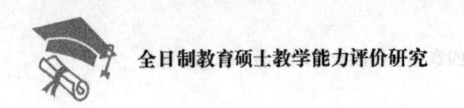

专业	比较高及以上 人数/人	百分比/%	标准化残差	一般及以下 人数/人	百分比/%	标准化残差	总计/人
学科教学·语文	1 165	78.5	0.4	319	21.5	−0.8	1 484
学科教学·数学	655	80.9	1.1	155	19.1	−2.0	810
学科教学·英语	1 038	76.1	−0.6	326	23.9	1.1	1 364
学科教学·物理	354	82.3	1.1	76	17.7	−2.1	430
学科教学·化学	426	79.2	0.4	112	20.8	−0.8	538
学科教学·生物	538	86.4	2.5	85	13.6	−4.6	623
学科教学·思政	592	78.2	0.2	165	21.8	−0.4	757
学科教学·历史	433	77.7	0	124	22.3	−0.1	557
学科教学·地理	452	83.9	1.7	87	16.1	−3.1	539
学科教学·体育	104	61.5	−2.4	65	38.5	4.4	169
学科教学·音乐	224	74.7	−0.6	76	25.3	1.1	300
学科教学·美术	185	79.7	0.4	47	20.3	−0.7	232
总计	8 523	77.6	0	2 465	22.4	0	10 988

（9）不同隶属层次的院校教师对教学基本功的评价

不同隶属层次院校的教师进行的教学基本功评价，获取的有效数据是11 443人。

经卡方检验，χ^2值为2.710，sig=0.258>0.05，表明不同隶属层次的院校教师在对教学基本功评价的两个选项上无显著差异。

（10）不同类型院校教师对教学基本功的评价

不同类型院校的教师进行的教学基本功评价，获取的有效数据是11 443人。

经卡方检验，χ^2值为1.873，sig=0.171>0.05，表明不同类型院校教师在对教学基本功评价的两个选项上无显著差异。

（11）有无教育学相关背景教师对教学基本功的评价

有无教育学相关背景教师进行的教学基本功评价，获取的有效数据是

6777 人。

经卡方检验，χ^2 值为 0.006，sig=0.9385>0.05，表明有无教育学相关背景的教师在对教学基本功评价的两个选项上无显著差异。

（12）有无基础教育工作经历和研究经历教师对教学基本功的评价

有无基础教育工作经历和研究经历教师进行的教学基本功评价，获取的有效数据是 6777 人。

经卡方检验，χ^2 值为 5.565*，sig=0.018<0.05，表明有无基础教育工作经历和研究经历教师对教学基本功评价的两个选项上，至少有一个选项的频数百分比有显著差异。

对占比进行 Z 检验比较，从有无基础教育工作经历和研究经历与教学基本功评价交叉表中可以看出，在"比较高及以上"选项上，有基础教育工作经历和研究经历为 74.5%，高于无基础教育工作经历和研究经历的 71.8%（见表4-3-20）。

表 4-3-20 有无基础教育工作经历和研究经历与教学基本功评价交叉表

教学基本功评价		有无基础教育工作和研究经历		总计
		有	无	
比较高及以上	人数 / 人	3373a	1615b	4988
	占比 / %	74.5	71.8	73.6
一般及以下	人数 / 人	1155a	634b	1789
	占比 / %	25.5	28.2	26.4
总计	人数 / 人	4528	2249	6777
	占比 / %	100.0	100.0	100.0

注：下标字母含义是横向比较，若字母相同，在 0.05 级别，这些类别的列比例相互之间无显著差异。

（13）教师担任导师年限对教学基本功的评价

教师担任导师年限进行的教学基本功评价，获取的有效数据是 9368 人。

经卡方检验，χ^2 值为 28.305**，sig<0.01，表明教师担任导师年限对教学基本功评价的两个选项上，至少有一个选项的频数百分比有极其显著差异。

对占比进行 Z 检验比较，从担任导师年限与教学基本功评价交叉表中可以看出，在"比较高及以上"选项上，0～5 年为 78.4%，高于其他选项（见表 4-3-21）。

表 4-3-21 担任导师年限与教学基本功评价交叉表

教学基本功评价		担任导师年限					总计
		0～5 年	6～10 年	11～15 年	16～20 年	20 年以上	
比较高及以上	人数/人	4385$_a$	1716$_b$	670$_{b,c}$	255$_{b,c}$	161$_c$	7187
	占比/%	78.4	75.3	73.6	73.5	67.9	76.7
一般及以下	人数/人	1210$_a$	563$_b$	240$_b$	92$_{b,c}$	76$_c$	2181
	占比/%	21.6	24.7	26.4	26.5	32.1	23.3
总计	人数/人	5595	2279	910	347	237	9368
	占比/%	100.0	100.0	100.0	100.0	100.0	100.0

注：下标字母含义是横向比较，若字母相同，在 0.05 级别，这些类别的列比例相互之间无显著差异。

（14）双导师间是否经常进行沟通合作对教学基本功的评价

双导师间是否经常沟通合作进行的教学基本功评价，获取的有效数据是 9368 人。

经卡方检验，χ^2 值为 232.675**，sig<0.01，表明双导师间是否经常沟通合作对教学基本功评价的两个选项上，至少有一个选项的频数百分比有极其显著差异。

对占比进行 Z 检验比较，从双导师间是否经常沟通合作与教学基本功评价交叉表中可以看出，在"比较高及以上"选项上，经常沟通合作为 79.6%，高于不经常沟通合作的 61.3%（见表 4-3-22）。

表 4-3-22 双导师间是否经常沟通合作与教学基本功评价交叉表

教学基本功评价		双导师间是否经常沟通合作		总计
		是	否	
比较高及以上	人数/人	6289$_a$	898$_b$	7187
	占比/%	79.6	61.3	76.7

续表

教学基本功评价		双导师间是否经常沟通合作		总计
		是	否	
一般及以下	人数/人	1613ₐ	568ᵦ	2181
	占比/%	20.4	38.7	23.3
总计	人数/人	7902	1466	9368
	占比/%	100.0	100.0	100.0

注：下标字母含义是横向比较，若字母相同，在0.05级别，这些类别的列比例相互之间无显著差异。

2. 不同教师身份与教学基本功的差异性分析

不同身份教师进行的教学基本功评价，获取的有效数据是18 164人。

经卡方检验，χ^2值为159.199**，sig<0.01，表明不同教师身份对教学基本功评价的两个选项上，至少有一个选项的频数百分比有极其显著差异。

对占比进行Z检验比较，从教师身份与教学基本功评价交叉表中可以看出，在"比较高及以上"选项上，实践导师为84.9%，高于其他选项；理论导师为73.6%，低于其他选项（见表4-3-23）。

表4-3-23 教师身份与教学基本功评价交叉表

教学基本功评价		教师身份				总计
		理论导师	实践导师	任课教师	管理者	
比较高及以上	人数/人	4 988ₐ	2 199ᵦ	5 161c	1 661d	14 009
	占比/%	73.6	84.9	76.4	81.4	77.1
一般及以下	人数/人	1 789ₐ	392ᵦ	1 595c	379d	4 155
	占比/%	26.4	15.1	23.6	18.6	22.9
总计	人数/人	6 777	2 591	6 756	2 040	18 164
	占比/%	100.0	100.0	100.0	100.0	100.0

注：下标字母含义是横向比较，若字母相同，在0.05级别，这些类别的列比例相互之间无显著差异。

（三）教育硕士和教师与教学基本功总体的差异性分析

教育硕士和教师进行的教学基本功评价，获取的有效数据是42 528人。

经卡方检验，χ^2 值为 1 263.829**，sig<0.01，表明教育硕士和教师在对教学基本功评价的两个选项上，至少有一个选项的频数百分比有极其显著差异。

对占比进行 Z 检验比较，从教育硕士和教师与教学基本功评价交叉表中，可以看出，在"比较高及以上"选项上，教师为 77.6%，高于教育硕士的 58.9%（见表 4-3-24）。

表 4-3-24　教育硕士和教师与教学基本功评价交叉表

教学基本功评价		身份		总计
		教育硕士	教师	
比较高及以上	人数 / 人	18 309$_a$	8 876$_b$	27 185
	占比 / %	58.9	77.6	63.9
一般及以下	人数 / 人	12 776$_a$	2 567$_b$	15 343
	占比 / %	41.1	22.4	36.1
总计	人数 / 人	31 085	11 443	42 528
	占比 / %	100.0	100.0	100.0

注：下标字母含义是横向比较，若字母相同，在 0.05 级别，这些类别的列比例相互之间无显著差异。

二、教学基本功各维度的差异性分析

（一）口语表达能力

1. 在校生和毕业生与口语表达能力的差异性分析

在校生和毕业生进行的口语表达能力评价，获取的有效数据是 31 085 人。

经卡方检验，χ^2 值为 295.731**，sig<0.01，表明在校生和毕业生在对口语表达能力评价的两个选项上，至少有一个选项的频数百分比有极其显著差异。

对占比进行 Z 检验比较，从在校生和毕业生与口语表达能力评价交叉表中可以看出，在"比较高及以上"选项上，毕业生为 67.3%，高于在校生的 56.9%（见表 4-3-25）。

表 4-3-25　在校生和毕业生与口语表达能力评价交叉表

口语表达能力评价		身份		总计
		毕业生	在校生	
比较高及以上	人数 / 人	6 363$_a$	12 319$_b$	18 682
	占比 / %	67.3	56.9	60.1
一般及以下	人数 / 人	3 088$_a$	9 315$_b$	12 403
	占比 / %	32.7	43.1	39.9
总计	人数 / 人	9 451	21 634	31 085
	占比 / %	100.0	100.0	100.0

注：下标字母含义是横向比较，若字母相同，在 0.05 级别，这些类别的列比例相互之间无显著差异。

2. 不同教师身份与口语表达能力的差异性分析

不同身份教师进行的口语表达能力评价，获取的有效数据是 18 164 人。

经卡方检验，χ^2 值为 172.959**，sig<0.01，表明不同教师身份对口语表达能力评价的两个选项上，至少有一个选项的频数百分比有极其显著差异。

对占比进行 Z 检验比较，从教师身份与口语表达能力评价交叉表中可以看出，在"比较高及以上"选项上，实践导师为 90.2%，高于其他选项；理论导师为 79.2%，低于其他选项（见表 4-3-26）。

表 4-3-26　教师身份与口语表达能力评价交叉表

口语表达能力评价		教师身份				总计
		理论导师	实践导师	任课教师	管理者	
比较高及以上	人数 / 人	5 365$_a$	2 337$_b$	5 515$_c$	1 743$_d$	14 960
	占比 / %	79.2	90.2	81.6	85.4	82.4
一般及以下	人数 / 人	1 412$_a$	254$_b$	1 241$_c$	297$_d$	3 204
	占比 / %	20.8	9.8	18.4	14.6	17.6
总计	人数 / 人	6 777	2 591	6 756	2 040	18 164
	占比 / %	100.0	100.0	100.0	100.0	100.0

注：下标字母含义是横向比较，若字母相同，在 0.05 级别，这些类别的列比例相互之间无显著差异。

3. 教育硕士和教师与口语表达能力的差异性分析

教育硕士和教师进行的口语表达能力评价，获取的有效数据是 42 528 人。

经卡方检验，χ^2 值为 1 859.233**，sig<0.01，表明教育硕士和教师在对口语表达能力评价的两个选项上，至少有一个选项的频数百分比有极其显著差异。

对占比进行 Z 检验比较，从教育硕士和教师与口语表达能力评价交叉表中可以看出，在"比较高及以上"选项上，教师为 82.4%，高于教育硕士的 60.1%（见表 4-3-27）。

表 4-3-27 教育硕士和教师与口语表达能力评价交叉表

口语表达能力评价		身份		总计
		教育硕士	教师	
比较高及以上	人数/人	18 682$_a$	9 431$_b$	28 113
	占比/%	60.1	82.4	66.1
一般及以下	人数/人	12 403$_a$	2 012$_b$	14 415
	占比/%	39.9	17.6	33.9
总计	人数/人	31 085	11 443	42 528
	占比/%	100.0	100.0	100.0

注：下标字母含义是横向比较，若字母相同，在 0.05 级别，这些类别的列比例相互之间无显著差异。

（二）板书书写能力

1. 在校生和毕业生与板书书写能力的差异性分析

在校生和毕业生进行的板书书写能力评价，获取的有效数据是 31 085 人。

经卡方检验，χ^2 值为 177.739**，sig<0.01，表明在校生和毕业生在对板书书写能力评价的两个选项上，至少有一个选项的频数百分比有极其显著差异。

对占比进行 Z 检验比较，从在校生和毕业生与板书书写能力评价交叉表中可以看出，在"比较高及以上"选项上，毕业生为 58.9%，高于在校生的 50.7%（见表 4-3-28）。

表 4-3-28　在校生和毕业生与板书书写能力评价交叉表

板书书写能力评价		身份		总计
		毕业生	在校生	
比较高及以上	人数 / 人	5 571_a	10 978_b	16 549
	占比 / %	58.9	50.7	53.2
一般及以下	人数 / 人	3 880_a	10 656_b	14 536
	占比 / %	41.1	49.3	46.8
总计	人数 / 人	9 451	21 634	31 085
	占比 / %	100.0	100.0	100.0

注：下标字母含义是横向比较，若字母相同，在 0.05 级别，这些类别的列比例相互之间无显著差异。

2. 不同教师身份与板书书写能力的差异性分析

不同身份教师进行的板书书写能力评价，获取的有效数据是 18 164 人。

经卡方检验，χ^2 值为 131.588**，sig<0.01，表明不同教师身份对板书书写能力评价的两个选项上，至少有一个选项的频数百分比有极其显著差异。

对占比进行 Z 检验比较，从教师身份与板书书写能力评价交叉表中可以看出，在"比较高及以上"选项上，实践导师为 75.5%，高于其他选项；理论导师为 63.9%，低于其他选项（见表 4-3-29）。

表 4-3-29　教师身份与板书书写能力评价交叉表

板书书写能力评价		教师身份				总计
		理论导师	实践导师	任课教师	管理者	
比较高及以上	人数 / 人	4 328_a	1 955_b	4 507_c	1 457_d	12 247
	占比 / %	63.9	75.5	66.7	71.4	67.4
一般及以下	人数 / 人	2 449_a	636_b	2 249_c	583_d	5 917
	占比 / %	36.1	24.5	33.3	28.6	32.6
总计	人数 / 人	6 777	2 591	6 756	2 040	18 164
	占比 / %	100.0	100.0	100.0	100.0	100.0

注：下标字母含义是横向比较，若字母相同，在 0.05 级别，这些类别的列比例相互之间无显著差异。

3. 教育硕士和教师与板书书写能力的差异性分析

教育硕士和教师进行的板书书写能力评价，获取的有效数据是 42 528 人。

经卡方检验，χ^2 值为 796.989**，sig<0.01，表明教育硕士和教师在对板书书写能力评价的两个选项上，至少有一个选项的频数百分比有极其显著差异。

对占比进行 Z 检验比较，从教育硕士和教师与板书书写能力评价交叉表中，可以看出，在"比较高及以上"选项上，教师为 68.5%，高于教育硕士的 53.2%（见表 4-3-30）。

表 4-3-30 教育硕士和教师与板书书写能力评价交叉表

板书书写能力评价		身份		总计
		教育硕士	教师	
比较高及以上	人数／人	16 549$_a$	7 839$_b$	24 388
	占比／%	53.2	68.5	57.3
一般及以下	人数／人	14 536$_a$	3 604$_b$	18 140
	占比／%	46.8	31.5	42.7
总计	人数／人	31 085	11 443	42 528
	占比／%	100.0	100.0	100.0

注：下标字母含义是横向比较，若字母相同，在 0.05 级别，这些类别的列比例相互之间无显著差异。

（三）信息技术应用能力

1. 在校生和毕业生与信息技术应用能力的差异性分析

在校生和毕业生进行的信息技术应用能力评价，获取的有效数据是 31 085 人。

经卡方检验，χ^2 值为 113.118**，sig<0.01，表明在校生和毕业生在对信息技术应用能力评价的两个选项上，至少有一个选项的频数百分比有极其显著差异。

对占比进行 Z 检验比较，从在校生和毕业生与信息技术应用能力评价交叉表中可以看出，在"比较高及以上"选项上，毕业生为 65.6%，高于在校生的 59.2%（见表 4-3-31）。

表 4-3-31　在校生和毕业生与信息技术应用能力评价交叉表

信息技术应用能力评价		身份		总计
		毕业生	在校生	
比较高及以上	人数 / 人	6 196$_a$	12 800$_b$	18 996
	占比 / %	65.6	59.2	61.1
一般及以下	人数 / 人	3 255$_a$	8 834$_b$	12 089
	占比 / %	34.4	40.8	38.9
总计	人数 / 人	9 451	21 634	31 085
	占比 / %	100.0	100.0	100.0

注：下标字母含义是横向比较，若字母相同，在 0.05 级别，这些类别的列比例相互之间无显著差异。

2. 不同教师身份与信息技术应用能力的差异性分析

不同身份教师进行的信息技术应用能力评价，获取的有效数据是 18 164 人。

经卡方检验，χ^2 值为 254.873**，sig<0.01，表明不同教师身份对信息技术应用能力评价的两个选项上，至少有一个选项的频数百分比有极其显著差异。

对占比进行 Z 检验比较，从教师身份与信息技术应用能力评价交叉表中，可以看出，在"比较高及以上"选项上，实践导师为 91.8%，高于其他选项；理论导师为 77.7%，低于其他选项（见表 4-3-32）。

表 4-3-32　教师身份与信息技术应用能力评价交叉表

信息技术应用能力评价		教师身份				总计
		理论导师	实践导师	任课教师	管理者	
比较高及以上	人数 / 人	5 263$_a$	2 378$_b$	5 463$_c$	1 702$_d$	14 806
	占比 / %	77.7	91.8	80.9	83.4	81.5
一般及以下	人数 / 人	1 514$_a$	213$_b$	1 293$_c$	338$_d$	3 358
	占比 / %	22.3	8.2	19.1	16.6	18.5
总计	人数 / 人	6 777	2 591	6 756	2 040	18 164
	占比 / %	100.0	100.0	100.0	100.0	100.0

注：下标字母含义是横向比较，若字母相同，在 0.05 级别，这些类别的列比例相互之间无显著差异。

3. 教育硕士和教师与信息技术应用能力的差异性分析

教育硕士和教师进行的信息技术应用能力评价，获取的有效数据是42 528 人。

经卡方检验，χ^2 值为 1 610.940**，sig<0.01，表明教育硕士和教师在对信息技术应用能力评价的两个选项上，至少有一个选项的频数百分比有极其显著差异。

对占比进行 Z 检验比较，从教育硕士和教师与信息技术应用能力评价交叉表中，可以看出，在"比较高及以上"选项上，教师为 81.8%，高于教育硕士的 61.1%（见表 4-3-33）。

表 4-3-33　教育硕士和教师与信息技术应用能力评价交叉表

信息技术应用能力评价		身份		总计
		教育硕士	教师	
比较高及以上	人数 / 人	18 996$_a$	9 360$_b$	28 356
	占比 / %	61.1	81.8	66.7
一般及以下	人数 / 人	12 089$_a$	2 083$_b$	14 172
	占比 / %	38.9	18.2	33.3
总计	人数 / 人	31 085	11 443	42 528
	占比 / %	100.0	100.0	100.0

注：下标字母含义是横向比较，若字母相同，在 0.05 级别，这些类别的列比例相互之间无显著差异。

第五章 全日制教育硕士教学设计能力评价

第一节 教学设计能力总体评价

一、教育硕士对教学设计能力的总体评价

(一)全体教育硕士对教学设计能力的评价

从全体教育硕士对全日制教育硕士教学设计能力评价的分布情况可以看出,评价"非常高"的占16.8%,评价"比较高"的占42.9%,评价"一般"的占38.2%,评价"比较低"的占1.9%,评价"非常低"的占0.2%(见表5-1-1)。

表5-1-1 全体教育硕士对教学设计能力的评价

评价	人数/人	百分比/%
非常高	5 222	16.8
比较高	13 340	42.9
一般	11 873	38.2
比较低	580	1.9
非常低	70	0.2
总计	31 085	100.0

(二)在校生对教学设计能力的评价

从在校生对全日制教育硕士教学设计能力评价的分布情况可以看出,评

价"非常高"的占 14.3%，评价"比较高"的占 42.4%，评价"一般"的占 41.1%，评价"比较低"的占 2.0%，评价"非常低"的占 0.2%（见表 5-1-2）。

表 5-1-2　在校生对教学设计能力的评价

评价	人数/人	百分比/%
非常高	3 086	14.3
比较高	9 179	42.4
一般	8 888	41.1
比较低	436	2.0
非常低	45	0.2
总计	21 634	100.0

（三）毕业生对教学设计能力的评价

从毕业生对全日制教育硕士教学设计能力评价的分布情况可以看出，评价"非常高"的占 22.6%，评价"比较高"的占 44.0%，评价"一般"的占 31.6%，评价"比较低"的占 1.5%，评价"非常低"的占 0.3%（见表 5-1-3）。

表 5-1-3　毕业生对教学设计能力的评价

评价	人数/人	百分比/%
非常高	2136	22.6
比较高	4161	44.0
一般	2985	31.6
比较低	144	1.5
非常低	25	0.3
总计	9451	100.0

二、教师对教学设计能力的总体评价

（一）全体教师对教学设计能力的评价

从全体教师对全日制教育硕士教学设计能力评价的分布情况可以看出，评价"非常高"的占 23.5%，评价"比较高"的占 54.8%，评价"一般"的占 20.2%，评价"比较低"的占 1.3%，评价"非常低"的占 0.1%（见表 5-1-4）。

表 5-1-4　全体教师对教学设计能力的评价

评价	人数 / 人	百分比 / %
非常高	2 694	23.5
比较高	6 274	54.8
一般	2 314	20.2
比较低	149	1.3
非常低	12	0.1
总计	11 443	99.9

（二）理论导师对教学设计能力的评价

从理论导师对全日制教育硕士教学设计能力评价的分布情况可以看出，评价"非常高"的占 18.7%，评价"比较高"的占 57.0%，评价"一般"的占 22.7%，评价"比较低"的占 1.6%，评价"非常低"的占 0.1%（见表 5-1-5）。

表 5-1-5　理论导师对教学设计能力的评价

评价	人数 / 人	百分比 / %
非常高	1266	18.7
比较高	3862	57.0
一般	1535	22.7
比较低	107	1.6
非常低	7	0.1
总计	6777	100.1

（三）实践导师对教学设计能力的评价

从实践导师对全日制教育硕士教学设计能力评价的分布情况可以看出，评价"非常高"的占 29.6%，评价"比较高"的占 53.3%，评价"一般"的占

16.2%，评价"比较低"的占 0.7%，评价"非常低"的占 0.1%（见表 5-1-6）。

表 5-1-6　实践导师对教学设计能力的评价

评价	人数/人	百分比/%
非常高	767	29.6
比较高	1382	53.3
一般	421	16.2
比较低	18	0.7
非常低	3	0.1
总计	2591	99.9

（四）任课教师对教学设计能力的评价

从任课教师对全日制教育硕士教学设计能力评价的分布情况可以看出，评价"非常高"的占 22.5%，评价"比较高"的占 55.2%，评价"一般"的占 20.8%，评价"比较低"的占 1.4%，评价"非常低"的占 0.1%（见表 5-1-7）。

表 5-1-7　任课教师对教学设计能力的评价

评价	人数/人	百分比/%
非常高	1523	22.5
比较高	3729	55.2
一般	1403	20.8
比较低	96	1.4
非常低	5	0.1
总计	6756	100.0

（五）管理者对教学设计能力的评价

从管理者对全日制教育硕士教学设计能力评价的分布情况可以看出，评价"非常高"的占 28.0%，评价"比较高"的占 53.5%，评价"一般"的占 17.5%，评价"比较低"的占 0.8%，评价"非常低"的占 0.1%（见表 5-1-8）。

表 5-1-8　管理者对教学设计能力的评价

评价	人数/人	百分比/%
非常高	571	28.0
比较高	1092	53.5
一般	357	17.5
比较低	17	0.8
非常低	3	0.1
总计	2040	99.9

第二节　教学设计能力各维度评价

一、课程标准分析能力

(一) 教育硕士对课程标准分析能力的评价

1. 全体教育硕士对课程标准分析能力的评价

从全体教育硕士对全日制教育硕士课程标准分析能力评价的分布情况可以看出，评价"非常高"的占 16.8%，评价"比较高"的占 41.2%，评价"一般"的占 39.2%，评价"比较低"的占 2.5%，评价"非常低"的占 0.3%（见表 5-2-1）。

表 5-2-1　全体教育硕士对课程标准分析能力的评价

评价	人数/人	百分比/%
非常高	5 232	16.8
比较高	12 811	41.2
一般	12 170	39.2
比较低	791	2.5

续表

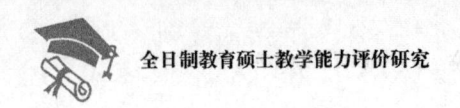

评价	人数/人	百分比/%
非常低	81	0.3
总计	31 085	100.0

2. 在校生对课程标准分析能力的评价

从在校生对全日制教育硕士课程标准分析能力评价的分布情况可以看出，评价"非常高"的占14.3%，评价"比较高"的占40.8%，评价"一般"的占41.9%，评价"比较低"的占2.8%，评价"非常低"的占0.2%（见表5-2-2）。

表5-2-2 在校生对课程标准分析能力的评价

评价	人数/人	百分比/%
非常高	3 088	14.3
比较高	8 819	40.8
一般	9 068	41.9
比较低	608	2.8
非常低	51	0.2
总计	21 634	100.0

3. 毕业生对课程标准分析能力的评价

从毕业生对全日制教育硕士课程标准分析能力评价的分布情况可以看出，评价"非常高"的占22.7%，评价"比较高"的占42.2%，评价"一般"的占32.8%，评价"比较低"的占1.9%，评价"非常低"的占0.3%（见表5-2-3）。

表5-2-3 毕业生对课程标准分析能力的评价

评价	人数/人	百分比/%
非常高	2144	22.7
比较高	3992	42.2
一般	3102	32.8
比较低	183	1.9
非常低	30	0.3
总计	9451	99.9

（二）教师对课程标准分析能力的评价

1. 全体教师对课程标准分析能力的评价

从全体教师对全日制教育硕士课程标准分析能力评价的分布情况可以看出，评价"非常高"的占23.1%，评价"比较高"的占53.2%，评价"一般"的占21.8%，评价"比较低"的占1.8%，评价"非常低"的占0.1%（见表5-2-4）。

表5-2-4 全体教师对课程标准分析能力的评价

评价	人数/人	百分比/%
非常高	2 647	23.1
比较高	6 082	53.2
一般	2 491	21.8
比较低	208	1.8
非常低	15	0.1
总计	11 443	100.0

2. 理论导师对课程标准分析能力的评价

从理论教师对全日制教育硕士课程标准分析能力评价的分布情况可以看出，评价"非常高"的占18.1%，评价"比较高"的占55.0%，评价"一般"的占24.6%，评价"比较低"的占2.2%，评价"非常低"的占0.1%（见表5-2-5）。

表5-2-5 理论导师对课程标准分析能力的评价

评价	人数/人	百分比/%
非常高	1224	18.1
比较高	3725	55.0
一般	1670	24.6
比较低	149	2.2
非常低	9	0.1
总计	6777	100.0

3. 实践导师对课程标准分析能力的评价

从实践导师对全日制教育硕士课程标准分析能力评价的分布情况来看，评价"非常高"的占30%，评价"比较高"的占52.1%，评价"一般"的占16.6%，评价"比较低"的占1.1%，评价"非常低"的占0.2%（见表5-2-6）。

表5-2-6　实践导师对课程标准分析能力的评价

评价	人数／人	百分比／%
非常高	777	30.0
比较高	1350	52.1
一般	431	16.6
比较低	29	1.1
非常低	4	0.2
总计	2591	100.0

4. 任课教师对课程标准分析能力的评价

从任课教师对全日制教育硕士课程标准分析能力评价的分布情况来看，评价"非常高"的占22.0%，评价"比较高"的占53.0%，评价"一般"的占22.8%，评价"比较低"的占2.0%，评价"非常低"的占0.1%（见表5-2-7）。

表5-2-7　任课教师对课程标准分析能力的评价

评价	人数／人	百分比／%
非常高	1488	22.0
比较高	3584	53.0
一般	1538	22.8
比较低	138	2.0
非常低	8	0.1
总计	6756	99.9

5. 管理者对课程标准分析能力的评价

从管理者对全日制教育硕士课程标准分析能力评价的分布情况可以看出，评价"非常高"的占26.7%，评价"比较高"的占52.9%，评价"一般"的占

19.0%，评价"比较低"的占 1.2%，评价"非常低"的占 0.1%（见表 5-2-8）。

表 5-2-8　管理者对课程标准分析能力的评价

评价	人数/人	百分比/%
非常高	545	26.7
比较高	1079	52.9
一般	388	19.0
比较低	25	1.2
非常低	3	0.1
总计	2040	99.9

二、教材分析能力

（一）教育硕士对教材分析能力的评价

1. 全体教育硕士对教材分析能力的评价

从全体教育硕士对全日制教育硕士教材分析能力评价的分布情况可以看出，评价"非常高"的占 17.0%，评价"比较高"的占 42.7%，评价"一般"的占 37.7%，评价"比较低"的占 2.3%，评价"非常低"的占 0.3%（见表 5-2-9）。

表 5-2-9　全体教育硕士对教材分析能力的评价

评价	人数/人	百分比/%
非常高	5 298	17.0
比较高	13 284	42.7
一般	11 722	37.7
比较低	701	2.3
非常低	80	0.3
总计	31 085	100.0

2. 在校生对教材分析能力的评价

从在校生对全日制教育硕士教材分析能力评价的分布情况可以看出，评价

"非常高"的占 14.5%,评价"比较高"的占 42.4%,评价"一般"的占 40.4%,评价"比较低"的占 2.5%,评价"非常低"的占 0.2%(见表 5-2-10)。

表 5-2-10　在校生对教材分析能力的评价

评价	人数/人	百分比/%
非常高	3 131	14.5
比较高	9 174	42.4
一般	8 745	40.4
比较低	534	2.5
非常低	50	0.2
总计	21 634	100.0

3. 毕业生对教材分析能力的评价

从毕业生对全日制教育硕士教材分析能力评价的分布情况可以看出,评价"非常高"的占 22.9%,评价"比较高"的占 43.5%,评价"一般"的占 31.5%,评价"比较低"的占 1.8%,评价"非常低"的占 0.3%(见表 5-2-11)。

表 5-2-11　毕业生对教材分析能力的评价

评价	人数/人	百分比/%
非常高	2167	22.9
比较高	4110	43.5
一般	2977	31.5
比较低	167	1.8
非常低	30	0.3
总计	9451	100.0

(二)教师对教材分析能力的评价

1. 全体教师对教材分析能力的评价

从全体教师对全日制教育硕士教材分析能力评价的分布情况可以看出,评价"非常高"的占 23.4%,评价"比较高"的占 53.1%,评价"一般"的占 21.5%,评价"比较低"的占 1.8%,评价"非常低"的占 0.2%(见表 5-2-12)。

表 5-2-12　全体教师对教材分析能力的评价

评价	人数 / 人	百分比 / %
非常高	2 680	23.4
比较高	6 076	53.1
一般	2 458	21.5
比较低	209	1.8
非常低	20	0.2
总计	11 443	100.0

2. 理论导师对教材分析能力的评价

从理论导师对全日制教育硕士教材分析能力评价的分布情况可以看出，评价"非常高"的占 18.4%，评价"比较高"的占 54.9%，评价"一般"的占 24.3%，评价"比较低"的占 2.3%，评价"非常低"的占 0.2%（见表 5-2-13）。

表 5-2-13　理论导师对教材分析能力的评价

评价	人数 / 人	百分比 / %
非常高	1245	18.4
比较高	3718	54.9
一般	1647	24.3
比较低	154	2.3
非常低	13	0.2
总计	6777	100.1

3. 实践导师对教材分析能力的评价

从实践导师对全日制教育硕士教材分析能力评价的分布情况可以看出，评价"非常高"的占 29.8%，评价"比较高"的占 51.9%，评价"一般"的占 17.1%，评价"比较低"的占 1.0%，评价"非常低"的占 0.2%（见表 5-2-14）。

表 5-2-14　实践导师对教材分析能力的评价

评价	人数 / 人	百分比 / %
非常高	773	29.8
比较高	1345	51.9

续表

评价	人数/人	百分比/%
一般	443	17.1
比较低	25	1.0
非常低	5	0.2
总计	2591	100.0

4. 任课教师对教材分析能力的评价

从任课教师对全日制教育硕士教材分析能力评价的分布情况可以看出，评价"非常高"的占22.4%，评价"比较高"的占53.0%，评价"一般"的占22.3%，评价"比较低"的占2.1%，评价"非常低"的占0.2%（见表5-2-15）。

表5-2-15 任课教师对教材分析能力的评价

评价	人数/人	百分比/%
非常高	1510	22.4
比较高	3584	53.0
一般	1509	22.3
比较低	142	2.1
非常低	11	0.2
总计	6756	100.0

5. 管理者对教材分析能力的评价

从管理者对全日制教育硕士教材分析能力评价的分布情况可以看出，评价"非常高"的占28.2%，评价"比较高"的占51.6%，评价"一般"的占18.9%，评价"比较低"的占1.1%，评价"非常低"的占0.3%（见表5-2-16）。

表5-2-16 管理者对教材分析能力的评价

评价	人数/人	百分比/%
非常高	575	28.2
比较高	1052	51.6
一般	385	18.9
比较低	22	1.1

续表

评价	人数/人	百分比/%
非常低	6	0.3
总计	2040	100.0

三、学情分析能力

（一）教育硕士对学情分析能力的评价

1. 全体教育硕士对学情分析能力的评价

从全体教育硕士对全日制教育硕士学情分析能力评价的分布情况可以看出，评价"非常高"的占16.7%，评价"比较高"的占42.2%，评价"一般"的占38.3%，评价"比较低"的占2.5%，评价"非常低"的占0.2%（见表5-2-17）。

表5-2-17 全体教育硕士对学情分析能力的评价

评价	人数/人	百分比/%
非常高	5 197	16.7
比较高	13 125	42.2
一般	11 902	38.3
比较低	784	2.5
非常低	77	0.2
总计	31 085	99.9

2. 在校生对学情分析能力的评价

从在校生对全日制教育硕士学情分析能力评价的分布情况可以看出，评价"非常高"的占14.1%，评价"比较高"的占42.0%，评价"一般"的占40.9%，评价"比较低"的占2.7%，评价"非常低"的占0.3%（见表5-2-18）。

表5-2-18 在校生对学情分析能力的评价

评价	人数/人	百分比/%
非常高	3 053	14.1

续表

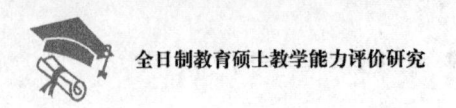

评价	人数 / 人	百分比 / %
比较高	9 080	42.0
一般	8 853	40.9
比较低	593	2.7
非常低	55	0.3
总计	21 634	100.0

3. 毕业生对学情分析能力的评价

从毕业生对全日制教育硕士学情分析能力评价的分布情况可以看出，评价"非常高"的占 22.7%，评价"比较高"的占 42.8%，评价"一般"的占 32.3%，评价"比较低"的占 2.0%，评价"非常低"的占 0.2%（见表 5-2-19）。

表 5-2-19　毕业生对教学生成能力的评价

评价	人数 / 人	百分比 / %
非常高	2144	22.7
比较高	4045	42.8
一般	3049	32.3
比较低	191	2.0
非常低	22	0.2
总计	9451	100.0

（二）教师对学情分析能力的评价

1. 全体教师对学情分析能力的评价

从全体教师对全日制教育硕士学情分析能力评价的分布情况可以看出，评价"非常高"的占 21.7%，评价"比较高"的占 51.8%，评价"一般"的占 24.2%，评价"比较低"的占 2.1%，评价"非常低"的占 0.2%（见表 5-2-20）。

表 5-2-20 全体教师对学情分析能力的评价

评价	人数/人	百分比/%
非常高	2 483	21.7
比较高	5 931	51.8
一般	2 771	24.2
比较低	237	2.1
非常低	21	0.2
总计	11 443	100.0

2. 理论导师对学情分析能力的评价

从理论导师对全日制教育硕士学情分析能力评价的分布情况可以看出,评价"非常高"的占17.4%,评价"比较高"的占54.1%,评价"一般"的占26.1%,评价"比较低"的占2.3%,评价"非常低"的占0.2%(见表5-2-21)。

表 5-2-21 理论导师对学情分析能力的评价

评价	人数/人	百分比/%
非常高	1180	17.4
比较高	3663	54.1
一般	1768	26.1
比较低	154	2.3
非常低	12	0.2
总计	6777	100.1

3. 实践导师对学情分析能力的评价

从实践导师对全日制教育硕士学情分析能力评价的分布情况可以看出,评价"非常高"的占26.1%,评价"比较高"的占49.2%,评价"一般"的占22.8%,评价"比较低"的占1.7%,评价"非常低"的占0.2%(见表5-2-22)。

表 5-2-22 实践导师对学情分析能力的评价

评价	人数/人	百分比/%
非常高	676	26.1

续表

评价	人数/人	百分比/%
比较高	1274	49.2
一般	592	22.8
比较低	43	1.7
非常低	6	0.2
总计	2591	100.0

4. 任课教师对学情分析能力的评价

从任课教师对全日制教育硕士学情分析能力评价的分布情况可以看出，评价"非常高"的占20.7%，评价"比较高"的占52.0%，评价"一般"的占24.8%，评价"比较低"的占2.3%，评价"非常低"的占0.2%（见表5-2-23）。

表5-2-23 任课教师对学情分析能力的评价

评价	人数/人	百分比/%
非常高	1399	20.7
比较高	3514	52.0
一般	1675	24.8
比较低	157	2.3
非常低	11	0.2
总计	6756	100.0

5. 管理者对学情分析能力的评价

从管理者对全日制教育硕士学情分析能力评价的分布情况可以看出，评价"比较高"的占26.3%，评价"非常高"的占50.1%，评价"一般"的占21.7%，评价"比较低"的占1.7%，评价"非常低"的占0.2%（见表5-2-24）。

表5-2-24 管理者对学情分析能力的评价

评价	人数/人	百分比/%
非常高	537	26.3
比较高	1023	50.1
一般	442	21.7

续表

评价	人数/人	百分比/%
比较低	34	1.7
非常低	4	0.2
总计	2040	100.0

四、教学目标拟定能力

（一）教育硕士对教学目标拟定能力的评价

1. 全体教育硕士对教学目标拟定能力的评价

从全体教育硕士对全日制教育硕士教学目标拟定能力的评价分布情况可以看出，评价"非常高"的占16.7%，评价"比较高"的占42.6%，评价"一般"的占38.4%，评价"比较低"的占2.1%，评价"非常低"的占0.2%（见表5-2-25）。

表5-2-25　全体教育硕士对教学目标拟定能力的评价

评价	人数/人	百分比/%
非常高	5 191	16.7
比较高	13 229	42.6
一般	11 934	38.4
比较低	662	2.1
非常低	69	0.2
总计	31 085	100.0

2. 在校生对教学目标拟定能力的评价

从在校生对于全日制教育硕士教学目标拟定能力评价的分布情况可以看出，评价"非常高"的占14.2%，评价"比较高"的占42.3%，评价"一般"的占41.0%，评价"比较低"的占2.3%，评价"非常低"的占0.2%（见表5-2-26）。

表 5-2-26 在校生对教学目标拟定能力的评价

评价	人数 / 人	百分比 / %
非常高	3 080	14.2
比较高	9 150	42.3
一般	8 860	41.0
比较低	500	2.3
非常低	44	0.2
总计	21 634	100.0

3. 毕业生对教学目标拟定能力的评价

从毕业生对全日制教育硕士教学目标拟定能力评价的分布情况可以看出，评价"非常高"的占 22.3%，评价"比较高"的占 43.2%，评价"一般"的占 32.5%，评价"比较低"的占 1.7%，评价"非常低"的占 0.3%（见表 5-2-27）。

表 5-2-27 毕业生对教学目标拟定能力的评价

评价	人数 / 人	百分比 / %
非常高	2111	22.3
比较高	4079	43.2
一般	3074	32.5
比较低	162	1.7
非常低	25	0.3
总计	9451	100.0

（二）教师对教学目标拟定能力的评价

1. 全体教师对教学目标拟定能力的评价

从全体教师对全日制教育硕士教学目标拟定能力评价的分布情况可以看出，评价"非常高"的占 23.3%，评价"比较高"的占 53.5%，评价"一般"的占 21.5%，评价"比较低"的占 1.5%，评价"非常低"的占 0.2%（见表 5-2-28）。

表 5-2-28　全体教师对教学目标拟定能力的评价

评价	人数 / 人	百分比 / %
非常高	2 665	23.3
比较高	6 127	53.5
一般	2 455	21.5
比较低	177	1.5
非常低	19	0.2
总计	11 443	100.0

2. 理论导师对教学目标拟定能力的评价

从理论导师对全日制教育硕士教学目标拟定能力评价的分布情况可以看出，评价"非常高"的占18.3%，评价"比较高"的占55.6%，评价"一般"的占24.0%，评价"比较低"的占1.8%，评价"非常低"的占0.2%（见表5-2-29）。

表 5-2-29　理论导师对教学目标拟定能力的评价

评价	人数 / 人	百分比 / %
非常高	1240	18.3
比较高	3117	55.6
一般	1629	24.0
比较低	125	1.8
非常低	12	0.2
总计	6777	99.9

3. 实践导师对教学目标拟定能力的评价

从实践导师对全日制教育硕士教学目标拟定能力评价的分布情况可以看出，评价"非常高"的占29.5%，评价"比较高"的占52.4%，评价"一般"的占17.0%，评价"比较低"的占0.9%，评价"非常低"的占0.2%（见表5-2-30）。

表 5-2-30　实践导师对教学目标拟定能力的评价

评价	人数 / 人	百分比 / %
非常高	765	29.5

续表

评价	人数 / 人	百分比 / %
比较高	1357	52.4
一般	441	17.0
比较低	24	0.9
非常低	4	0.2
总计	2591	100.0

4. 任课教师对教学目标拟定能力的评价

从任课教师对全日制教育硕士教学目标拟定能力评价的分布情况可以看出，评价"非常高"的占22.2%，评价"比较高"的占53.4%，评价"一般"的占22.4%，评价"比较低"的占1.8%，评价"非常低"的占0.2%（见表5-2-31）。

表5-2-31 任课教师对教学目标拟定能力的评价

评价	人数 / 人	百分比 / %
非常高	1499	22.2
比较高	3610	53.4
一般	1515	22.4
比较低	120	1.8
非常低	12	0.2
总计	6756	100.0

5. 管理者对教学目标拟定能力的评价

从管理者对全日制教育硕士教学目标拟定能力评价的分布情况可以看出，评价"非常高"的占27.3%，评价"比较高"的占53.3%，评价"一般"的占18.2%，评价"比较低"的占1.0%，评价"非常低"的占0.2%（见表5-2-32）。

表5-2-32 管理者对教学目标拟定能力的评价

评价	人数 / 人	百分比 / %
非常高	556	27.3
比较高	1088	53.3
一般	372	18.2

续表

评价	人数 / 人	百分比 / %
比较低	20	1.0
非常低	4	0.2
总计	2040	100.0

五、教学过程设计能力

(一)教育硕士对教学过程设计能力的评价

1. 全体教育硕士对教学过程设计能力的评价

从全体教育硕士中对全日制教育硕士教学过程设计能力的评价可以看出,评价"非常高"的占16.4%,评价"比较高"的占43.2%,评价"一般"的占38.2%,评价"比较低"的占2.0%,评价"非常低"的占0.2%(见表5-2-33)。

表5-2-33 全体教育硕士对教学过程设计能力的评价

评价	人数 / 人	百分比 / %
非常高	5 093	16.4
比较高	13 417	43.2
一般	11 874	38.2
比较低	633	2.0
非常低	68	0.2
总计	31 085	100.0

2. 在校生对教学过程设计能力的评价

从在校生对于全日制教育硕士教学过程设计能力评价的分布情况可以看出,评价"非常高"的占14.2%,评价"比较高"的占42.3%,评价"一般"的占41.0%,评价"比较低"的占2.3%,评价"非常低"的占0.2%(见表5-2-34)。

表 5-2-34　在校生对教学过程设计能力的评价

评价	人数 / 人	百分比 / %
非常高	2 987	14.2
比较高	9 242	42.3
一般	8 867	41.0
比较低	493	2.3
非常低	45	0.2
总计	21 634	100.0

3. 毕业生对教学过程设计能力的评价

从毕业生对于全日制教育硕士教学过程设计能力评价的分布情况可以看出，评价"非常高"的占 22.3%，评价"比较高"的占 44.2%，评价"一般"的占 31.8%，评价"比较低"的占 1.5%，评价"非常低"的占 0.2%（见表 5-2-35）。

表 5-2-35　毕业生对教学过程设计能力的评价

评价	人数 / 人	百分比 / %
非常高	2106	22.3
比较高	4175	44.2
一般	3007	31.8
比较低	140	1.5
非常低	23	0.2
总计	9451	100.0

（二）教师对教学过程设计能力的评价

1. 全体教师对教学过程设计能力的评价

从全体教师对全日制教育硕士教学过程设计能力评价的分布情况可以看出，评价"非常高"的占 22.9%，评价"比较高"的占 55.0%，评价"一般"的占 20.5%，评价"比较低"的占 1.4%，评价"非常低"的占 0.1%（见表 5-2-36）。

表 5-2-36　全体教师对教学过程设计能力的评价

评价	人数 / 人	百分比 / %
非常高	2 626	22.9
比较高	6 297	55.0
一般	2 350	20.5
比较低	156	1.4
非常低	14	0.1
总计	11 443	99.9

2. 理论导师对教学过程设计能力的评价

从理论导师对全日制教育硕士教学过程设计能力评价的分布情况可以看出，评价"非常高"的占 18.3%，评价"比较高"的占 57.3%，评价"一般"的占 22.7%，评价"比较低"的占 1.6%，评价"非常低"的占 0.1%（见表 5-2-37）。

表 5-2-37　理论导师对教学过程设计能力的评价

评价	人数 / 人	百分比 / %
非常高	1237	18.3
比较高	3885	57.3
一般	1535	22.7
比较低	110	1.6
非常低	10	0.1
总计	6777	100.0

3. 实践导师对教学过程设计能力的评价

从实践导师对全日制教育硕士教学过程设计能力评价的分布情况可以看出，评价"非常高"的占 28.4%，评价"比较高"的占 54.0%，评价"一般"的占 16.7%，评价"比较低"的占 0.9%，评价"非常低"的占 0.1%（见表 5-2-38）。

表 5-2-38　实践导师对教学过程设计能力的评价

评价	人数 / 人	百分比 / %
非常高	736	28.4

续表

评价	人数/人	百分比/%
比较高	1398	54.0
一般	432	16.7
比较低	23	0.9
非常低	2	0.1
总计	2591	100.1

4. 任课教师对教学过程设计能力的评价

从任课教师对全日制教育硕士教学过程设计能力评价的分布情况可以看出，评价"非常高"的占 22.1%，评价"比较高"的占 55.1%，评价"一般"的占 21.3%，评价"比较低"的占 1.5%，评价"非常低"的占 0.1%（见表 5-2-39）。

表 5-2-39　任课教师对教学过程设计能力的评价

评价	人数/人	百分比/%
非常高	1491	22.1
比较高	3720	55.1
一般	1437	21.3
比较低	100	1.5
非常低	8	0.1
总计	6756	100.1

5. 管理者对教学过程设计能力的评价

从管理者对全日制教育硕士教学过程设计能力评价的分布情况可以看出，评价"非常高"的占 27.9%，评价"比较高"的占 54.1%，评价"一般"的占 16.8%，评价"比较低"的占 1.1%，评价"非常低"的占 0.1%（见表 5-2-40）。

表 5-2-40　管理者对教学过程设计能力的评价

评价	人数/人	百分比/%
非常高	570	27.9
比较高	1103	54.1
一般	343	16.8

续表

评价	人数/人	百分比/%
比较低	22	1.1
非常低	2	0.1
总计	2040	100.0

六、教学策略设计能力

（一）教育硕士对教学策略设计能力的评价

1. 全体教育硕士对教学策略设计能力的评价

从全体教育硕士对全日制教育硕士教学策略设计能力评价的分布情况可以看出，评价"非常高"的占16.6%，评价"比较高"的占41.6%，评价"一般"的占39.3%，评价"比较低"的占2.2%，评价"非常低"的占0.2%（见表5-2-41）。

表5-2-41　全体教育硕士对教学策略设计能力评价

评价	人数/人	百分比/%
非常高	5 153	16.6
比较高	12 944	41.6
一般	12 221	39.3
比较低	698	2.2
非常低	69	0.2
总计	31 085	99.9

2. 在校生对教学策略设计能力的评价

从在校生对于全日制教育硕士教学策略设计能力评价的分布情况可以看出，评价"非常高"的占14.0%，评价"比较高"的占41.2%，评价"一般"的占42.1%，评价"比较低"的占2.5%，评价"非常低"的占0.2%（见表5-2-42）。

表 5-2-42　在校生对教学策略设计能力的评价

评价	人数 / 人	百分比 / %
非常高	3 036	14.0
比较高	8 917	41.2
一般	9 098	42.1
比较低	538	2.5
非常低	45	0.2
总计	21 634	100.0

3. 毕业生对教学策略设计能力的评价

从毕业生对于全日制教育硕士教学策略设计能力评价的分布情况可以看出，评价"非常高"的占 22.4%，评价"比较高"的占 42.6%，评价"一般"的占 33.0%，评价"比较低"的占 1.7%，评价"非常低"的占 0.3%（见表 5-2-43）。

表 5-2-43　毕业生对教学策略设计能力的评价

评价	人数 / 人	百分比 / %
非常高	2117	22.4
比较高	4027	42.6
一般	3123	33.0
比较低	160	1.7
非常低	24	0.3
总计	9451	100.0

（二）教师对教学策略设计能力的评价

1. 全体教师对教学策略设计能力的评价

从全体教师对全日制教育硕士教学策略设计能力评价的分布情况可以看出，评价"非常高"的占 22.1%，评价"比较高"的占 53.0%，评价"一般"的占 23.1%，评价"比较低"的占 1.7%，评价"非常低"的占 0.1%（见表 5-2-44）。

表 5-2-44　全体教师对教学策略设计能力的评价

评价	人数 / 人	百分比 / %
非常高	2 532	22.1
比较高	6 063	53.0
一般	2 639	23.1
比较低	196	1.7
非常低	13	0.1
总计	11 443	100.0

2. 理论导师对教学策略设计能力的评价

从理论导师对全日制教育硕士教学策略设计能力评价的分布情况可以看出，评价"非常高"的占 17.1%，评价"比较高"的占 54.7%，评价"一般"的占 26.0%，评价"比较低"的占 2.1%，评价"非常低"的占 0.1%（见表 5-2-45）。

表 5-2-45　理论导师对教学策略设计能力的评价

评价	人数 / 人	百分比 / %
非常高	1161	17.1
比较高	3704	54.7
一般	1759	26.0
比较低	144	2.1
非常低	9	0.1
总计	6777	100.0

3. 实践导师对教学策略设计能力的评价

从实践导师对全日制教育硕士教学策略设计能力评价的分布情况可以看出，评价"非常高"的占 28.4%，评价"比较高"的占 52.3%，评价"一般"的占 18.2%，评价"比较低"的占 1.0%，评价"非常低"的占 0.1%（见表 5-2-46）。

表 5-2-46　实践导师对教学策略设计能力的评价

评价	人数 / 人	百分比 / %
非常高	737	28.4

续表

评价	人数 / 人	百分比 / %
比较高	1355	52.3
一般	471	18.2
比较低	26	1.0
非常低	2	0.1
总计	2591	100.0

4. 任课教师对教学策略设计能力的评价

从任课教师对全日制教育硕士教学策略设计能力评价的分布情况可以看出，评价"非常高"的占 21.2%，评价"比较高"的占 52.8%，评价"一般"的占 24.0%，评价"比较低"的占 1.9%，评价"非常低"的占 0.1%（见表 5-2-47）。

表 5-2-47　任课教师对教学策略设计能力的评价

评价	人数 / 人	百分比 / %
非常高	1435	21.2
比较高	3566	52.8
一般	1619	24.0
比较低	130	1.9
非常低	8	0.1
总计	6756	100.0

5. 管理者对教学策略设计能力的评价

从管理者对全日制教育硕士教学策略设计能力评价的分布情况可以看出，评价"非常高"的占 25.7%，评价"比较高"的占 52.7%，评价"一般"的占 20.2%，评价"比较低"的占 1.2%，评价"非常低"的占 0.1%（见表 5-2-48）。

表 5-2-48　管理者对教学策略设计能力的评价

评价	人数 / 人	百分比 / %
非常高	525	25.7
比较高	1076	52.7
一般	412	20.2

续表

评价	人数/人	百分比/%
比较低	25	1.2
非常低	2	0.1
总计	2040	99.9

七、教学资源及教具筛选能力

(一)教育硕士对教学资源及教具筛选能力的评价

1. 全体教育硕士对教学资源及教具筛选能力的评价

从全体教育硕士对全日制教育硕士教学资源及教具筛选能力评价的分布情况可以看出,评价"非常高"的占17.1%,评价"比较高"的占43.7%,评价"一般"的占37.1%,评价"比较低"的占1.9%,评价"非常低"的占0.2%(见表5-2-49)。

表5-2-49　全体教育硕士对教学资源及教具筛选能力的评价

评价	人数/人	百分比/%
非常高	5 308	17.1
比较高	13 583	43.7
一般	11 524	37.1
比较低	601	1.9
非常低	69	0.2
总计	31 085	100.0

2. 在校生对教学资源及教具筛选能力的评价

从在校生对于全日制教育硕士教学资源及教具筛选能力评价的分布情况可以看出,评价"非常高"的占14.6%,评价"比较高"的占43.4%,评价"一般"的占39.6%,评价"比较低"的占2.2%,评价"非常低"的占0.2%(见表5-2-50)。

表 5-2-50　在校生对教学资源及教具筛选能力的评价

评价	人数/人	百分比/%
非常高	3 155	14.6
比较高	9 396	43.4
一般	8 570	39.6
比较低	466	2.2
非常低	47	0.2
总计	21 634	100.0

3. 毕业生对教学资源及教具筛选能力的评价

从毕业生对于全日制教育硕士教学资源及教具筛选能力评价的分布情况可以看出，评价"非常高"的占 22.8%，评价"比较高"的占 44.3%，评价"一般"的占 31.3%，评价"比较低"的占 1.4%，评价"非常低"的占 0.2%（见表 5-2-51）。

表 5-2-51　毕业生对教学资源及教具筛选设计能力的评价

评价	人数/人	百分比/%
非常高	2153	22.8
比较高	4187	44.3
一般	2954	31.3
比较低	135	1.4
非常低	22	0.2
总计	9451	100.0

（二）教师对教学资源及教具筛选设计能力的评价

1. 全体教师对教学资源及教具筛选设计能力的评价

从全体教师对全日制教育硕士教学资源及教具筛选设计能力评价的分布情况可以看出，评价"非常高"的占 23.9%，评价"比较高"的占 54.1%，评价"一般"的占 20.5%，评价"比较低"的占 1.4%，评价"非常低"的占 0.1%（见表 5-2-52）。

表 5-2-52　全体教师对教学资源及教具筛选设计能力的评价

评价	人数 / 人	百分比 / %
非常高	2 740	23.9
比较高	6 188	54.1
一般	2 346	20.5
比较低	157	1.4
非常低	12	0.1
总计	11 443	100.0

2. 理论导师对教学资源及教具筛选设计能力的评价

从理论导师对全日制教育硕士教学资源及教具筛选设计能力评价的分布情况可以看出，评价"非常高"的占18.5%，评价"比较高"的占55.7%，评价"一般"的占23.8%，评价"比较低"的占1.8%，评价"非常低"的占0.1%（见表5-2-53）。

表 5-2-53　理论导师对教学资源及教具筛选设计能力的评价

评价	人数 / 人	百分比 / %
非常高	1252	18.5
比较高	3778	55.7
一般	1616	23.8
比较低	122	1.8
非常低	9	0.1
总计	6777	99.9

3. 实践导师对教学资源及教具筛选设计能力的评价

从实践导师对全日制教育硕士教学资源及教具筛选设计能力评价的分布情况可以看出，评价"非常高"的占32.1%，评价"比较高"的占53.2%，评价"一般"的占14.0%，评价"比较低"和"非常低"的占0.6%（见表5-2-54）。

表 5-2-54　实践导师对教学资源及教具筛选设计能力的评价

评价	人数 / 人	百分比 / %
非常高	833	32.1
比较高	1379	53.2
一般	362	14.0
比较低	16	0.6
非常低	1	0
总计	2591	99.9

4. 任课教师对教学资源及教具筛选设计能力的评价

从任课教师对全日制教育硕士教学资源及教具筛选设计能力评价的分布情况可以看出，评价"非常高"的占22.6%，评价"比较高"的占54.3%，评价"一般"的占21.6%，评价"比较低"的占1.5%，评价"非常低"的占0.1%（见表5-2-55）。

表 5-2-55　任课教师对教学资源及教具筛选设计能力的评价

评价	人数 / 人	百分比 / %
非常高	1528	22.6
比较高	3666	54.3
一般	1456	21.6
比较低	101	1.5
非常低	5	0.1
总计	6756	100.0

5. 管理者对教学资源及教具筛选设计能力的评价

从管理者对全日制教育硕士教学资源及教具筛选设计能力评价的分布情况可以看出，评价"非常高"的占27.8%，评价"比较高"的占53.1%，评价"一般"的占18.0%，评价"比较低"的占0.9%，评价"非常低"的占0.1%（见表5-2-56）。

表 5-2-56　管理者对教学资源及教具筛选设计能力的评价

评价	人数 / 人	百分比 / %
非常高	568	27.8
比较高	1083	53.1
一般	368	18.0
比较低	19	0.9
非常低	2	0.1
总计	2040	99.9

第三节　教学设计能力的差异性分析

一、教学设计能力总体的差异性分析

（一）教育硕士与教学设计能力的差异性分析

1. 教育硕士个体不同信息与教学设计能力的差异性分析

（1）不同就读院校或工作单位的教育硕士对教学设计能力的评价

不同就读院校或工作单位的教育硕士进行的教学设计能力评价，获取的有效数据是 31 085 人。

经卡方检验，χ^2 值为 266.752**，sig<0.01，表明不同就读院校或工作单位教育硕士在对教学设计能力评价的两个选项上，至少有一个选项的频数百分比有极其显著差异。

对占比进行 Z 检验比较，从不同就读院校或工作单位与教学能力评价交叉表中可以看出，在"比较高及以上"选项上，基础教育为 68.4%，高于院校的 57.3%（见表 5-3-1）。

表 5-3-1 就读院校或工作单位与教学设计能力评价交叉表

教学设计能力评价		就读院校或工作单位		总计
		院校	基础教育	
比较高及以上	人数 / 人	13 993$_a$	4 569$_b$	18 562
	占比 / %	57.3	68.4	59.7
一般及以下	人数 / 人	10 412$_a$	2 111$_b$	12 523
	占比 / %	42.7	31.6	40.3
总计	人数 / 人	24 405	6 680	31 085
	占比 / %	100.0	100.0	100.0

注：下标字母含义是横向比较，若字母相同，在 0.05 级别，这些类别的列比例相互之间无显著差异。

（2）不同城市教育硕士对教学设计能力的评价

不同城市教育硕士进行的教学设计能力评价，获取的有效数据是 31 085 人。

经卡方检验，χ^2 值为 22.008**，sig<0.01，表明不同城市教育硕士在对教学设计能力评价的两个选项上，至少有一个选项的频数百分比有极其显著差异。

对占比进行 Z 检验比较，从不同城市与教学设计能力评价交叉表中可以看出，在"比较高及以上"选项上，其他城市为 60.7%，高于其他选项（见表 5-3-2）。

表 5-3-2 不同城市与教学设计能力评价交叉表

教学设计能力评价		城市			总计
		省会城市（自治区首府）	直辖市	其他城市	
比较高及以上	人数 / 人	7 468$_a$	2 241$_b$	8 853$_c$	18 562
	占比 / %	59.5	56.6	60.7	59.7
一般及以下	人数 / 人	5 081$_a$	1 716$_b$	5 726$_c$	12 523
	占比 / %	40.5	43.4	39.3	40.3
总计	人数 / 人	12 549	3 957	14 579	31 085
	占比 / %	100.0	100.0	100.0	100.0

注：下标字母含义是横向比较，若字母相同，在 0.05 级别，这些类别的列比例相互之间无显著差异。

（3）不同地区教育硕士对教学设计能力的评价

不同地区教育硕士进行的教学设计能力评价，获取的有效数据是 31 085 人。

经卡方检验，χ^2 值为 371.683**，sig<0.01，表明不同地区教育硕士在对教学设计能力评价的两个选项上，至少有一个选项的频数百分比有极其显著差异。

对占比进行 Z 检验比较，从不同地区与教学设计能力评价交叉表中可以看出，在"比较高及以上"选项上，所有地区的平均值为 59.7%，东北地区为 69.1%，高于其他选项；西南地区为 50.5%，低于其他选项（见表 5-3-3）。

表 5-3-3　不同地区与教学设计能力评价交叉表

教学设计能力评价		所属地区							总计
		华东	华南	华中	华北	西南	西北	东北	
比较高及以上	人数/人	3 093$_a$	2 455$_{b,c}$	3 053$_c$	2 595$_d$	1 839$_e$	2 378$_b$	3 149$_f$	18 562
	占比/%	61.0	57.5	55.9	64.1	50.5	58.9	69.1	59.7
一般及以下	人数/人	1 977$_a$	1 813$_{b,c}$	2 410$_c$	1 454$_d$	1 799$_e$	1 660$_b$	1 410$_f$	12 523
	占比/%	39.0	42.5	44.1	35.9	49.5	41.1	30.9	40.3
总计	人数/人	5 070	4 268	5 463	4 049	3 638	4 038	4 559	31 085
	占比/%	100.0	100.0	100.0	100.0	100.0	100.0	100.0	100.0

注：下标字母含义是横向比较，若字母相同，在 0.05 级别，这些类别的列比例相互之间无显著差异。

（4）有无从教经历教育硕士对教学设计能力的评价

有无从教经历教育硕士进行的教学设计能力评价，获取的有效数据是 31 085 人。

经卡方检验，χ^2 值为 84.242**，sig<0.01，表明有无从教经历教育硕士在对教学设计能力评价的两个选项上，至少有一个选项的频数百分比有极其显著差异。

对占比进行 Z 检验比较，从有无从教经历与教学设计能力评价交叉表中可以看出，在"比较高及以上"选项上，有从教经历为 62.6%，高于无从教经历的 57.5%（见表 5-3-4）。

表 5-3-4 有无从教经历与教学设计能力评价交叉表

教学设计能力评价		有无从教经历		总计
		有	无	
比较高及以上	人数 / 人	8 516$_a$	10 046$_b$	18 562
	占比 / %	62.6	57.5	59.7
一般及以下	人数 / 人	5 086$_a$	7 437$_b$	12 523
	占比 / %	37.4	42.5	40.3
总计	人数 / 人	13 602	17 483	31 085
	占比 / %	100.0	100.0	100.0

注：下标字母含义是横向比较，若字母相同，在 0.05 级别，这些类别的列比例相互之间无显著差异。

（5）能否胜任教育教学工作的教育硕士对教学设计能力的评价

能否胜任教育教学工作的教育硕士进行的教学设计能力评价，获取的有效数据是 31 085 人。

经卡方检验，χ^2 值为 698.820**，sig<0.01，表明能否胜任教育教学工作的教育硕士在对教学设计能力评价的两个选项上，至少有一个选项的频数百分比有极其显著差异。

对占比进行 Z 检验比较，从能否胜任教育教学工作与教学设计能力评价交叉表中可以看出，在"比较高及以上"选项上，能胜任教育教学工作为 61.8%，高于不能胜任教育教学工作的 34.0%（见表 5-3-5）。

表 5-3-5 能否胜任教育教学工作与教学设计能力评价交叉表

教学设计能力评价		能否胜任教育教学工作		总计
		能	否	
比较高及以上	人数 / 人	17 764$_a$	798$_b$	18 562
	占比 / %	61.8	34.0	59.7
一般及以下	人数 / 人	10 973$_a$	1 550$_b$	12 523
	占比 / %	38.2	66.0	40.3
总计	人数 / 人	28 737	2 348	31 085
	占比 / %	100.0	100.0	100.0

注：下标字母含义是横向比较，若字母相同，在 0.05 级别，这些类别的列比例相互之间无显著差异。

（6）不同专业教育硕士对教学设计能力的评价

不同专业教育硕士进行的教学设计能力评价，获取的有效数据是 31 085 人。其中评价"比较高及以上"的人数为 18 562 人，各专业对其评价的平均百分比为 59.7%，评价"一般及以下"的人数为 12 523 人，各专业对其评价的平均百分比为 40.3%。

对评价的人数残差进行标准化后发现，在评价"一般及以下"的专业中，职业技术教育专业的教育硕士对教学设计能力的评价最低，标准化残差为 4.4；其次小学教育为 3.6，学科教学·英语为 2.9；学科教学·思政、心理健康教育评价也低于平均水平，其标准化残差均大于 1（见表 5-3-6）。

表 5-3-6　不同专业教育硕士与教学设计能力评价交叉表

专业	比较高及以上 人数/人	百分比/%	标准化残差	一般及以下 人数/人	百分比/%	标准化残差	总计/人
小学教育	1 508	55.3	-3.0	1 218	44.7	3.6	2 726
教育管理	817	58.5	-0.6	579	41.5	0.7	1 396
心理健康教育	949	57.5	-1.2	701	42.5	1.4	1 650
现代教育技术	740	60.1	0.2	491	39.9	-0.2	1 231
特殊教育	108	56.0	-0.7	85	44.0	0.8	193
职业技术教育	659	51.8	-3.6	613	48.2	4.4	1 272
科学技术教育	113	66.9	1.2	56	33.1	-1.5	169
学前教育	896	59.1	-0.3	620	40.9	0.4	1 516
学科教学·语文	2 288	60.8	0.8	1 477	39.2	-1.0	3 765
学科教学·数学	1 511	63.1	2.2	882	36.9	-2.6	2 393
学科教学·英语	2 756	57.0	-2.4	2 076	43.0	2.9	4 832
学科教学·物理	641	63.8	1.7	364	36.2	-2.0	1 005
学科教学·化学	782	62.9	1.4	462	37.1	-1.7	1 244
学科教学·生物	997	63.7	2.0	568	36.3	-2.5	1 565
学科教学·思政	1 277	56.7	-1.9	977	43.3	2.3	2 254
学科教学·历史	1 000	63.9	2.2	564	36.1	-2.6	1 564
学科教学·地理	737	65.0	2.3	396	35.0	-2.8	1 133

续表

专业	比较高及以上 人数/人	百分比/%	标准化残差	一般及以下 人数/人	百分比/%	标准化残差	总计/人
学科教学·体育	236	65.9	1.5	122	34.1	-1.9	358
学科教学·音乐	296	67.7	2.2	141	32.3	-2.6	437
学科教学·美术	251	65.7	1.5	131	34.3	-1.8	382
总计	18 562	59.7	0	12 523	40.3	0	31 085

（7）不同隶属层次院校在校生对教学设计能力的评价

不同隶属层次院校在校生进行的教学设计能力评价，获取的有效数据是24 405人。

经卡方检验，χ^2值为34.885**，sig<0.01，表明不同隶属层次院校在校生在对教学设计能力评价的两个选项上，至少有一个选项的频数百分比有极其显著差异。

对占比进行Z检验比较，从不同院校隶属层次与教学设计能力评价交叉表中可以看出，在"比较高及以上"选项上，市属为53.4%，低于其他选项（见表5-3-7）。

表5-3-7 院校隶属层次与教学设计能力评价交叉表

教学设计能力评价		院校隶属层次 部属	省属	市属	总计
比较高及以上	人数/人	1 240$_a$	10 512$_a$	2 241$_b$	13 993
	占比/%	59.8	58.0	53.4	57.3
一般及以下	人数/人	832$_a$	7 624$_a$	1 956$_b$	10 412
	占比/%	40.2	42.0	46.6	42.7
总计	人数/人	2 072	18 136	4 197	24 405
	占比/%	100.0	100.0	100.0	100.0

注：下标字母含义是横向比较，若字母相同，在0.05级别，这些类别的列比例相互之间无显著差异。

（8）不同院校类型在校生对教学设计能力的评价

不同类型院校在校生进行的教学设计能力评价，获取的有效数据是

24 405 人。

经卡方检验，χ^2 值为 8.416**，sig<0.01，表明不同类型院校在校生在对教学设计能力评价的两个选项上，至少有一个选项的频数百分比有极其显著差异。

对占比进行 Z 检验比较，从院校类型与教学设计能力评价交叉表中可以看出，在"比较高及以上"选项上，师范类为 57.9%，高于非师范类的 55.9%（见表 5-3-8）。

表 5-3-8　院校类型与教学设计能力评价交叉表

教学设计能力评价		院校类型		总计
		师范类	非师范类	
比较高及以上	人数 / 人	9 926$_a$	4 067$_b$	13 993
	占比 / %	57.9	55.9	57.3
一般及以下	人数 / 人	7 207$_a$	3 205$_b$	10 412
	占比 / %	42.1	44.1	42.7
总计	人数 / 人	17 133	7 272	24 405
	占比 / %	100.0	100.0	100.0

注：下标字母含义是横向比较，若字母相同，在 0.05 级别，这些类别的列比例相互之间无显著差异。

（9）不同毕业年限毕业生对教学设计能力的评价

不同毕业年限毕业生进行的教学设计能力评价，获取的有效数据是 9451 人。

经卡方检验，χ^2 值为 71.030**，sig<0.01，表明不同毕业年限毕业生在对教学设计能力评价的两个选项上，至少有一个选项的频数百分比有极其显著差异。

对占比进行 Z 检验比较，从毕业年限与教学设计能力评价交叉表中可以看出，在"比较高及以上"选项上，5～6 年为 79.8%，高于其他选项，但与 7 年以上无显著差异；1 年以下为 63.4%，低于其他选项（见表 5-3-9）。

表 5-3-9 毕业年限与教学设计能力评价交叉表

教学设计能力评价		毕业年限					总计
		1年以下	1~2年	3~4年	5~6年	7年以上	
比较高及以上	人数/人	2938$_a$	2022$_b$	906$_b$	265$_c$	166$_{b,c}$	6297
	占比/%	63.4	68.3	69.5	79.8	74.1	66.6
一般及以下	人数/人	1694$_a$	937$_b$	398$_b$	67$_c$	58$_{b,c}$	3154
	占比/%	36.6	31.7	30.5	20.2	25.9	33.4
总计	人数/人	4632	2959	1304	332	224	9451
	占比/%	100.0	100.0	100.0	100.0	100.0	100.0

注：下标字母含义是横向比较，若字母相同，在0.05级别，这些类别的列比例相互之间无显著差异。

（10）是否工作毕业生对教学设计能力的评价

是否工作毕业生进行的教学设计能力评价，获取的有效数据是9451人。

经卡方检验，χ^2值为133.092**，sig<0.01，表明是否工作毕业生在对教学设计能力评价的两个选项上，至少有一个选项的频数百分比有极其显著差异。

对占比进行Z检验比较，从是否工作与教学设计能力评价交叉表中可以看出，在"比较高及以上"，已工作为69.8%，高于未工作的56.7%（见表5-3-10）。

表 5-3-10 是否工作与教学设计能力评价交叉表

教学设计能力评价		是否工作		总计
		是	否	
比较高及以上	人数/人	5013$_a$	1284$_b$	6297
	占比/%	69.8	56.7	66.6
一般及以下	人数/人	2172$_a$	982$_b$	3154
	占比/%	30.2	43.3	33.4
总计	人数/人	7185	2266	9451
	占比/%	100.0	100.0	100.0

注：下标字母含义是横向比较，若字母相同，在0.05级别，这些类别的列比例相互之间无显著差异。

（11）毕业生是否为师范专业对教学设计能力的评价

毕业生是否为师范专业进行的教学设计能力评价，获取的有效数据是

7185 人。

经卡方检验，χ^2 值为 24.780**，sig<0.01，表明毕业生是否为师范专业在对教学设计能力评价的两个选项上，至少有一个选项的频数百分比有极其显著差异。

对占比进行 Z 检验比较，从是否为师范专业与教学设计能力评价交叉表中可以看出，在"比较高及以上"选项上，师范专业为 71.9%，高于非师范专业的 66.4%（见表 5-3-11）。

表 5-3-11　是否为师范专业与教学设计能力评价交叉表

教学设计能力评价		是否为师范专业		总计
		是	否	
比较高及以上	人数 / 人	3165$_a$	1848$_b$	5013
	占比 / %	71.9	66.4	69.8
一般及以下	人数 / 人	1236$_a$	936$_b$	2172
	占比 / %	28.1	33.6	30.2
总计	人数 / 人	4401	2784	7185
	占比 / %	100.0	100.0	100.0

注：下标字母含义是横向比较，若字母相同，在 0.05 级别，这些类别的列比例相互之间无显著差异。

2. 在校生和毕业生与教学设计能力的差异性分析

在校生和毕业生进行的教学设计能力评价，获取的有效数据是 31 085 人。

经卡方检验，χ^2 值为 269.862**，sig<0.01，表明在校生和毕业生在对教学设计能力评价的两个选项上，至少有一个选项的频数百分比有极其显著差异。

对占比进行 Z 检验比较，从在校生和毕业生与教学设计能力评价交叉表中可以看出，在"比较高及以上"选项上，毕业生为 66.6%，高于在校生的 56.7%（见表 5-3-12）。

表 5-3-12　在校生和毕业生与教学设计能力评价交叉表

教学设计能力评价		身份		总计
		毕业生	在校生	
比较高及以上	人数 / 人	6 297$_a$	12 265$_b$	18 562
	占比 / %	66.6	56.7	59.7

续表

教学设计能力评价		身份		总计
		毕业生	在校生	
一般及以下	人数/人	3 154$_a$	9 369$_b$	12 523
	占比/%	33.4	43.3	40.3
总计	人数/人	9 451	21 634	31 085
	占比/%	100.0	100.0	100.0

注：下标字母含义是横向比较，若字母相同，在0.05级别，这些类别的列比例相互之间无显著差异。

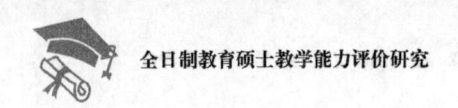

（二）教师与教学设计能力的差异性分析

1. 教师个体不同信息与教学设计能力的差异性分析

（1）不同工作单位教师对教学设计能力的评价

不同工作单位教师进行的教学设计能力评价，获取的有效数据是11 443人。

经卡方检验，χ^2值为59.773**，sig<0.01，表明不同工作单位教师在对教学设计能力评价的两个选项上，至少有一个选项的频数百分比有极其显著差异。

对占比进行Z检验比较，从工作单位性质与教学设计能力评价交叉表中可以看出，在"比较高及以上"选项上，基础教育为83.1%，高于院校的76.5%（见表5-3-13）。

表5-3-13　工作单位性质与教学设计能力评价交叉表

教学设计能力评价		工作单位性质		总计
		院校	基础教育	
比较高及以上	人数/人	6 265$_a$	2 703$_b$	8 968
	占比/%	76.5	83.1	78.4
一般及以下	人数/人	1 925$_a$	550$_b$	2 475
	占比/%	23.5	16.9	21.6
总计	人数/人	8 190	3 253	11 443
	占比/%	100.0	100.0	100.0

注：下标字母含义是横向比较，若字母相同，在0.05级别，这些类别的列比例相互之间无显著差异。

（2）不同城市教师对教学设计能力的评价

不同城市教师进行的教学设计能力评价，获取的有效数据是 11 443 人。

经卡方检验，χ^2 值为 4.698，sig=0.095>0.05，表明不同城市教师在对教学设计能力评价的两个选项上无显著差异。

（3）不同地区教师对教学设计能力的评价

不同地区教师进行的教学设计能力评价，获取的有效数据是 11 443 人。

经卡方检验，χ^2 值为 30.751**，sig<0.01，表明不同地区教师在对教学设计能力评价的两个选项上，至少有一个选项的频数百分比有极其显著差异。

对占比进行 Z 检验比较，从不同地区与教学设计能力评价交叉表中可以看出，在"比较高及以上"选项上，所有地区的平均值为 78.4%，西南地区为 73.9%、西北地区为 75.2%，低于其他选项，但西北地区与华南地区无显著差异（见表 5-3-14）。

表 5-3-14　不同地区与教学设计能力评价交叉表

教学设计能力评价		不同地区							总计
		华东	华南	华中	华北	西南	西北	东北	
比较高及以上	人数/人	1 978$_a$	904$_{a, b}$	1 447$_a$	1 146$_a$	876$_c$	988$_{b, c}$	1 629$_a$	8 968
	占比/%	79.1	78.5	78.8	80	73.9	75.2	80.6	78.4
一般及以下	人数/人	524$_a$	248$_{a, b}$	389$_a$	286$_a$	310$_c$	325$_{b, c}$	393$_a$	2 475
	占比/%	20.9	21.5	21.2	20	26.1	24.8	19.4	21.6
总计	人数/人	2 502	1 152	1 836	1 432	1 186	1 313	2 022	11 443
	占比/%	100.0	100.0	100.0	100.0	100.0	100.0	100.0	100.0

注：下标字母含义是横向比较，若字母相同，在 0.05 级别，这些类别的列比例相互之间无显著差异。

（4）不同年龄教师对教学设计能力的评价

不同年龄教师进行的教学设计能力评价，获取的有效数据是 11 443 人。

经卡方检验，χ^2 值为 13.556**，sig<0.05，表明不同年龄教师对教学设计能力评价的两个选项上，至少有一个选项的频数百分比有极其显著差异。

对占比进行 Z 检验比较，从年龄与教学设计能力评价交叉表中可以看出,在"比较高及以上"选项上,35岁及以下为80.8%,高于其他选项,但与36～45岁无显著差异;56岁及以上为75.4%,低于其他选项,但与46～55岁无显著差异(见表5-3-15)。

表5-3-15 年龄与教学设计能力评价交叉表

教学设计能力评价		年龄				总计
		35岁及以下	36～45岁	46～55岁	56岁及以上	
比较高及以上	人数/人	1 211$_a$	3 580$_{a,b}$	3 341$_{b,c}$	836$_c$	8 968
	占比/%	80.8	79.0	77.6	75.4	78.4
一般及以下	人数/人	287$_a$	953$_{a,b}$	962$_{b,c}$	273$_c$	2 475
	占比/%	19.2	21.0	22.4	24.6	21.6
总计	人数/人	1 498	4 533	4 303	1 109	11 443
	占比/%	100.0	100.0	100.0	100.0	100.0

注:下标字母含义是横向比较,若字母相同,在0.05级别,这些类别的列比例相互之间无显著差异。

(5)不同学历教师对教学设计能力的评价

不同学历教师进行的教学设计能力评价,获取的有效数据是11 443人。

经卡方检验,χ^2值为48.185**,sig<0.01,表明不同学历教师对教学设计能力评价的两个选项上,至少有一个选项的频数百分比有极其显著差异。

对占比进行Z检验比较,从学历与教学设计能力评价交叉表中可以看出,在"比较高及以上"选项上,本科生及以下为83.1%,高于其他选项(见表5-3-16)。

表5-3-16 学历与教学设计能力评价交叉表

教学设计能力评价		学历			总计
		博士研究生	硕士研究生	本科生及以下	
比较高及以上	人数/人	3 728$_a$	3 158$_b$	2 082$_c$	8 968
	占比/%	76.1	78.1	83.1	78.4
一般及以下	人数/人	1 168$_a$	885$_b$	422$_c$	2 475
	占比/%	23.9	21.9	16.9	21.6

续表

教学设计能力评价		学历			总计
		博士研究生	硕士研究生	本科生及以下	
总计	人数/人	4 896	4 043	2 504	11 443
	占比/%	100.0	100.0	100.0	100.0

注：下标字母含义是横向比较，若字母相同，在0.05级别，这些类别的列比例相互之间无显著差异。

（6）不同职称教师对教学设计能力的评价

不同职称教师进行的教学设计能力评价，获取的有效数据是11 443人。

经卡方检验，χ^2值为14.954**，sig<0.01，表明不同职称教师对教学设计能力评价的两个选项上，至少有一个选项的频数百分比有极其显著差异。

对占比进行Z检验比较，从职称与教学设计能力评价交叉表中可以看出，在"比较高及以上"选项上，正高级为76.2%，低于其他选项（见表5-3-17）。

表5-3-17 职称与教学设计能力评价交叉表

教学设计能力评价		职称			总计
		正高级	副高级	中级及以下	
比较高及以上	人数/人	2 325$_a$	4 678$_b$	1 965$_b$	8 968
	占比/%	76.2	78.6	80.5	78.4
一般及以下	人数/人	725$_a$	1 274$_b$	476$_b$	2 475
	占比/%	23.8	21.4	19.5	21.6
总计	人数/人	3 050	5 952	2 441	11 443
	占比/%	100.0	100.0	100.0	100.0

注：下标字母含义是横向比较，若字母相同，在0.05级别，这些类别的列比例相互之间无显著差异。

（7）不同工作年限教师对教学设计能力的评价

不同工作年限教师进行的教学设计能力评价，获取的有效数据是11 443人。

经卡方检验，χ^2值为3.763，sig=0.288>0.05，表明不同工作年限教师在对教学设计能力评价的两个选项上无显著差异。

（8）不同专业教师对教学设计能力的评价

对不同专业教师进行的教学设计能力评价上，共11 443人参与调查。有

455人评价了其他项，不统计在内，故获取的有效数据是10 988人。其中评价"比较高及以上"的人数为8616人，各专业对其评价的平均百分比为78.4%，评价"一般及以下"的人数为2372人，各专业对其评价的平均百分比为21.6%。

对评价的人数残差进行标准化后发现，在评价"一般及以下"的专业中，学科教育·体育专业的教师对教学设计能力的评价最低，标准化残差为4.2；小学教育、心理健康教育次之，其标准化残差分别为2.5、2.2；教育管理、特殊教育、职业技术教育评价也低于平均水平，其标准化残差均大于1（见表5-3-18）。

表5-3-18 教师所在专业与教学设计能力评价交叉表

专业	比较高及以上 人数/人	百分比/%	标准化残差	一般及以下 人数/人	百分比/%	标准化残差	总计/人
小学教育	619	74.4	-1.3	213	25.6	2.5	832
教育管理	394	76.1	-0.6	124	23.9	1.2	518
心理健康教育	300	73.3	-1.2	109	26.7	2.2	409
现代教育技术	304	78.8	0.1	82	21.2	-0.1	386
特殊教育	25	64.1	-1.0	14	35.9	1.9	39
职业技术教育	381	75.0	-0.9	127	25.0	1.7	508
科学技术教育	53	82.8	0.4	11	17.2	-0.8	64
学前教育	331	77.2	-0.3	98	22.8	0.6	429
学科教学·语文	1 174	79.1	0.3	310	20.9	-0.6	1 484
学科教学·数学	667	82.3	1.3	143	17.7	-2.4	810
学科教学·英语	1 059	77.6	-0.3	305	22.4	0.6	1 364
学科教学·物理	337	78.4	0	93	21.6	0	430
学科教学·化学	425	79.0	0.2	113	21.0	-0.3	538
学科教学·生物	533	85.6	2.0	90	14.4	-3.8	623
学科教学·思政	606	80.1	0.5	151	19.9	-1.0	757
学科教学·历史	434	77.9	-0.1	123	22.1	0.3	557
学科教学·地理	446	82.7	1.1	93	17.3	-2.2	539
学科教学·体育	107	63.3	-2.2	62	36.7	4.2	169
学科教学·音乐	235	78.3	0	65	21.7	0	300

续表

专业	比较高及以上			一般及以下			总计/人
	人数/人	百分比/%	标准化残差	人数/人	百分比/%	标准化残差	
学科教学·美术	186	80.2	0.3	46	19.8	−0.6	232
总计	8 616	78.4	0	2 372	21.6	0	10 988

（9）不同隶属层次院校教师对教学设计能力的评价

不同隶属层次院校教师进行的教学设计能力评价，获取的有效数据是8190人。

经卡方检验，χ^2 值为5.188，sig=0.075>0.05，表明不同隶属层次院校教师在对教学设计能力评价的两个选项上无显著差异。

（10）不同类型院校教师对教学设计能力的评价

不同类型院校教师进行的教学设计能力评价，获取的有效数据是8190人。

经卡方检验，χ^2 值为4.004*，sig=0.045<0.05，表明不同类型院校教育硕士在对教学设计能力评价的两个选项上，至少有一个选项的频数百分比有显著差异。

对占比进行Z检验比较，从院校类型与教学设计能力评价交叉表中可以看出，在"比较高及以上"选项上，非师范类为77.9%，高于师范类的75.9%（见表5-3-19）。

表5-3-19 不同类型院校教师与教学设计能力评价交叉表

教学设计能力评价		院校类型		总计
		师范类	非师范类	
比较高及以上	人数/人	4368$_a$	1897$_b$	6265
	占比/%	75.9	77.9	76.5
一般及以下	人数/人	1388$_a$	537$_b$	1925
	占比/%	24.1	22.1	23.5
总计	人数/人	5756	2434	8190
	占比/%	100.0	100.0	100.0

注：下标字母含义是横向比较，若字母相同，在0.05级别，这些类别的列比例相互之间无显著差异。

（11）有无教育学相关背景教师对教学设计能力的评价

有无教育学相关背景教师进行的教学设计能力评价，获取的有效数据是6777人。

经卡方检验，χ^2值为0.349，sig=0.555>0.05，表明有无教育学相关背景教师在对教学设计能力评价的两个选项上无显著差异。

（12）有无基础教育工作经历和研究经历教师对教学设计能力的评价

有无基础教育工作经历和研究经历教师进行的教学设计能力评价，获取的有效数据是6777人。

经卡方检验，χ^2值为11.241**，sig<0.01，表明有无基础教育工作经历和研究经历教师对教学设计能力评价的两个选项上，至少有一个选项的频数百分比有极其显著差异。

对占比进行Z检验比较，从有无基础教育工作经历和研究经历与教学设计能力评价交叉表中可以看出，在"比较高及以上"选项上，有基础教育工作经历和研究经历为76.9%，高于无基础教育和研究经历的73.2%（见表5-3-20）。

表5-3-20　有无基础教育工作经历和研究经历与教学设计能力评价交叉表

教学设计能力评价		有无基础教育经历和研究经历		总计
		有	无	
比较高及以上	人数/人	3482$_a$	1646$_b$	5128
	占比/%	76.9	73.2	75.7
一般及以下	人数/人	1046$_a$	603$_b$	1649
	占比/%	23.1	26.8	24.3
总计	人数/人	4528	2249	6777
	占比/%	100.0	100.0	100.0

注：下标字母含义是横向比较，若字母相同，在0.05级别，这些类别的列比例相互之间无显著差异。

（13）教师担任导师年限对教学设计能力的评价

教师担任导师年限进行的教学设计能力评价，获取的有效数据是9368人。

经卡方检验，χ^2值为15.709**，sig<0.01，表明教师担任导师年限对教学设计能力评价的两个选项上，至少有一个选项的频数百分比有极其显著差异。

对占比进行 Z 检验比较，从担任导师年限与教学设计能力评价交叉表中可以看出，在"比较高及以上"选项上，0~5 年为 78.9%，高于其他选项，但与 11~15 年无显著差异（见表 5-3-21）。

表 5-3-21 担任导师年限与教学设计能力评价交叉表

教学设计能力评价		担任导师年限					总计
		0~5 年	6~10 年	11~15 年	16~20 年	20 年以上	
比较高及以上	人数/人	4412$_a$	1736$_b$	703$_{a,b}$	257$_b$	169$_b$	7277
	占比/%	78.9	76.2	77.3	74.1	71.3	77.7
一般及以下	人数/人	1183$_a$	543$_b$	207$_{a,b}$	90$_b$	68$_b$	2091
	占比/%	21.1	23.8	22.7	25.9	28.7	22.3
总计	人数/人	5595	2279	910	347	237	9368
	占比/%	100.0	100.0	100.0	100.0	100.0	100.0

注：下标字母含义是横向比较，若字母相同，在 0.05 级别，这些类别的列比例相互之间无显著差异。

（14）双导师间是否经常进行沟通合作对教学设计能力的评价

双导师间是否经常沟通合作进行的教学设计能力评价，获取的有效数据是 9368 人。

经卡方检验，χ^2 值为 233.562**，sig<0.01，表明双导师间是否经常沟通合作对教学设计能力评价的两个选项上，至少有一个选项的频数百分比有极其显著差异。

对占比进行 Z 检验比较，从双导师间是否经常沟通合作与教学设计能力评价交叉表中可以看出，在"比较高及以上"选项上，经常沟通合作为 80.5%，高于不经常沟通合作的 62.4%（见表 5-3-22）。

表 5-3-22 双导师间是否经常沟通合作与教学设计能力评价交叉表

教学设计能力评价		双导师间是否经常沟通合作		总计
		是	否	
比较高及以上	人数/人	6362$_a$	915$_b$	7277
	占比/%	80.5	62.4	77.7

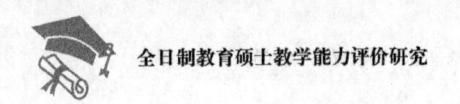

续表

教学设计能力评价		双导师间是否经常沟通合作		总计
		是	否	
一般及以下	人数/人	1540$_a$	551$_b$	2091
	占比/%	19.5	37.6	22.3
总计	人数/人	7902	1466	9368
	占比/%	100.0	100.0	100.0

注：下标字母含义是横向比较，若字母相同，在0.05级别，这些类别的列比例相互之间无显著差异。

2. 不同教师身份与教学设计能力的差异性分析

不同身份教师进行的教学设计能力评价，获取的有效数据是18 164人。

经卡方检验，χ^2值为73.473**，sig<0.01，表明不同教师身份对教学设计能力评价的两个选项上，至少有一个选项的频数百分比有极其显著差异。

对占比进行Z检验比较，从不同教师身份与教学设计能力评价交叉表中可以看出，在"比较高及以上"选项上，实践导师为82.9%、管理者为81.5%，高于其他选项；理论教师为75.7%，低于其他选项（见表5-3-23）。

表5-3-23 教师身份与教学设计能力评价交叉表

教学设计能力评价		教师身份				总计
		理论导师	实践导师	任课教师	管理者	
比较高及以上	人数/人	5 128$_a$	2 149$_b$	5 252$_c$	1 663$_b$	14 192
	占比/%	75.7	82.9	77.7	81.5	78.1
一般及以下	人数/人	1 649$_a$	442$_b$	1 504$_c$	377$_b$	3 972
	占比/%	24.3	17.1	22.3	18.5	21.9
总计	人数/人	6 777	2 591	6 756	2 040	18 164
	占比/%	100.0	100.0	100.0	100.0	100.0

注：下标字母含义是横向比较，若字母相同，在0.05级别，这些类别的列比例相互之间无显著差异。

（三）教育硕士和教师与教学设计能力的差异性分析

教育硕士和教师进行的教学设计能力评价，获取的有效数据是42 528人。

经卡方检验，χ^2值为1 275.343**，sig<0.01，表明教育硕士和教师在对教学设计能力评价的两个选项上，至少有一个选项的频数百分比有极其显著差异。

对占比进行Z检验比较，从教育硕士和教师与教学设计能力评价交叉表中可以看出，在"比较高及以上"选项上，教师为78.4%，高于教育硕士的59.7%（见表5-3-24）。

表5-3-24　教育硕士和教师与教学设计能力评价交叉表

教学设计能力评价		身份		总计
		教育硕士	教师	
比较高及以上	人数/人	18 562$_a$	8 968$_b$	27 530
	占比/%	59.7	78.4	64.7
一般及以下	人数/人	12 523$_a$	2 475$_b$	14 998
	占比/%	40.3	21.6	35.3
总计	人数/人	31 085	11 443	42 528
	占比/%	100.0	100.0	100.0

注：下标字母含义是横向比较，若字母相同，在0.05级别，这些类别的列比例相互之间无显著差异。

二、教学设计能力各维度的差异性分析

（一）课程标准分析能力

1. 在校生和毕业生与课程标准分析能力的差异性分析

在校生和毕业生进行的课程标准分析能力评价，获取的有效数据是31 085人。

经卡方检验，χ^2值为263.968**，sig<0.01，表明在校生和毕业生在对课程标准分析能力评价的两个选项上，至少有一个选项的频数百分比有极其显著差异。

对占比进行Z检验比较，从在校生和毕业生与课程标准分析能力评价交叉表中可以看出，在"比较高及以上"选项上，毕业生为64.9%，高于在校生的

55.0%（见表 5-3-25）。

表 5-3-25　在校生和毕业生与课程标准分析能力评价交叉表

课程标准分析能力评价		身份		总计
		毕业生	在校生	
比较高及以上	人数/人	6 136$_a$	11 907$_b$	18 043
	占比/%	64.9	55.0	58.0
一般及以下	人数/人	3 315$_a$	9 727$_b$	13 042
	占比/%	35.1	45.0	42.0
总计	人数/人	9 451	21 634	31 085
	占比/%	100.0	100.0	100.0

注：下标字母含义是横向比较，若字母相同，在 0.05 级别，这些类别的列比例相互之间无显著差异。

2. 不同教师身份与课程标准分析能力评价的差异性分析

不同身份教师进行的课程标准分析能力评价，获取的有效数据是 18 164 人。

经卡方检验，χ^2 值为 102.458**，sig<0.01，表明不同教师身份对课程标准分析能力评价的两个选项上，至少有一个选项的频数百分比有极其显著差异。

对占比进行 Z 检验比较，从教师身份与课程标准分析能力评价交叉表中可以看出，在"比较高及以上"选项上，实践导师为 82.1%，高于其他选项；理论教师为 73.0%，低于其他选项（见表 5-3-26）。

表 5-3-26　教师身份与课程标准分析能力评价交叉表

课程标准分析能力评价		教师身份				总计
		理论导师	实践导师	任课教师	管理者	
比较高及以上	人数/人	4 949$_a$	2 127$_b$	5 072$_c$	1 624$_d$	13 772
	占比/%	73.0	82.1	75.1	79.6	75.8
一般及以下	人数/人	1 828$_a$	464$_b$	1 684$_c$	416$_d$	4 392
	占比/%	27.0	17.9	24.9	20.4	24.2
总计	人数/人	6 777	2 591	6 756	2 040	18 164
	占比/%	100.0	100.0	100.0	100.0	100.0

注：下标字母含义是横向比较，若字母相同，在 0.05 级别，这些类别的列比例相互之间无显著差异。

3. 教育硕士和教师与课程标准分析能力评价的差异性分析

教育硕士和教师进行的课程标准分析能力评价，获取的有效数据是42 528 人。

经卡方检验，χ^2 值为 1 192.919**，sig<0.01，表明教育硕士与教师在对课程标准分析能力评价的两个选项上，至少有一个选项的频数百分比有极其显著差异。

对占比进行 Z 检验比较，从教育硕士和教师与课程标准分析能力评价交叉表中可以看出，在"比较高及以上"选项上，教师为 76.3%，高于教育硕士的58.0%（见表 5-3-27）。

表 5-3-27　教育硕士和教师与课程标准分析能力评价交叉表

课程标准分析能力评价		身份		总计
		教育硕士	教师	
比较高及以上	人数 / 人	18 043$_a$	8 729$_b$	26 772
	占比 / %	58.0	76.3	63.0
一般及以下	人数 / 人	13 042$_a$	2 714$_b$	15 756
	占比 / %	42.0	23.7	37.0
总计	人数 / 人	31 085	11 443	42 528
	占比 / %	100.0	100.0	100.0

注：下标字母含义是横向比较，若字母相同，在 0.05 级别，这些类别的列比例相互之间无显著差异。

（二）教材分析能力

1. 在校生和毕业生与教材分析能力的差异性分析

在校生和毕业生进行的教材分析能力评价，获取的有效数据是 31 085 人。

经卡方检验，χ^2 值为 248.880**，sig<0.01，表明在校生和毕业生在对教材分析能力评价的两个选项上，至少有一个选项的频数百分比有极其显著差异。

对占比进行 Z 检验比较，从在校生和毕业生与教材分析能力评价交叉表中可以看出，在"比较高及以上"选项上，毕业生为 66.4%，高于在校生的

56.9%（见表 5-3-28）。

表 5-3-28　在校生和毕业生与教材分析能力评价交叉表

教材分析能力评价		身份		总计
		毕业生	在校生	
比较高及以上	人数 / 人	6 277$_a$	12 305$_b$	18 582
	占比 / %	66.4	56.9	59.8
一般及以下	人数 / 人	3 174$_a$	9 329$_b$	12 503
	占比 / %	33.6	43.1	40.2
总计	人数 / 人	9 451	21 634	31 085
	占比 / %	100.0	100.0	100.0

注：下标字母含义是横向比较，若字母相同，在 0.05 级别，这些类别的列比例相互之间无显著差异。

2. 不同教师身份与教材分析能力评价的差异性分析

不同身份教师进行的教材分析能力评价，获取的有效数据是 18 164 人。

经卡方检验，χ^2 值为 92.386**，sig<0.01，表明不同教师身份对教材分析能力评价的两个选项上，至少有一个选项的频数百分比有极其显著差异。

对占比进行 Z 检验比较，从教师身份与教材分析能力评价交叉表中可以看出，在"比较高及以上"选项上，实践导师为 81.7%、管理者为 79.8%，高于其他选项；理论教师为 73.2%，低于其他选项（见表 5-3-29）。

表 5-3-29　教师身份与教材分析能力评价交叉表

教材分析能力评价		教师身份				总计
		理论导师	实践导师	任课教师	管理者	
比较高及以上	人数 / 人	4 963$_a$	2 118$_b$	5 094$_c$	1 627$_b$	13 802
	占比 / %	73.2	81.7	75.4	79.8	76.0
一般及以下	人数 / 人	1 814$_a$	473$_b$	1 662$_c$	413$_b$	4 362
	占比 / %	26.8	18.3	24.6	20.2	24.0
总计	人数 / 人	6 777	2 591	6 756	2 040	18 164
	占比 / %	100.0	100.0	100.0	100.0	100.0

注：下标字母含义是横向比较，若字母相同，在 0.05 级别，这些类别的列比例相互之间无显著差异。

3. 教育硕士和教师与教材分析能力评价的差异性分析

教育硕士和教师进行的教材分析能力评价，获取的有效数据是 42 528 人。

经卡方检验，χ^2 值为 1 020.872**，sig<0.01，表明教育硕士与教师在对教材分析能力评价的两个选项上，至少有一个选项的频数百分比有极其显著差异。

对占比进行 Z 检验比较，从教育硕士和教师与教材分析能力评价交叉表中可以看出，在"比较高及以上"选项上，教师为 76.5%，高于教育硕士的 59.8%（见表 5-3-30）。

表 5-3-30　教育硕士和教师与教材分析能力评价交叉表

教材分析能力评价		身份		总计
		教育硕士	教师	
比较高及以上	人数／人	18 582$_a$	8 756$_b$	27 338
	占比／%	59.8	76.5	64.3
一般及以下	人数／人	12 503$_a$	2 687$_b$	15 190
	占比／%	40.2	23.5	35.7
总计	人数／人	31 085	11 443	42 528
	占比／%	100.0	100.0	100.0

注：下标字母含义是横向比较，若字母相同，在 0.05 级别，这些类别的列比例相互之间无显著差异。

（三）学情分析能力

1. 在校生和毕业生与学情分析能力的差异性分析

在校生和毕业生进行的学情分析能力评价，获取的有效数据是 31 085 人。

经卡方检验，χ^2 值为 240.265**，sig<0.01，表明在校生和毕业生在对学情分析能力评价的两个选项上，至少有一个选项的频数百分比有极其显著差异。

对占比进行 Z 检验比较，从在校生和毕业生与学情分析能力评价交叉表中可以看出，在"比较高及以上"选项上，毕业生为 65.5%，高于在校生的 56.1%（见表 5-3-31）。

表 5-3-31　在校生和毕业生与学情分析能力评价交叉表

学情分析能力评价		身份		总计
		毕业生	在校生	
比较高及以上	人数 / 人	6 189$_a$	12 133$_b$	18 322
	占比 / %	65.5	56.1	58.9
一般及以下	人数 / 人	3 262$_a$	9 501$_b$	12 763
	占比 / %	34.5	43.9	41.1
总计	人数 / 人	9 451	21 634	31 085
	占比 / %	100.0	100.0	100.0

注：下标字母含义是横向比较，若字母相同，在0.05级别，这些类别的列比例相互之间无显著差异。

2. 不同教师身份与学情分析能力评价的差异性分析

不同身份教师进行的学情分析能力评价，获取的有效数据是 18 164 人。

经卡方检验，χ^2 值为 27.593**，sig<0.01，表明不同教师身份对学情分析能力评价的两个选项上，至少有一个选项的频数百分比有极其显著差异。

对占比进行 Z 检验比较，从教师身份与学情分析能力评价交叉表中可以看出，在"比较高及以上"选项上，管理者为 76.5%、实践导师为 75.3%，高于其他选项（见表 5-3-32）。

表 5-3-32　教师身份与学情分析能力评价交叉表

学情分析能力评价		教师身份				总计
		理论导师	实践导师	任课教师	管理者	
比较高及以上	人数 / 人	4 843$_a$	1 950$_b$	4 913$_a$	1 560$_b$	13 266
	占比 / %	71.5	75.3	72.7	76.5	73.0
一般及以下	人数 / 人	1 934$_a$	641$_b$	1 843$_a$	480$_b$	4 898
	占比 / %	28.5	24.7	27.3	23.5	27.0
总计	人数 / 人	6 777	2 591	6 756	2 040	18 164
	占比 / %	100.0	100.0	100.0	100.0	100.0

注：下标字母含义是横向比较，若字母相同，在0.05级别，这些类别的列比例相互之间无显著差异。

3. 教育硕士和教师与学情分析能力评价的差异性分析

教育硕士和教师进行的学情分析能力评价，获取的有效数据是 42 528 人。

经卡方检验，χ^2 值为 762.478**，sig<0.01，表明教育硕士与教师在对学情分析能力评价的两个选项上，至少有一个选项的频数百分比有极其显著差异。

对占比进行 Z 检验比较，从教育硕士和教师与学情分析能力评价交叉表中可以看出，在"比较高及以上"选项上，教师为 73.5%，高于教育硕士的 58.9%（见表 5-3-33）。

表 5-3-33　教育硕士和教师与学情分析能力评价交叉表

学情分析能力评价		身份		总计
		教育硕士	教师	
比较高及以上	人数 / 人	18 322[a]	8 414[b]	26 736
	占比 / %	58.9	73.5	62.9
一般及以下	人数 / 人	12 763[a]	3 029[b]	15 792
	占比 / %	41.1	26.5	37.1
总计	人数 / 人	31 085	11 443	42 528
	占比 / %	100.0	100.0	100.0

注：下标字母含义是横向比较，若字母相同，在 0.05 级别，这些类别的列比例相互之间无显著差异。

（四）教学目标拟定能力

1. 在校生和毕业生与教学目标拟定能力评价的差异性分析

在校生和毕业生进行的教学目标拟定能力评价，获取的有效数据是 31 085 人。

经卡方检验，χ^2 值为 304.952**，sig<0.01，表明在校生和毕业生在对教学目标拟定能力评价的两个选项上，至少有一个选项的频数百分比有极其显著差异。

对占比进行 Z 检验比较，在校生和毕业生与教学目标拟定能力交叉表中可以看出，在"比较高及以上"选项上，毕业生为 65.5%，高于在校生的 56.5%

（见表 5-3-34）。

表 5-3-34　在校生和毕业生与教学目标拟定能力评价交叉表

教学目标拟定能力评价		身份		总计
		毕业生	在校生	
比较高及以上	人数 / 人	6 190$_a$	12 230$_b$	18 420
	占比 / %	65.5	56.5	59.2
一般及以下	人数 / 人	3 261$_a$	9 404$_b$	13 340
	占比 / %	34.5	43.5	40.8
总计	人数 / 人	9 451	21 634	31 085
	占比 / %	100.0	100.0	100.0

注：下标字母含义是横向比较，若字母相同，在 0.05 级别，这些类别的列比例相互之间无显著差异。

2. 不同教师身份与教学目标拟定能力评价的差异性分析

不同身份教师进行的教学目标拟定能力评价，获取的有效数据是 18 164 人。

经卡方检验，χ^2 值为 209.434**，sig<0.01，表明不同教师身份与教学目标拟定能力评价的两个选项上，至少有一个选项的频数百分比有极其显著差异。

对占比进行 Z 检验比较，从不同教师身份与教学目标拟定能力评价交叉表中可以看出，在"比较高及以上"选项上，实践导师为 81.8%，高于其他选项；理论导师为 73.9%，低于其他选项（见表 5-3-35）。

表 5-3-35　教师身份与教学目标拟定能力评价交叉表

教学研究能力评价		教师身份				总计
		理论导师	实践导师	任课教师	管理者	
比较高及以上	人数 / 人	5 011$_a$	2 122$_b$	5 109$_c$	1 644$_d$	13 886
	占比 / %	73.9	81.8	75.6	80.5	76.4
一般及以下	人数 / 人	1 766$_a$	469$_b$	1 647$_c$	396$_d$	4 278
	占比 / %	26.1	18.2	24.4	19.5	23.6

续表

教学研究能力评价		教师身份				总计
		理论导师	实践导师	任课教师	管理者	
总计	人数 / 人	6 777	2 591	6 756	2 040	18 164
	占比 / %	100.0	100.0	100.0	100.0	100.0

注：下标字母含义是横向比较，若字母相同，在 0.05 级别，这些类别的列比例相互之间无显著差异。

3. 教育硕士和教师与教学目标拟定能力评价的差异性分析

教育硕士和教师进行的教学目标拟定能力评价，获取的有效数据是 42 528 人。

经卡方检验，χ^2 值为 888.489**，sig<0.01，表明教育硕士和教师在与教学目标拟定能力评价的两个选项上，至少有一个选项的频数百分比有极其显著差异。

对占比进行 Z 检验比较，从教育硕士和教师与教学目标拟定能力评价交叉表中可以看出，在"比较高及以上"选项上，教师为 76.8%，高于教育硕士的 59.3%（见表 5-3-36）。

表 5-3-36　教育硕士和教师与教学目标拟定能力评价交叉表

教学目标拟定能力评价		身份		总计
		教育硕士	教师	
比较高及以上	人数 / 人	18 420	8 789	27 209
	占比 / %	59.3	76.8	63.9
一般及以下	人数 / 人	12 665$_a$	2 651	15 319
	占比 / %	40.7	23.2	36.1
总计	人数 / 人	31 085	11 443	42 528
	占比 / %	100.0	100.0	100.0

注：下标字母含义是横向比较，若字母相同，在 0.05 级别，这些类别的列比例相互之间无显著差异。

（五）教学过程设计能力

1. 在校生和毕业生与教学过程设计能力评价的差异性分析

在校生和毕业生进行的教学过程设计能力评价，获取的有效数据是 31 085 人。

经卡方检验，χ^2 值为 417.731**，sig<0.01，表明在校生和毕业生与教学过程设计能力评价的两个选项上，至少有一个选项的频数百分比有极其显著差异。

对占比进行 Z 检验比较，在校生和毕业生与教学过程设计能力交叉表中可以看出，在"比较高及以上"选项上，毕业生为 66.5%，高于在校生的 56.5%（见表 5-3-37）。

表 5-3-37　在校生和毕业生与教学过程设计能力评价交叉表

教学过程设计能力评价		身份		总计
		毕业生	在校生	
比较高及以上	人数 / 人	6 281a	12 229b	18 510
	占比 / %	66.5	56.5	59.6
一般及以下	人数 / 人	3 170	9 405	12 575
	占比 / %	33.5	43.5	40.4
总计	人数 / 人	9 451	21 634	31 085
	占比 / %	100.0	100.0	100.0

注：下标字母含义是横向比较，若字母相同，在 0.05 级别，这些类别的列比例相互之间无显著差异。

2. 不同教师身份与教学过程设计能力评价的差异性分析

不同身份教师进行的教学过程设计能力评价，获取的有效数据是 18 164 人。

经卡方检验，χ^2 值为 187.548**，sig<0.01，表明不同教师身份与教学过程设计能力评价的两个选项上，至少有一个选项的频数百分比有极其显著差异。

对占比进行 Z 检验比较，从不同教师身份与教学过程设计能力评价交叉表中可以看出，在"比较高及以上"选项上，管理者为 82.0%，高于其他选项；

实践导师为 72.4%，低于其他选项（见表 5-3-38）。

表 5-3-38 不同教师身份与教学过程设计能力评价交叉表

教学过程设计能力评价		教师身份				总计
		理论导师	实践导师	任课教师	管理者	
比较高及以上	人数 / 人	5 122$_a$	2 134$_b$	5 211$_c$	1 673$_d$	14 140
	占比 / %	76.5	72.4	77.2	82.0	77.8
一般及以下	人数 / 人	1 655$_a$	457$_b$	1 545$_c$	367$_d$	4 024
	占比 / %	23.5	27.6	22.8	18.0	22.2
总计	人数 / 人	6 777	2 591	6 756	2 040	18 164
	占比 / %	100.0	100.0	100.0	100.0	100.0

注：下标字母含义是横向比较，若字母相同，在 0.05 级别，这些类别的列比例相互之间无显著差异。

3. 教育硕士和教师与教学过程设计能力评价的差异性分析

教育硕士和教师进行的教学过程设计能力评价，获取的有效数据是 42 528 人。

经卡方检验，χ^2 值为 342.626**，sig<0.01，表明教育硕士和教师与教学过程设计能力评价的两个选项上，至少有一个选项的频数百分比有极其显著差异。

对占比进行 Z 检验比较，从教育硕士和教师与教学过程设计能力评价交叉表中可以看出，在"比较高及以上"选项上，教师为 77.9%，高于教育硕士的 59.6%（见表 5-3-39）。

表 5-3-39 教育硕士和教师与教学过程设计能力评价交叉表

教学过程设计能力评价		身份		总计
		教育硕士	教师	
比较高及以上	人数 / 人	18 510	8 920	27 430
	占比 / %	59.6	77.9	64.5
一般及以下	人数 / 人	12 575	2 523	15 098
	占比 / %	40.7	22.1	35.5

续表

教学过程设计能力评价		身份		总计
^	^	教育硕士	教师	^
总计	人数/人	31 085	11 443	42 528
^	占比/%	100.0	100.0	100.0

注：下标字母含义是横向比较，若字母相同，在0.05级别，这些类别的列比例相互之间无显著差异。

（六）教学策略设计能力

1. 在校生和毕业生与教学策略设计能力评价的差异性分析

在校生和毕业生进行的教学策略设计能力评价，获取的有效数据是31 085人。

经卡方检验，χ^2值为435.694**，sig<0.01，表明在校生和毕业生与教学策略设计能力评价的两个选项上，至少有一个选项的频数百分比有极其显著差异。

对占比进行Z检验比较，在校生和毕业生与教学策略设计能力交叉表中可以看出，在"比较高及以上"选项上，毕业生为65.0%，高于在校生的55.2%（见表5-3-40）。

表5-3-40 在校生和毕业生与教学策略设计能力评价交叉表

教学策略设计能力评价		身份		总计
^	^	毕业生	在校生	^
比较高及以上	人数/人	6 144$_a$	11 953$_b$	18 097
^	占比/%	65.0	55.2	59.2
一般及以下	人数/人	3 307$_a$	9 681$_b$	12 988
^	占比/%	35.0	44.8	40.8
总计	人数/人	9 451	21 634	31 085
^	占比/%	100.0	100.0	100.0

注：下标字母含义是横向比较，若字母相同，在0.05级别，这些类别的列比例相互之间无显著差异。

2. 不同教师身份与教学策略设计能力评价的差异性分析

不同身份教师进行的教学策略设计能力评价,获取的有效数据是18 164人。

经卡方检验,χ^2值为217.010**,sig<0.01,表明不同教师身份与教学策略设计能力评价的两个选项上,至少有一个选项的频数百分比有极其显著差异。

对占比进行Z检验比较,从不同教师身份与教学策略设计能力评价交叉表中可以看出,在"比较高及以上"选项上,实践导师为80.7%,高于其他选项;理论导师为71.8%,低于其他选项(见表5-3-41)。

表5-3-41 不同教师身份与教学策略设计能力评价交叉表

教学策略设计能力评价		教师身份				总计
		理论导师	实践导师	任课教师	管理者	
比较高及以上	人数/人	4 865$_a$	2 092$_b$	5 001$_c$	1 601$_d$	13 559
	占比/%	71.8	80.7	74.0	78.4	74.6
一般及以下	人数/人	1 912$_a$	499$_b$	1 755$_c$	439$_d$	4 605
	占比/%	28.2	19.3	26.0	21.6	25.4
总计	人数/人	6 777	2 591	6 756	2 040	18 164
	占比/%	100.0	100.0	100.0	100.0	100.0

注:下标字母含义是横向比较,若字母相同,在0.05级别,这些类别的列比例相互之间无显著差异。

3. 教育硕士和教师与教学策略设计能力评价的差异性分析

教育硕士和教师进行的教学策略设计能力评价,获取的有效数据是42 528人。

经卡方检验,χ^2值为768.143**,sig<0.01,表明教育硕士和教师与教学策略设计能力评价的两个选项上,至少有一个选项的频数百分比有极其显著差异。

对占比进行Z检验比较,从教育硕士和教师与教学策略设计能力评价交叉表中可以看出,在"比较高及以上"选项上,教师为75.1%,高于教育硕士的58.2%(见表5-3-42)。

表 5-3-42 教育硕士和教师与教学策略设计能力评价交叉表

教学策略设计能力评价		身份		总计
		教育硕士	教师	
比较高及以上	人数 / 人	18 097	8 592	26 689
	占比 / %	58.2	75.1	62.8
一般及以下	人数 / 人	12 988	2 851	15 839
	占比 / %	41.8	24.9	37.2
总计	人数 / 人	31 085	11 443	42 528
	占比 / %	100.0	100.0	100.0

注：下标字母含义是横向比较，若字母相同，在 0.05 级别，这些类别的列比例相互之间无显著差异。

（七）教学资源及教具筛选设计能力

1. 在校生和毕业生与教学资源及教具筛选设计能力评价的差异性分析

在校生和毕业生进行的教学资源及教具筛选设计能力评价，获取的有效数据是 31 085 人。

经卡方检验，χ^2 值为 401.880**，sig<0.01，表明在校生和毕业生与教学资源及教具筛选设计能力评价的两个选项上，至少有一个选项的频数百分比有极其显著差异。

对占比进行 Z 检验比较，在校生和毕业生与教学资源及教具筛选设计能力交叉表中可以看出，在"比较高及以上"选项上，毕业生为 67.1%，高于在校生的 58.0%（见表 5-3-43）。

表 5-3-43 在校生和毕业生与教学资源及教具筛选设计能力评价交叉表

教学资源及教具筛选设计能力评价		身份		总计
		毕业生	在校生	
比较高及以上	人数 / 人	6 340$_a$	12 551$_b$	18 891
	占比 / %	67.1	58.0	60.8
一般及以下	人数 / 人	3 111	9 083	12 194
	占比 / %	32.9	42.0	39.2

续表

教学资源及教具筛选设计能力评价		身份		总计
		毕业生	在校生	
总计	人数/人	9 451	21 634	31 085
	占比/%	100.0	100.0	100.0

注：下标字母含义是横向比较，若字母相同，在0.05级别，这些类别的列比例相互之间无显著差异。

2. 不同教师身份与教学资源及教具筛选设计能力评价的差异性分析

不同身份教师进行的教学资源及教具筛选设计能力评价，获取的有效数据是18 164人。

经卡方检验，χ^2值为300.695**，sig<0.01，表明不同教师身份与教学资源及教具筛选设计能力评价的两个选项上，至少有一个选项的频数百分比有极其显著差异。

对占比进行Z检验比较，从不同教师身份与教学资源及教具筛选设计能力评价交叉表中可以看出，在"比较高及以上"选项上，实践导师为85.3%，高于其他选项；理论导师为74.2%，低于其他选项（见表5-3-44）。

表5-3-44 不同教师身份与教学资源及教具筛选设计能力评价交叉表

教学资源及教具筛选设计能力评价		教师身份				总计
		理论导师	实践导师	任课教师	管理者	
比较高及以上	人数/人	5 030$_a$	2 212$_b$	5 194$_c$	1 651$_d$	14 087
	占比/%	74.2	85.3	76.9	80.9	77.5
一般及以下	人数/人	1 747$_a$	379$_b$	1 562$_c$	389$_d$	4 077
	占比/%	25.8	14.7	23.1	19.1	22.5
总计	人数/人	6 777	2 591	6 756	2 040	18 164
	占比/%	100.0	100.0	100.0	100.0	100.0

注：下标字母含义是横向比较，若字母相同，在0.05级别，这些类别的列比例相互之间无显著差异。

3. 教育硕士和教师与教学资源及教具筛选设计能力评价的差异性分析

教育硕士和教师进行的教学资源及教具筛选设计能力评价，获取的有效数据是42 528人。

经卡方检验，χ^2 值为 906.148**，sig<0.01，表明教育硕士和教师与教学资源及教具筛选设计能力评价的两个选项上，至少有一个选项的频数百分比有极其显著差异。

对占比进行 Z 检验比较，从教育硕士和教师与教学资源及教具筛选设计能力评价交叉表中可以看出，在"比较高及以上"选项上，教师为 78.0%，高于教育硕士的 60.8%（见表 5-3-45）。

表 5-3-45 教育硕士和教师与教学资源及教具筛选设计能力评价交叉表

教学资源及教具筛选设计能力评价		身份		总计
		教育硕士	教师	
比较高及以上	人数 / 人	18 891	8 925	27 816
	占比 / %	60.8	78.0	65.4
一般及以下	人数 / 人	12 194	2 518	14 712
	占比 / %	39.2	22.0	34.6
总计	人数 / 人	31 085	11 443	42 528
	占比 / %	100.0	100.0	100.0

注：下标字母含义是横向比较，若字母相同，在 0.05 级别，这些类别的列比例相互之间无显著差异。

第六章 全日制教育硕士教学实施能力评价

第一节 教学实施能力总体评价

一、教育硕士对教学实施能力的评价

(一)全体教育硕士对教学实施能力的评价

从全体教育硕士对全日制教育硕士教学实施能力评价的分布情况可以看出,评价"非常高"的占16.4%,评价"比较高"的占43.0%,评价"一般"的占38.5%,评价"比较低"的占1.9%,评价"非常低"的占0.2%(见表6-1-1)。

表 6-1-1 全体教育硕士对教学实施能力的评价

评价	人数/人	百分比/%
非常高	5 086	16.4
比较高	13 371	43.0
一般	11 961	38.5
比较低	590	1.9
非常低	77	0.2
总计	31 085	100.0

(二)在校生对教学实施能力的评价

从在校生对全日制教育硕士教学实施能力评价的分布情况可以看出,评

价"非常高"的占 13.8%，评价"比较高"的占 42.4%，评价"一般"的占 41.5%，评价"比较低"的占 2.1%，评价"非常低"的占 0.2%（见表 6-1-2）。

表 6-1-2　在校生对教学实施能力的评价

评价	人数 / 人	百分比 / %
非常高	2 987	13.8
比较高	9 163	42.4
一般	8 975	41.5
比较低	456	2.1
非常低	53	0.2
总计	21 634	100.0

（三）毕业生对教学实施能力的评价

从毕业生对全日制教育硕士教学实施能力评价的分布情况可以看出，评价"非常高"的占 22.2%，评价"比较高"的占 44.5%，评价"一般"的占 31.6%，评价"比较低"的占 1.4%，评价"非常低"的占 0.3%（见表 6-1-3）。

表 6-1-3　毕业生对教学实施能力的评价

评价	人数 / 人	百分比 / %
非常高	2099	22.2
比较高	4208	44.5
一般	2986	31.6
比较低	134	1.4
非常低	24	0.3
总计	9451	100.0

二、教师对教学实施能力的评价

（一）全体教师对教学实施能力的评价

从全体教师对全日制教育硕士教学实施能力评价的分布情况可以看出，评价"非常高"的占 22.8%，评价"比较高"的占 55.0%，评价"一般"的占 21.0%，评价"比较低"的占 1.1%，评价"非常低"的占 0.1%（见表 6-1-4）。

表 6-1-4　全体教师对教学实施能力的评价

评价	人数 / 人	百分比 / %
非常高	2 606	22.8
比较高	6 295	55.0
一般	2 400	21.0
比较低	127	1.1
非常低	15	0.1
总计	11 443	100.0

（二）理论导师对教学实施能力的评价

从理论导师对全日制教育硕士教学实施能力评价的分布情况可以看出，评价"非常高"的占 17.9%，评价"比较高"的占 57.3%，评价"一般"的占 23.3%，评价"比较低"的占 1.4%，评价"非常低"的占 0.1%（见表 6-1-5）。

表 6-1-5　理论导师对教学实施能力的评价

评价	人数 / 人	百分比 / %
非常高	1215	17.9
比较高	3881	57.3
一般	1579	23.3
比较低	93	1.4
非常低	9	0.1
总计	6777	100.0

（三）实践导师对教学实施能力的评价

从实践导师对全日制教育硕士教学实施能力评价的分布情况可以看出，评价"非常高"的占 28.4%，评价"比较高"的占 53.6%，评价"一般"的占

17.3%，评价"比较低"的占 0.5%，评价"非常低"的占 0.2%（见表 6-1-6）。

表 6-1-6　实践导师对教学实施能力的评价

评价	人数 / 人	百分比 / %
非常高	737	28.4
比较高	1389	53.6
一般	449	17.3
比较低	12	0.5
非常低	4	0.2
总计	2591	100.0

（四）任课教师对教学实施能力的评价

从任课教师对全日制教育硕士教学实施能力评价的分布情况可以看出，评价"非常高"的占 22.3%，评价"比较高"的占 55.0%，评价"一般"的占 21.3%，评价"比较低"的占 1.3%，评价"非常低"的占 0.1%（见表 6-1-7）。

表 6-1-7　任课教师对教学实施能力的评价

评价	人数 / 人	百分比 / %
非常高	1572	22.3
比较高	3868	55.0
一般	1499	21.3
比较低	90	1.3
非常低	8	0.1
总计	7037	100.0

（五）管理者对教学实施能力的评价

从管理者对全日制教育硕士教学实施能力评价的分布情况可以看出，评价"非常高"的占 27.5%，评价"比较高"的占 53.9%，评价"一般"的占 17.7%，评价"比较低"的占 0.7%，评价"非常低"的占 0.1%（见表 6-1-8）。

表 6-1-8 管理者对教学实施能力的评价

评价	人数/人	百分比/%
非常高	561	27.5
比较高	1099	53.9
一般	362	17.7
比较低	15	0.7
非常低	3	0.1
总计	2040	99.9

第二节　教学实施能力各维度评价

一、创设情境能力

（一）教育硕士对创设情境能力的评价

1. 全体教育硕士对创设情境能力的评价

从全体教育硕士对全日制教育硕士创设情境能力评价的分布情况可以看出，评价"非常高"的占 17.3%，评价"比较高"的占 43.0%，评价"一般"的占 37.3%，评价"比较低"的占 2.2%，评价"非常低"的占 0.2%（见表 6-2-1）。

表 6-2-1 全体教育硕士对创设情境能力的评价

评价	人数/人	百分比/%
非常高	5 366	17.3
比较高	13 371	43.0
一般	11 608	37.3
比较低	671	2.2
非常低	69	0.2
总计	31 085	100.0

2. 在校生对创设情境能力的评价

从在校生对全日制教育硕士创设情境能力评价的分布情况可以看出，评价"非常高"的占 14.7%，评价"比较高"的占 42.8%，评价"一般"的占 39.8%，评价"比较低"的占 2.5%，评价"非常低"的占 0.2%（见表 6-2-2）。

表 6-2-2　在校生对创设情境能力的评价

评价	人数 / 人	百分比 / %
非常高	3 178	14.7
比较高	9 265	42.8
一般	8 613	39.8
比较低	532	2.5
非常低	46	0.2
总计	21 634	100.0

3. 毕业生对创设情境能力的评价

从毕业生对全日制教育硕士创设情境能力评价的分布情况可以看出，评价"非常高"的占 22.2%，评价"比较高"的占 44.5%，评价"一般"的占 31.6%，评价"比较低"的占 1.4%，评价"非常低"的占 0.3%（见表 6-2-3）。

表 6-2-3　毕业生对创设情境能力的评价

评价	人数 / 人	百分比 / %
非常高	2099	22.2
比较高	4208	44.5
一般	2986	31.6
比较低	134	1.4
非常低	24	0.3
总计	9451	100.0

（二）教师对创设情境能力的评价

1. 全体教师对创设情境能力的评价

从全体教师对全日制教育硕士创设情境能力评价的分布情况可以看出，评价"非常高"的占24.0%,评价"比较高"的占53.1%,评价"一般"的占21.2%,评价"比较低"的占1.5%,评价"非常低"的占0.1%(见表6-2-4)。

表6-2-4 全体教师对创设情境能力的评价

评价	人数/人	百分比/%
非常高	2 747	24.0
比较高	6 080	53.1
一般	2 425	21.2
比较低	177	1.5
非常低	14	0.1
总计	11 443	99.9

2. 理论导师对创设情境能力的评价

从理论导师对全日制教育硕士创设情境能力评价的分布情况可以看出,评价"非常高"的占18.6%,评价"比较高"的占55.2%,评价"一般"的占24.1%,评价"比较低"的占2.0%,评价"非常低"的占0.1%(见表6-2-5)。

表6-2-5 理论导师对创设情境能力的评价

评价	人数/人	百分比/%
非常高	1261	18.6
比较高	3740	55.2
一般	1633	24.1
比较低	134	2.0
非常低	9	0.1
总计	6777	100.0

3. 实践导师对创设情境能力的评价

从实践导师对全日制教育硕士创设情境能力评价的分布情况可以看出,评价"非常高"的占32.1%,评价"比较高"的占51.4%,评价"一般"的占15.7%,评价"比较低"的占0.7%,评价"非常低"的占0.1%(见表6-2-6)。

表 6-2-6　实践导师对创设情境能力的评价

评价	人数 / 人	百分比 / %
非常高	832	32.1
比较高	1332	51.4
一般	407	15.7
比较低	17	0.7
非常低	3	0.1
总计	2591	100.0

4. 任课教师对创设情境能力的评价

从任课教师对全日制教育硕士创设情境能力评价的分布情况可以看出，评价"非常高"的占 23.0%，评价"比较高"的占 53.2%，评价"一般"的占 22.0%，评价"比较低"的占 1.7%，评价"非常低"的占 0.1%（见表 6-2-7）。

表 6-2-7　任课教师对创设情境能力的评价

评价	人数 / 人	百分比 / %
非常高	1553	23.0
比较高	3595	53.2
一般	1486	22.0
比较低	115	1.7
非常低	7	0.1
总计	6756	100.0

5. 管理者对创设情境能力的评价

从管理者对全日制教育硕士创设情境能力评价的分布情况可以看出，评价"非常高"的占 28.1%，评价"比较高"的占 51.6%，评价"一般"的占 19.3%，评价"比较低"的占 0.9%，评价"非常低"的占 0.1%（见表 6-2-8）。

表 6-2-8　管理者对创设情境能力的评价

评价	人数 / 人	百分比 / %
非常高	573	28.1
比较高	1053	51.6

续表

评价	人数/人	百分比/%
一般	393	19.3
比较低	19	0.9
非常低	2	0.1
总计	2040	100.0

二、组织教学能力

（一）教育硕士对组织教学能力的评价

1. 全体教育硕士对组织教学能力的评价

从全体教育硕士对全日制教育硕士组织教学能力评价的分布情况可以看出，评价"非常高"的占23.2%，评价"比较高"的占52.6%，评价"一般"的占22.4%，评价"比较低"的占1.7%，评价"非常低"的占0.1%（见表6-2-9）。

表6-2-9　全体教育硕士对组织教学能力的评价

评价	人数/人	百分比/%
非常高	2 654	23.2
比较高	6 022	52.6
一般	2 559	22.4
比较低	193	1.7
非常低	15	0.1
总计	11 443	100.0

2. 在校生对组织教学能力的评价

从在校生对全日制教育硕士组织教学能力评价的分布情况可以看出，评价"非常高"的占14.3%，评价"比较高"的占42.6%，评价"一般"的占40.5%，评价"比较低"的占2.4%，评价"非常低"的占0.2%（见表6-2-10）。

表 6-2-10　在校生对组织教学能力的评价

评价	人数 / 人	百分比 / %
非常高	3 083	14.3
比较高	9 221	42.6
一般	8 755	40.5
比较低	523	2.4
非常低	52	0.2
总计	21 634	100.0

3. 毕业生对组织教学能力的评价

从毕业生对全日制教育硕士组织教学能力评价的分布情况可以看出，评价"非常高"的占 22.7%，评价"比较高"的占 44.2%，评价"一般"的占 31.1%，评价"比较低"的占 1.8%，评价"非常低"的占 0.3%（见表 6-2-11）。

表 6-2-11　毕业生对组织教学能力的评价

评价	人数 / 人	百分比 / %
非常高	2142	22.7
比较高	4174	44.2
一般	2938	31.1
比较低	172	1.8
非常低	25	0.3
总计	9451	100.1

（二）教师对组织教学能力的评价

1. 全体教师对组织教学能力的评价

从全体教师对全日制教育硕士组织教学能力评价的分布情况可以看出，评价"非常高"的占 22.9%，评价"比较高"的占 53.7%，评价"一般"的占 21.7%，评价"比较低"的占 1.5%，评价"非常低"的占 0.1%（见表 6-2-12）。

表 6-2-12　全体教师对组织教学能力的评价

评价	人数 / 人	百分比 / %
非常高	2 624	22.9
比较高	6 150	53.7
一般	2 482	21.7
比较低	171	1.5
非常低	16	0.1
总计	11 443	99.9

2. 理论导师对组织教学能力的评价

从理论导师对全日制教育硕士组织教学能力评价的分布情况可以看出，评价"非常高"的占 18.7%，评价"比较高"的占 56.2%，评价"一般"的占 23.3%，评价"比较低"的占 1.6%，评价"非常低"的占 0.1%（见表 6-2-13）。

表 6-2-13　理论导师对组织教学能力的评价

评价	人数 / 人	百分比 / %
非常高	1268	18.7
比较高	3810	56.2
一般	1581	23.3
比较低	109	1.6
非常低	9	0.1
总计	6777	99.9

3. 实践导师对组织教学能力的评价

从实践导师对全日制教育硕士组织教学能力评价的分布情况可以看出，评价"非常高"的占 27.1%，评价"比较高"的占 51.1%，评价"一般"的占 20.4%，评价"比较低"的占 1.2%，评价"非常低"的占 0.2%（见表 6-2-14）。

表 6-2-14　实践导师对组织教学能力的评价

评价	人数 / 人	百分比 / %
非常高	703	27.1

续表

评价	人数/人	百分比/%
比较高	1324	51.1
一般	528	20.4
比较低	32	1.2
非常低	4	0.2
总计	2591	100.0

4. 任课教师对组织教学能力的评价

从任课教师对全日制教育硕士组织教学能力评价的分布情况可以看出，评价"非常高"的占22.2%，评价"比较高"的占53.8%，评价"一般"的占22.4%，评价"比较低"的占1.4%，评价"非常低"的占0.1%（见表6-2-15）。

表6-2-15　任课教师对组织教学能力的评价

评价	人数/人	百分比/%
非常高	1500	22.2
比较高	3638	53.8
一般	1514	22.4
比较低	95	1.4
非常低	9	0.1
总计	6756	99.9

5. 管理者对组织教学能力的评价

从管理者对全日制教育硕士组织教学能力评价的分布情况可以看出，评价"非常高"的占27.5%，评价"比较高"的占52.4%，评价"一般"的占18.9%，评价"比较低"的占1.1%，评价"非常低"的占0.1%（见表6-2-16）。

表6-2-16　管理者对组织教学能力的评价

评价	人数/人	百分比/%
非常高	561	27.5
比较高	1069	52.4
一般	385	18.9

续表

评价	人数/人	百分比/%
比较低	23	1.1
非常低	2	0.1
总计	2040	100.0

三、学习指导能力

(一) 教育硕士对学习指导能力的评价

1. 全体教育硕士对学习指导能力的评价

从全体教育硕士对全日制教育硕士学习指导能力评价的分布情况可以看出，评价"非常高"的占16.8%，评价"比较高"的占43.3%，评价"一般"的占37.7%，评价"比较低"的占1.9%，评价"非常低"的占0.2%（见表6-2-17）。

表6-2-17 全体教育硕士对学习指导能力的评价

评价	人数/人	百分比/%
非常高	5 225	16.8
比较高	13 464	43.3
一般	11 724	37.7
比较低	602	1.9
非常低	70	0.2
总计	31 085	100.0

2. 在校生对学习指导能力的评价

从在校生对全日制教育硕士学习指导能力评价的分布情况可以看出，评价"非常高"的占14.2%，评价"比较高"的占43.1%，评价"一般"的占40.3%，评价"比较低"的占2.1%，评价"非常低"的占0.2%（见表6-2-18）。

表 6-2-18　在校生对学习指导能力的评价

评价	人数 / 人	百分比 / %
非常高	3 079	14.2
比较高	9 329	43.1
一般	8 717	40.3
比较低	465	2.1
非常低	44	0.2
总计	21 634	99.9

3. 毕业生对学习指导能力的评价

从毕业生对全日制教育硕士学习指导能力评价的分布情况可以看出，评价"非常高"的占 22.6%，评价"比较高"的占 43.4%，评价"一般"的占 32.3%，评价"比较低"的占 1.4%，评价"非常低"的占 0.3%（见表 6-2-19）。

表 6-2-19　毕业生对学习指导能力的评价

评价	人数 / 人	百分比 / %
非常高	2146	22.6
比较高	4135	43.4
一般	3077	32.3
比较低	137	1.4
非常低	26	0.3
总计	9521	100.0

（二）教师对学习指导能力的评价

1. 全体教师对学习指导能力的评价

从全体教师对全日制教育硕士学习指导能力评价的分布情况可以看出，评价"非常高"的占 23.2%，评价"比较高"的占 52.6%，评价"一般"的占 22.4%，评价"比较低"的占 1.7%，评价"非常低"的占 0.1%（见表 6-2-20）。

表 6-2-20　全体教师对学习指导能力的评价

评价	人数 / 人	百分比 / %
非常高	2 654	23.2
比较高	6 022	52.6
一般	2 559	22.4
比较低	193	1.7
非常低	15	0.1
总计	11 443	100.0

2. 理论导师对学习指导能力的评价

从理论导师对全日制教育硕士学习指导能力评价的分布情况可以看出，评价"非常高"的占18.4%，评价"比较高"的占54.6%，评价"一般"的占24.9%，评价"比较低"的占2.0%，评价"非常低"的占0.1%（见表6-2-21）。

表 6-2-21　理论导师对学习指导能力的评价

评价	人数 / 人	百分比 / %
非常高	1246	18.4
比较高	3699	54.6
一般	1685	24.9
比较低	138	2.0
非常低	9	0.1
总计	6777	100.0

3. 实践导师对学习指导能力的评价

从实践导师对全日制教育硕士学习指导能力评价的分布情况可以看出，评价"非常高"的占28.7%，评价"比较高"的占51.3%，评价"一般"的占18.8%，评价"比较低"的占1.1%，评价"非常低"的占0.1%（见表6-2-22）。

表 6-2-22　实践导师对学习指导能力的评价

评价	人数 / 人	百分比 / %
非常高	744	28.7

续表

评价	人数/人	百分比/%
比较高	1329	51.3
一般	486	18.8
比较低	29	1.1
非常低	3	0.1
总计	2591	100.0

4. 任课教师对学习指导能力的评价

从任课教师对全日制教育硕士学习指导能力评价的分布情况可以看出，评价"非常高"的占 21.9%，评价"比较高"的占 52.9%，评价"一般"的占 23.3%，评价"比较低"的占 1.8%，评价"非常低"的占 0.1%（见表 6-2-23）。

表 6-2-23 任课教师对学习指导能力的评价

评价	人数/人	百分比/%
非常高	1482	21.9
比较高	3572	52.9
一般	1573	23.3
比较低	122	1.8
非常低	7	0.1
总计	6756	100.0

5. 管理者对学习指导能力的评价

从管理者对全日制教育硕士学习指导能力评价的分布情况可以看出，评价"非常高"的占 28.2%，评价"比较高"的占 51.1%，评价"一般"的占 19.5%，评价"比较低"的占 1.1%，评价"非常低"的占 0.1%（见表 6-2-24）。

表 6-2-24 管理者对学习指导能力的评价

评价	人数/人	百分比/%
非常高	576	28.2
比较高	1042	51.1
一般	398	19.5

续表

评价	人数/人	百分比/%
比较低	22	1.1
非常低	2	0.1
总计	2040	100.0

四、教学生成能力

(一) 教育硕士对教学生成能力的评价

1. 全体教育硕士对教学生成能力的评价

从全体教育硕士对全日制教育硕士教学生成能力评价的分布情况可以看出，评价"非常高"的占16.2%，评价"比较高"的占40.4%，评价"一般"的占40.7%，评价"比较低"的占2.5%，评价"非常低"的占0.3%（见表6-2-25）。

表 6-2-25　全体教育硕士对教学生成能力的评价

评价	人数/人	百分比/%
非常高	5 051	16.2
比较高	12 545	40.4
一般	12 641	40.7
比较低	770	2.5
非常低	78	0.3
总计	31 085	100.1

2. 在校生对教学生成能力的评价

从在校生对全日制教育硕士教学生成能力评价的分布情况可以看出，评价"非常高"的占13.7%，评价"比较高"的占39.7%，评价"一般"的占43.6%，评价"比较低"的占2.8%，评价"非常低"的占0.3%（见表6-2-26）。

表 6-2-26　在校生对教学生成能力的评价

评价	人数 / 人	百分比 / %
非常高	2 963	13.7
比较高	8 579	39.7
一般	9 442	43.6
比较低	595	2.8
非常低	55	0.3
总计	21 634	100.1

3. 毕业生对教学生成能力的评价

从毕业生对全日制教育硕士教学生成能力评价的分布情况可以看出，评价"非常高"的占 22.1%，评价"比较高"的占 42.0%，评价"一般"的占 33.8%，评价"比较低"的占 1.9%，评价"非常低"的占 0.2%（见表 6-2-27）。

表 6-2-27　毕业生对教学生成能力的评价

评价	人数 / 人	百分比 / %
非常高	2088	22.1
比较高	3966	42.0
一般	3199	33.8
比较低	175	1.9
非常低	23	0.2
总计	9451	100.0

（二）教师对教学生成能力的评价

1. 全体教师对教学生成能力的评价

从全体教师对全日制教育硕士教学生成能力评价的分布情况可以看出，评价"非常高"的占 21.5%，评价"比较高"的占 51.2%，评价"一般"的占 25.1%，评价"比较低"的占 2.0%，评价"非常低"的占 0.2%（见表 6-2-28）。

表 6-2-28　全体教师对教学生成能力的评价

评价	人数/人	百分比/%
非常高	2 455	21.5
比较高	5 858	51.2
一般	2 876	25.1
比较低	229	2.0
非常低	25	0.2
总计	11 443	100.0

2. 理论导师对教学生成能力的评价

从理论导师对全日制教育硕士教学生成能力评价的分布情况可以看出，评价"非常高"的占 16.6%，评价"比较高"的占 52.8%，评价"一般"的占 27.9%，评价"比较低"的占 2.4%，评价"非常低"的占 0.3%（见表 6-2-29）。

表 6-2-29　理论导师对教学生成能力的评价

评价	人数/人	百分比/%
非常高	1127	16.6
比较高	3580	52.8
一般	1892	27.9
比较低	161	2.4
非常低	17	0.3
总计	6777	100.0

3. 实践导师对教学生成能力的评价

从实践导师对全日制教育硕士教学生成能力评价的分布情况可以看出，评价"非常高"的占 27.0%，评价"比较高"的占 49.7%，评价"一般"的占 21.7%，评价"比较低"的占 1.5%，评价"非常低"的占 0.2%（见表 6-2-30）。

表 6-2-30　实践导师对教学生成能力的评价

评价	人数/人	百分比/%
非常高	699	27.0
比较高	1287	49.7

续表

评价	人数/人	百分比/%
一般	563	21.7
比较低	38	1.5
非常低	4	0.2
总计	2591	100.1

4. 任课教师对教学生成能力的评价

从任课教师对全日制教育硕士教学生成能力评价的分布情况可以看出，评价"非常高"的占20.3%，评价"比较高"的占51.0%，评价"一般"的占26.2%，评价"比较低"的占2.3%，评价"非常低"的占0.2%（见表6-2-31）。

表6-2-31　任课教师对教学生成能力的评价

评价	人数/人	百分比/%
非常高	1373	20.3
比较高	3447	51.0
一般	1767	26.2
比较低	154	2.3
非常低	15	0.2
总计	6756	100.0

5. 管理者对教学生成能力的评价

从管理者对全日制教育硕士教学生成能力评价的分布情况可以看出，评价"非常高"的占25.2%，评价"比较高"的占50.6%，评价"一般"的占22.7%，评价"比较低"的占1.4%，评价"非常低"的占0.1%（见表6-2-32）。

表6-2-32　管理者对教学生成能力的评价

评价	人数/人	百分比/%
非常高	515	25.2
比较高	1032	50.6
一般	463	22.7
比较低	28	1.4

续表

评价	人数 / 人	百分比 / %
非常低	2	0.1
总计	2040	100.0

第三节 教学实施能力的差异性分析

一、教学实施能力总体的差异性分析

（一）教育硕士与教学实施能力的差异性分析

1. 教育硕士个体不同信息与教学实施能力的差异性分析

（1）不同就读院校或工作单位的教育硕士对教学实施能力的评价

不同就读院校或工作单位的教育硕士进行的教学实施能力评价，获取的有效数据是31 085人。

经卡方检验，χ^2值为313.440**，sig<0.01，表明不同就读院校或工作单位教育硕士在对教学实施能力评价的两个选项上，至少有一个选项的频数百分比有极其显著差异。

对占比进行Z检验比较，从不同就读院校或工作单位与教学实施能力评价交叉表中可以看出，在"比较高及以上"选项上，基础教育为68.8%，高于院校的56.8%（见表6-3-1）。

表 6-3-1 就读院校或工作单位与教学实施能力评价交叉表

教学实施能力评价		就读院校或工作单位		总计
		院校	基础教育	
比较高及以上	人数 / 人	13 861$_a$	4 596$_b$	18 457
	占比 / %	56.8	68.8	59.4

续表

教学实施能力评价		就读院校或工作单位		总计
		院校	基础教育	
一般及以下	人数/人	10 544$_a$	2 084$_b$	12 628
	占比/%	43.2	31.2	40.6
总计	人数/人	24 405	6 680	31 085
	占比/%	100.0	100.0	100.0

注：下标字母含义是横向比较若字母相同，在0.05级别，这些类别的列比例相互之间无显著差异。

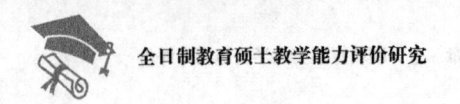

（2）不同城市教育硕士对教学实施能力的评价

不同城市教育硕士进行的教学实施能力评价，获取的有效数据是31 085人。

经卡方检验，χ^2值为31.484**，sig<0.01，表明不同城市教育硕士在对教学实施能力水平评价的两个选项上，至少有一个选项的频数百分比有极其显著差异。

对占比进行Z检验比较，从不同城市与教学实施能力评价交叉表中可以看出，在"比较高及以上"选项上，直辖市为55.5%，低于其他选项（见表6-3-2）。

表6-3-2 不同城市与教学实施能力评价交叉表

教学实施能力评价		城市			总计
		省会城市（自治区首府）	直辖市	其他城市	
比较高及以上	人数/人	7 450$_a$	2 196$_b$	8 811$_a$	18 457
	占比/%	59.4	55.5	60.4	59.4
一般及以下	人数/人	5 099$_a$	1 761$_b$	5 768$_a$	12 628
	占比/%	40.6	44.5	39.6	40.6
总计	人数/人	12 549	3 957	14 579	31 085
	占比/%	100.0	100.0	100.0	100.0

注：下标字母含义是横向比较，若字母相同，在0.05级别，这些类别的列比例相互之间无显著差异。

（3）不同地区教育硕士对教学实施能力水平的评价

不同地区教育硕士进行的教学实施能力评价，获取的有效数据是

31 085 人。

经卡方检验，χ^2 值为 360.129**，sig<0.01，表明不同地区教育硕士在对教学实施能力水平评价的两个选项上，至少有一个选项的频数百分比有极其显著差异。

对占比进行 Z 检验比较，从不同地区与教学实施能力评价交叉表中可以看出，在"比较高及以上"选项上，所有地区的平均值为 59.4%，东北地区为 69.0%，高于其他选项；西南地区为 50.5%，低于其他选项（见表 6-3-3）。

表 6-3-3　不同地区与教学实施能力评价交叉表

教学实施能力评价		地区							总计
		华东	华南	华中	华北	西南	西北	东北	
比较高及以上	人数/人	3 075$_a$	2 452$_b$	3 070$_b$	2 561$_c$	1 837$_d$	2 315$_b$	3 147$_e$	18 457
	占比/%	60.7	57.5	56.2	63.3	50.5	57.3	69.0	59.4
一般及以下	人数/人	1 995$_a$	1 816$_b$	2 393$_b$	1 488$_c$	1 801$_d$	1 723$_b$	1 412$_e$	12 628
	占比/%	39.3	42.5	43.8	36.7	49.5	42.7	31.0	40.6
总计	人数/人	5 070	4 268	5 463	4 049	3 638	4 038	4 559	31 085
	占比/%	100.0	100.0	100.0	100.0	100.0	100.0	100.0	100.0

注：下标字母含义是横向比较，若字母相同，在 0.05 级别，这些类别的列比例相互之间无显著差异。

（4）有无从教经历教育硕士对教学实施能力的评价

有无从教经历教育硕士进行的教学实施能力评价，获取的有效数据是 31 085 人。

经卡方检验，χ^2 值为 154.353**，sig<0.01，表明有无从教经历教育硕士在对教学实施能力评价的两个选项上，至少有一个选项的频数百分比有极其显著差异。

对占比进行 Z 检验比较，从有无从教经历与教学实施能力评价交叉表中可以看出，在"比较高及以上"选项上，有从教经历为 63.3%，高于无从教经历的 56.3%（见表 6-3-4）。

表 6-3-4 有无从教经历与教学实施能力评价交叉表

教学实施能力评价		有无从教经历		总计
		有	无	
比较高及以上	人数 / 人	8 610$_a$	9 847$_b$	18 457
	占比 / %	63.3	56.3	59.4
一般及以下	人数 / 人	4 992$_a$	7 636$_b$	12 628
	占比 / %	36.7	43.7	40.6
总计	人数 / 人	13 602	17 483	31 085
	占比 / %	100.0	100.0	100.0

注：下标字母含义是横向比较，若字母相同，在 0.05 级别，这些类别的列比例相互之间无显著差异。

（5）能否胜任教育教学工作的教育硕士对教学实施能力的评价

能否胜任教育教学工作的教育硕士进行的教学实施能力评价，获取的有效数据是 31 085 人。

经卡方检验，χ^2 值为 797.405**，sig<0.01，表明能否胜任教育教学工作的教育硕士在对教学实施能力评价的两个选项上，至少有一个选项的频数百分比有极其显著差异。

对占比进行 Z 检验比较，从能否胜任教育教学工作与教学实施能力评价交叉表中可以看出，在"比较高及以上"选项上，能胜任教育教学工作为 61.6%，高于不能胜任教育教学工作的 31.9%（见表 6-3-5）。

表 6-3-5 能否胜任教育教学工作与教学实施能力评价交叉表

教学实施能力评价		能否胜任教育教学工作		总计
		能	否	
比较高及以上	人数 / 人	17 709$_a$	748$_b$	18 457
	占比 / %	61.6	31.9	59.4
一般及以下	人数 / 人	11 028$_a$	1 600$_b$	12 628
	占比 / %	38.4	68.1	40.6
总计	人数 / 人	28 737	2 348	31 085
	占比 / %	100.0	100.0	100.0

注：下标字母含义是横向比较，若字母相同，在 0.05 级别，这些类别的列比例相互之间无显著差异。

（6）不同专业教育硕士对教学实施能力的评价

不同专业教育硕士进行的教学实施能力评价，获取的有效数据是 31 085 人。其中评价"比较高及以上"的人数为 18 457 人，各专业对其评价的平均百分比为 59.4%，评价"一般及以下"的人数为 12 628 人，各专业对其评价的平均百分比为 40.6%。

对评价的人数残差进行标准化后发现，在评价"一般及以下"的专业中，小学教育的教育硕士对教学反思能力的评价最低，标准化残差为 4.7；其次是职业技术教育和学科教学·英语，标准化残差均为 3.5；心理健康教育、特殊教育、学前教育、学科教学·思政评价也低于平均水平，其标准化残差均大于 1（见表 6-3-6）。

表 6-3-6 教育硕士所在专业与教学实施能力评价交叉表

专业	比较高及以上 人数/人	比较高及以上 百分比/%	比较高及以上 标准化残差	一般及以下 人数/人	一般及以下 百分比/%	一般及以下 标准化残差	总计/人
小学教育	1 463	53.7	-3.9	1 263	46.3	4.7	2 726
教育管理	860	61.6	1.1	536	38.4	-1.3	1 396
心理健康教育	940	57.0	-1.3	710	43.0	1.5	1 650
现代教育技术	724	58.8	-0.3	507	41.2	0.3	1 231
特殊教育	104	53.9	-1.0	89	46.1	1.2	193
职业技术教育	676	53.1	-2.9	596	46.9	3.5	1 272
科学技术教育	109	64.5	0.9	60	35.5	-1.0	169
学前教育	873	57.6	-0.9	643	42.4	1.1	1 516
学科教学·语文	2 280	60.6	0.9	1 485	39.4	-1.1	3 765
学科教学·数学	1 495	62.5	2.0	898	37.5	-2.4	2 393
学科教学·英语	2 715	56.2	-2.9	2 117	43.8	3.5	4 832
学科教学·物理	658	65.5	2.5	347	34.5	-3.0	1 005
学科教学·化学	765	61.5	1.0	479	38.5	-1.2	1 244
学科教学·生物	1 011	64.6	2.7	554	35.4	-3.2	1 565
学科教学·思政	1 302	57.8	-1.0	952	42.2	1.2	2 254

续表

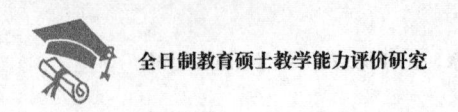

专业	比较高及以上 人数/人	百分比/%	标准化残差	一般及以下 人数/人	百分比/%	标准化残差	总计/人
学科教学·历史	970	62.0	1.4	594	38.0	−1.6	1 564
学科教学·地理	731	64.5	2.2	402	35.5	−2.7	1 133
学科教学·体育	238	66.5	1.7	120	33.5	−2.1	358
学科教学·音乐	292	66.8	2.0	145	33.2	−2.4	437
学科教学·美术	251	65.7	1.6	131	34.3	−1.9	382
总计	18 457	59.4	0	12 628	40.6	0	31 085

（7）不同隶属层次院校在校生对教学实施能力的评价

不同隶属层次院校在校生进行的教学实施能力评价，获取的有效数据是24 405人。

经卡方检验，χ^2值为26.807**，sig<0.01，表明不同隶属层次院校在校生在对教学实施能力水平评价的两个选项上，至少有一个选项的频数百分比有极其显著差异。

对占比进行Z检验比较，从不同院校隶属层次与教学实施能力评价交叉表中可以看出，在"比较高及以上"选项上，市属为53.3%，低于其他选项（见表6-3-7）。

表6-3-7 院校隶属层次与教学实施能力评价交叉表

教学实施能力评价		院校隶属层次 部属	省属	市属	总计
比较高及以上	人数/人	1 212$_a$	10 414$_a$	2 235$_b$	13 861
	占比/%	58.5	57.4	53.3	56.8
一般及以下	人数/人	860$_a$	7 722$_a$	1 962$_b$	10 544
	占比/%	41.5	42.6	46.7	43.2
总计	人数/人	2 072	18 136	4 197	24 405
	占比/%	100.0	100.0	100.0	100.0

注：下标字母含义是横向比较，若字母相同，在0.05级别，这些类别的列比例相互之间无显著差异。

（8）不同类型院校在校生对教学实施能力的评价

不同类型院校在校生进行的教学实施能力评价，获取的有效数据是 24 405 人。

经卡方检验，χ^2 值为 9.171*，sig=0.02<0.05，表明不同类型院校在校生在对教学实施能力水平评价的两个选项上，至少有一个选项的频数百分比有显著差异。

对占比进行 Z 检验比较，从院校类型与教学实施能力评价交叉表中可以看出，在"比较高及以上"选项上，师范类为 57.4%，高于非师范类的 55.3%（见表 6-3-8）。

表 6-3-8 院校类型与教学实施能力评价交叉表

教学实施能力评价		院校类型		总计
		师范类	非师范类	
比较高及以上	人数 / 人	9 838$_a$	4 023$_b$	13 861
	占比 / %	57.4	55.3	56.8
一般及以下	人数 / 人	7 295$_a$	3 249$_b$	10 544
	占比 / %	42.6	44.7	43.2
总计	人数 / 人	17 133	7 272	24 405
	占比 / %	100.0	100.0	100.0

注：下标字母含义是横向比较，若字母相同，在 0.05 级别，这些类别的列比例相互之间无显著差异。

（9）不同毕业年限毕业生对教学实施能力的评价

不同毕业年限毕业生进行的教学实施能力评价，获取的有效数据是 9451 人。

经卡方检验，χ^2 值为 70.27**，sig<0.01，表明不同毕业年限毕业生在对教学实施能力水平评价的两个选项上，至少有一个选项的频数百分比有极其显著差异。

对占比进行 Z 检验比较，从不同毕业年限与教学实施能力评价交叉表中可以看出，在"比较高及以上"选项上，5～6 年为 79.5%、7 年以上为 78.1%，高于其他选项；1年以下为63.4%，低于其他选项（见表6-3-9）。

表6-3-9 毕业年限与教学实施能力评价交叉表

教学实施能力评价		毕业年限					总计
		1年以下	1～2年	3～4年	5～6年	7年以上	
比较高及以上	人数/人	2935$_a$	2025$_b$	908$_b$	264$_c$	175$_c$	6307
	占比/%	63.4	68.4	69.6	79.5	78.1	66.7
一般及以下	人数/人	1697$_a$	934$_b$	396$_b$	68$_c$	49$_c$	3144
	占比/%	36.6	31.6	30.4	20.5	21.9	33.3
总计	人数/人	4632	2959	1304	332	224	9451
	占比/%	100.0	100.0	100.0	100.0	100.0	100.0

注：下标字母含义是横向比较，若字母相同，在0.05级别，这些类别的列比例相互之间无显著差异。

（10）是否工作毕业生对教学实施能力的评价

是否工作毕业生进行的教学实施能力评价，获取的有效数据是9451人。

经卡方检验，χ^2值为155.912**，sig<0.01，表明是否工作毕业生在对教学实施能力水平评价的两个选项上，至少有一个选项的频数百分比有极其显著差异。

对占比进行Z检验比较，从是否工作与教学实施能力评价交叉表中可以看出，在"比较高及以上"选项上，已工作为70.1%，高于未工作的56.0%（见表6-3-10）。

表6-3-10 是否工作与教学实施能力评价交叉表

教学实施能力评价		是否工作		总计
		是	否	
比较高及以上	人数/人	5039$_a$	1268$_b$	6307
	占比/%	70.1	56.0	66.7
一般及以下	人数/人	2146$_a$	998$_b$	3144
	占比/%	29.9	44.0	33.3
总计	人数/人	7185	2266	9451
	占比/%	100.0	100.0	100.0

注：下标字母含义是横向比较，若字母相同，在0.05级别，这些类别的列比例相互之间无显著差异。

（11）毕业生是否为师范专业对教学实施能力的评价

毕业生是否为师范专业进行的教学实施能力评价，获取的有效数据是7185人。

经卡方检验，χ^2值为36.690**，sig<0.01，表明毕业生是否为师范专业在对教学实施能力水平评价的两个选项上，至少有一个选项的频数百分比有极其显著差异。

对占比进行Z检验比较，从是否为师范专业与教学实施能力评价交叉表中可以看出，在"比较高及以上"选项上，师范专业为72.7%，高于非师范专业的66.0%（见表6-3-11）。

表6-3-11 是否为师范专业与教学实施能力评价交叉表

教学实施能力评价		是否为师范专业		总计
		是	否	
比较高及以上	人数/人	3201$_a$	1838$_b$	5039
	占比/%	72.7	66.0	70.1
一般及以下	人数/人	1200$_a$	946$_b$	2146
	占比/%	27.3	34.0	29.9
总计	人数/人	4401	2784	7185
	占比/%	100.0	100.0	100.0

注：下标字母含义是横向比较，若字母相同，在0.05级别，这些类别的列比例相互之间无显著差异。

2.在校生和毕业生与教学实施能力的差异性分析

在校生和毕业生进行的教学实施能力评价，获取的有效数据是31 085人。

经卡方检验，χ^2值为304.783**，sig<0.01，表明在校生和毕业生在对教学实施能力评价的两个选项上，至少有一个选项的频数百分比有极其显著差异。

对占比进行Z检验比较，从在校生和毕业生与教学实施能力评价交叉表中可以看出，在"比较高及以上"选项上，毕业生为66.7%，高于在校生的56.2%（见表6-3-12）。

表 6-3-12　在校生和毕业生与教学实施能力评价交叉表

教学实施能力评价		身份		总计
		毕业生	在校生	
比较高及以上	人数 / 人	6 307$_a$	12 150$_b$	18 457
	占比 / %	66.7	56.2	59.4
一般及以下	人数 / 人	3 144$_a$	9 484$_b$	12 628
	占比 / %	33.3	43.8	40.6
总计	人数 / 人	9 451	21 634	31 085
	占比 / %	100.0	100.0	100.0

注：下标字母含义是横向比较，若字母相同，在 0.05 级别，这些类别的列比例相互之间无显著差异。

（二）教师与教学实施能力的差异性分析

1. 教师个体不同信息与教学实施能力的差异性分析

（1）不同工作单位教师对教学实施能力的评价

不同工作单位教师进行的教学实施能力评价，获取的有效数据是 11 443 人。

经卡方检验，χ^2 值为 43.071**，sig<0.01，表明不同工作单位教师在对教学实施能力评价的两个选项上，至少有一个选项的频数百分比有极其显著差异。

对占比进行 Z 检验比较，从工作单位性质与教学实施能力评价交叉表中可以看出，在"比较高及以上"选项上，基础教育为 81.8%，高于院校的 76.2%（见表 6-3-13）。

表 6-3-13　工作单位性质与教学实施能力评价交叉表

教学实施能力评价		工作单位性质		总计
		院校	基础教育	
比较高及以上	人数 / 人	6 239$_a$	2 662$_b$	8 901
	占比 / %	76.2	81.8	77.8
一般及以下	人数 / 人	1 951$_a$	591$_b$	2 542
	占比 / %	23.8	18.2	22.2

续表

教学实施能力评价		工作单位性质		总计
		院校	基础教育	
总计	人数／人	8 190	3 253	11 443
	占比／%	100.0	100.0	100.0

注：下标字母含义是横向比较，若字母相同，在0.05级别，这些类别的列比例相互之间无显著差异。

（2）不同城市教师对教学实施能力的评价

不同城市教师进行的教学实施能力评价，获取的有效数据是11 443人。

经卡方检验，χ^2值为6.483*，sig=0.039<0.05，表明不同城市教师在对教学实施能力评价的两个选项上有显著差异。

对占比进行Z检验比较，从不同城市与教学实施能力评价交叉表中可以看出，在"比较高及以上"选项上，其他城市为78.5%，高于省会城市（自治区首府）的78.8%，但与直辖市无显著差异（见表6-3-14）。

表6-3-14　不同城市与教学实施能力评价交叉表

教学实施能力评价		不同城市			总计
		省会城市（自治区首府）	直辖市	其他城市	
比较高及以上	人数／人	3 349$_a$	654$_{a,b}$	4 898$_b$	8 901
	占比／%	76.5	78.8	78.5	77.8
一般及以下	人数／人	1 027$_a$	176$_{a,b}$	1 399$_b$	2 542
	占比／%	23.5	21.2	21.5	22.2
总计	人数／人	4 376	830	6 237	11 443
	占比／%	100.0	100.0	100.0	100.0

注：下标字母含义是横向比较，若字母相同，在0.05级别，这些类别的列比例相互之间无显著差异。

（3）不同地区教师对教学实施能力的评价

不同地区教师进行的教学实施能力评价，获取的有效数据是11 443人。

经卡方检验，χ^2值为24.177**，sig<0.01，表明不同地区教师在对教学实施能力评价的两个选项上，至少有一个选项的频数百分比有极其显著差异。

对占比进行 Z 检验比较，从不同地区与教学实施能力评价交叉表中可以看出，在"比较高及以上"选项上，所有地区的平均值为 77.8%，西南地区为 73.6%、西北地区为 75.2%，低于其他选项，但西北地区与华南地区、华北地区无显著差异（见表 6-3-15）。

表 6-3-15　不同地区与教学实施能力评价交叉表

教学实施能力评价		不同地区							总计
^	^	华东	华南	华中	华北	西南	西北	东北	^
比较高及以上	人数/人	1 978$_a$	892$_{a,b}$	1 443$_a$	1 116$_{a,b}$	873$_c$	988$_{b,c}$	1 611$_a$	8 901
^	占比/%	79.1	77.4	78.6	77.9	73.6	75.2	79.7	77.8
一般及以下	人数/人	524$_a$	260$_{a,b}$	393$_a$	316$_{a,b}$	313$_c$	325$_{b,c}$	411$_a$	2 542
^	占比/%	20.9	22.6	21.4	22.1	26.4	24.8	20.3	22.2
总计	人数/人	2 502	1 152	1 836	1 432	1 186	1 313	2 022	11 443
^	占比/%	100.0	100.0	100.0	100.0	100.0	100.0	100.0	100.0

注：下标字母含义是横向比较，若字母相同，在 0.05 级别，这些类别的列比例相互之间无显著差异。

（4）不同年龄教师对教学实施能力的评价

不同年龄教师进行的教学实施能力评价，获取的有效数据是 11 443 人。

经卡方检验，χ^2 值为 20.250**，sig<0.01，表明不同年龄教师对教学实施能力评价的两个选项上，至少有一个选项的频数百分比有极其显著差异。

对占比进行 Z 检验比较，从年龄与教学实施能力评价交叉表中可以看出，在"比较高及以上"选项上，35 岁及以下为 81.4%，高于其他选项；56 岁及以上为 74.8%，低于其他选项，但与 46~55 岁无显著差异（见表 6-3-16）。

表 6-3-16　年龄与教学实施能力评价交叉表

教学实施能力评价		年龄				总计
^	^	35 岁及以下	36~45 岁	46~55 岁	56 岁及以上	^
比较高及以上	人数/人	1 219$_a$	3 549$_b$	3 304$_{b,c}$	829$_c$	8 901
^	占比/%	81.4	78.3	76.8	74.8	77.8

续表

教学实施能力评价		年龄				总计
		35岁及以下	36~45岁	46~55岁	56岁及以上	
一般及以下	人数/人	279$_a$	984$_b$	999$_{b,c}$	280$_c$	2 542
	占比/%	18.6	21.7	23.2	25.2	22.2
总计	人数/人	1 498	4 533	4 303	1 109	11 443
	占比/%	100.0	100.0	100.0	100.0	100.0

注：下标字母含义是横向比较，若字母相同，在0.05级别，这些类别的列比例相互之间无显著差异。

（5）不同学历教师对教学实施能力的评价

不同学历教师进行的教学实施能力评价，获取的有效数据是11 443人。

经卡方检验，χ^2值为44.282**，sig<0.01，表明不同学历教师对教学实施能力评价的两个选项上，至少有一个选项的频数百分比有极其显著差异。

对占比进行Z检验比较，从学历与教学实施能力评价交叉表中可以看出，在"比较高及以上"选项上，本科生及以下为82.5%，高于其他选项（见表6-3-17）。

表6-3-17 学历与教学实施能力评价交叉表

教学实施能力评价		学历			总计
		博士研究生	硕士研究生	本科生及以下	
比较高及以上	人数/人	3 707$_a$	3 129$_a$	2 065$_b$	8 901
	占比/%	75.7	77.4	82.5	77.8
一般及以下	人数/人	1 189$_a$	914$_a$	439$_b$	2 542
	占比/%	24.3	22.6	17.5	22.2
总计	人数/人	4 896	4 043	2 504	11 443
	占比/%	100.0	100.0	100.0	100.0

注：下标字母含义是横向比较，若字母相同，在0.05级别，这些类别的列比例相互之间无显著差异。

（6）不同职称教师对教学实施能力的评价

不同职称教师进行的教学实施能力评价，获取的有效数据是11 443人。

经卡方检验，χ^2值为26.708**，sig<0.01，表明不同职称教师对教学实施能

力评价的两个选项上，至少有一个选项的频数百分比有极其显著差异。

对占比进行 Z 检验比较，从职称与教学实施能力评价交叉表中可以看出，在"比较高及以上"选项上，中级及以下为 80.8%，高于其他选项（见表 6-3-18）。

表 6-3-18　职称与教学实施能力评价交叉表

教学实施能力评价		职称			总计
		正高级	副高级	中级及以下	
比较高及以上	人数 / 人	2 288$_a$	4 640$_b$	1 973$_c$	8 901
	占比 / %	75.0	78.0	80.8	77.8
一般及以下	人数 / 人	762$_a$	1 312$_b$	468$_c$	2 542
	占比 / %	25.0	22.0	19.2	22.2
总计	人数 / 人	3 050	5 952	2 441	11 443
	占比 / %	100.0	100.0	100.0	100.0

注：下标字母含义是横向比较，若字母相同，在 0.05 级别，这些类别的列比例相互之间无显著差异。

（7）不同工作年限教师对教学实施能力的评价

不同工作年限教师进行的教学实施能力评价，获取的有效数据是 11 443 人。

经卡方检验，χ^2 值为 9.727*，sig=0.021<0.05，表明不同工作年限教师对教学实施能力评价的两个选项上，至少有一个选项的频数百分比有显著差异。

对占比进行 Z 检验比较，从工作年限与教学实施能力评价交叉表中可以看出，在"比较高及以上"选项上，0～10 年为 80.0%，高于其他选项，但与 21～30 年无显著差异（见表 6-3-19）。

表 6-3-19　工作年限与教学实施能力评价交叉表

教学实施能力评价		工作年限				总计
		0～10 年	11～20 年	21～30 年	30 年以上	
比较高及以上	人数 / 人	1 777$_a$	2 616$_b$	2 817$_{a,b}$	1 691$_b$	8 901
	占比 / %	80.0	77.2	77.9	76.3	77.8

续表

教学实施能力评价		工作年限				总计
		0 ~ 10 年	11 ~ 20 年	21 ~ 30 年	30 年以上	
一般及以下	人数 / 人	444$_a$	773$_b$	801$_{a,\,b}$	524$_b$	2 542
	占比 / %	20.0	22.8	22.1	23.7	22.2
总计	人数 / 人	2 221	3 389	3 618	2 215	11 443
	占比 / %	100.0	100.0	100.0	100.0	100.0

注：下标字母含义是横向比较，若字母相同，在0.05级别，这些类别的列比例相互之间无显著差异。

（8）不同专业教师对教学实施能力的评价

对不同专业教师进行的教学实施能力评价上，共11 443人参与调查。有455人评价了其他项，不统计在内，故获取的有效数据是10 988人。其中评价"比较高及以上"的人数为8901人，各专业对其评价的平均百分比为77.8%，评价"一般及以下"的人数为2542人，各专业对其评价的平均百分比为22.2%。

对评价的人数残差进行标准化后发现，在评价"一般及以下"的专业中，学科教学·体育的教师对教学实施能力的评价最低，标准化残差为3.2；其次是特殊教育和学科教学·英语，分别为2.2和1.6；小学教育、学前教育评价也低于平均水平，其标准化残差均大于1（见表6-3-20）。

表 6-3-20 教师所在专业与教学实施能力评价交叉表

专业	比较高及以上			一般及以下			总计 / 人
	人数 / 人	百分比 / %	标准化残差	人数 / 人	百分比 / %	标准化残差	
小学教育	629	75.6	-0.7	203	24.4	1.3	832
教育管理	401	77.4	-0.1	117	22.6	0.2	518
心理健康教育	309	75.6	-0.5	100	24.4	1.0	409
现代教育技术	310	80.3	0.6	76	19.7	-1.1	386
特殊教育	24	61.5	-1.2	15	38.5	2.2	39
职业技术教育	387	76.2	-0.4	121	23.8	0.8	508
科学技术教育	51	79.7	0.2	13	20.3	-0.3	64

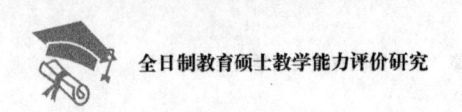

续表

专业	比较高及以上 人数/人	比较高及以上 百分比/%	比较高及以上 标准化残差	一般及以下 人数/人	一般及以下 百分比/%	一般及以下 标准化残差	总计/人
学前教育	321	74.8	−0.7	108	25.2	1.3	429
学科教学·语文	1 149	77.4	−0.2	335	22.6	0.3	1 484
学科教学·数学	653	80.6	0.8	157	19.4	−1.7	810
学科教学·英语	1 034	75.8	−0.8	330	24.2	1.6	1 364
学科教学·物理	340	79.1	0.3	90	20.9	−0.7	430
学科教学·化学	421	78.3	0.1	117	21.7	−0.2	538
学科教学·生物	524	84.1	1.8	99	19.5	−3.3	623
学科教学·思政	593	78.3	0.2	164	21.7	−0.3	757
学科教学·历史	431	77.4	−0.1	126	22.6	0.2	557
学科教学·地理	437	81.1	0.9	102	18.9	−1.6	539
学科教学·体育	112	66.3	−1.7	57	33.7	3.2	169
学科教学·音乐	234	78.0	0	66	22.0	−0.1	300
学科教学·美术	191	82.3	0.8	41	17.7	−1.5	232
其他	350	76.9	−0.2	105	23.1	0.4	455
总计	8 901	77.8	0	2 542	22.2	0	11 443

（9）不同隶属层次院校教师对教学实施能力的评价

不同隶属层次院校教师进行的教学实施能力评价，获取的有效数据是8190人。

经卡方检验，χ^2值为2.905**，sig=0.234>0.05，表明不同隶属层次院校教师在对教学实施能力评价的两个选项上，至少有一个选项的频数百分比无差异。

（10）不同类型院校教师对教学实施能力的评价

不同类型院校教师进行的教学实施能力评价，获取的有效数据是8190人。

经卡方检验，χ^2值为6.763**，sig<0.01，表明不同类型院校教育硕士在对教学实施能力评价的两个选项上，至少有一个选项的频数百分比有极其显著差异。

对占比进行 Z 检验比较，从院校类型与教学实施能力评价交叉表中可以看出，在"比较高及以上"选项上，非师范类为 78.1%，高于师范类的 75.4%（见表 6-3-21）。

表 6-3-21　院校类型与教学实施能力评价交叉表

教学实施能力评价		院校类型		总计
		师范类	非师范类	
比较高及以上	人数/人	4339$_a$	1900$_b$	6239
	占比/%	75.4	78.1	76.2
一般及以下	人数/人	1417$_a$	534$_b$	1951
	占比/%	24.6	21.9	23.8
总计	人数/人	5756	2434	8190
	占比/%	100.0	100.0	100.0

注：下标字母含义是横向比较，若字母相同，在 0.05 级别，这些类别的列比例相互之间无显著差异。

（11）有无教育学相关背景教师对教学实施能力的评价

有无教育学相关背景教师进行的教学实施能力评价，获取的有效数据是 6777 人。

经卡方检验，χ^2 值为 0.698**，sig=0.403>0.05，表明有无教育学相关背景教师在对教学实施能力评价的两个选项上无显著差异。

（12）有无基础教育工作经历和研究经历教师对教学实施能力的评价

有无基础教育工作经历和研究经历教师进行的教学实施能力评价，获取的有效数据是 6777 人。

经卡方检验，χ^2 值为 8.972**，sig<0.05，表明有无基础教育工作经历和研究经历教师对教学实施能力评价的两个选项上，至少有一个选项的频数百分比有极其显著差异。

对占比进行 Z 检验比较，从有无基础教育工作经历和研究经历与教学实施能力评价交叉表中可以看出，在"比较高及以上"选项上，有基础教育工作和研究经历为 76.3%，高于无基础教育工作经历和研究经历的 73.0%（见表 6-3-22）。

表 6-3-22　有无基础教育工作经历和研究经历与教学实施能力评价交叉表

教学实施能力评价		有无基础教育工作经历和研究经历		总计
		有	无	
比较高及以上	人数 / 人	3455$_a$	1641$_b$	5096
	占比 / %	76.3	73.0	75.2
一般及以下	人数 / 人	1073$_a$	608$_b$	1681
	占比 / %	23.7	27.0	24.8
总计	人数 / 人	4528	2249	6777
	占比 / %	100.0	100.0	100.0

注：下标字母含义是横向比较，若字母相同，在 0.05 级别，这些类别的列比例相互之间无显著差异。

（13）教师担任导师年限对教学实施能力的评价

教师担任导师年限进行的教学实施能力评价，获取的有效数据是 9368 人。

经卡方检验，χ^2 值为 21.309**，sig<0.01，表明教师担任导师年限对教学实施能力评价的两个选项上，至少有一个选项的频数百分比有极其显著差异。

对占比进行 Z 检验比较，从担任导师年限与教学实施能力评价交叉表中可以看出，在"比较高及以上"选项上，0~5 年为 78.5%，高于其他选项，但与 16～20 年无显著差异（见表 6-3-23）。

表 6-3-23　担任导师年限与教学实施能力评价交叉表

教学实施能力评价		担任导师年限					总计
		0～5 年	6～10 年	11～15 年	16～20 年	20 年以上	
比较高及以上	人数 / 人	4394$_a$	1732$_b$	671$_b$	258$_{a,b}$	167$_b$	7222
	占比 / %	78.5	76.0	73.7	74.4	70.5	77.1
一般及以下	人数 / 人	1201$_a$	547$_b$	239$_b$	89$_{a,b}$	70$_b$	2146
	占比 / %	21.5	24.0	26.3	25.6	29.5	22.9
总计	人数 / 人	5595	2279	910	347	237	9368
	占比 / %	100.0	100.0	100.0	100.0	100.0	100.0

注：下标字母含义是横向比较，若字母相同，在 0.05 级别，这些类别的列比例相互之间无显著差异。

（14）双导师间是否经常沟通合作对教学实施能力的评价

双导师间是否经常沟通合作进行的教学实施能力评价，获取的有效数据是 9368 人。

经卡方检验，χ^2 值为 226.028**，sig<0.01，表明双导师间是否经常沟通合作对教学实施能力评价的两个选项上，至少有一个选项的频数百分比有极其显著差异。

对占比进行 Z 检验比较，从双导师间是否经常沟通合作与教学实施能力评价交叉表中可以看出，在"比较高及以上"选项上，经常沟通合作为 79.9%，高于不经常沟通合作的 61.9%（见表 6-3-24）。

表 6-3-24　双导师间是否经常沟通合作与教学实施能力评价交叉表

教学实施能力评价		双导师间是否经常沟通合作		总计
		是	否	
比较高及以上	人数 / 人	6314$_a$	908$_b$	7222
	占比 / %	79.9	61.9	77.1
一般及以下	人数 / 人	1588$_a$	558$_b$	2146
	占比 / %	20.1	38.1	22.9
总计	人数 / 人	7902	1466	9368
	占比 / %	100.0	100.0	100.0

注：下标字母含义是横向比较，若字母相同，在 0.05 级别，这些类别的列比例相互之间无显著差异。

2. 不同教师身份与教学实施能力评价的差异性分析

不同教师身份对教学实施能力评价，获取的有效数据是 18 164 人。

经卡方检验，χ^2 值为 69.440**，sig<0.01，表明不同教师主体对教学实施能力评价的两个选项上，至少有一个选项的频数百分比有极其显著差异。

对占比进行 Z 检验比较，从教师身份与教学实施能力评价交叉表中可以看出，在"比较高及以上"选项上，实践导师为 82.1%、管理者为 81.4%，高于其他选项；理论导师为 75.2%，低于其他选项（见表 6-3-25）。

表 6-3-25　教师身份与教学实施能力评价交叉表

教学实施能力评价		教师身份				总计
		理论导师	实践导师	任课教师	管理者	
比较高及以上	人数 / 人	5 096$_a$	2 126$_b$	5 216$_c$	1 660$_b$	14 098
	占比 / %	75.2	82.1	77.2	81.4	77.6
一般及以下	人数 / 人	1 681$_a$	465$_b$	1 540$_c$	380$_b$	4 066
	占比 / %	24.8	17.9	22.8	18.6	22.4
总计	人数 / 人	6 777	2 591	6 756	2 040	18 164
	占比 / %	100.0	100.0	100.0	100.0	100.0

注：下标字母含义是横向比较，若字母相同，在 0.05 级别，这些类别的列比例相互之间无显著差异。

（三）教育硕士和教师与教学实施能力的差异性分析

教育硕士和教师进行的教学实施能力评价，获取的有效数据是 42 525 人。

经卡方检验，χ^2 值为 1 235.340**，sig<0.01，表明教育硕士和教师在对教学实施能力评价的两个选项上，至少有一个选项的频数百分比有极其显著差异。

对占比进行 Z 检验比较，从教育硕士和教师与教学实施能力评价交叉表中可以看出，在 "比较高及以上" 选项上，教师为 77.8%，高于教育硕士的 59.4%。（见表 6-3-26）。

表 6-3-26　教育硕士和教师与教学实施能力评价交叉表

教学实施能力评价		身份		总计
		教育硕士	教师	
比较高及以上	人数 / 人	18 457$_a$	8 901$_b$	27 358
	占比 / %	59.4	77.8	64.3
一般及以下	人数 / 人	12 628$_a$	2 542$_b$	15 170
	占比 / %	40.6	22.2	35.7
总计	人数 / 人	31 085	11 443	42 528
	占比 / %	100.0	100.0	100.0

注：下标字母含义是横向比较，若字母相同，在 0.05 级别，这些类别的列比例相互之间无显著差异。

二、教学实施能力各维度的差异性分析

(一)创设情境能力

1. 在校生和毕业生与创设情境能力的差异性分析

在校生和毕业生进行的教学实施能力评价,获取的有效数据是 31 085 人。

经卡方检验,χ^2 值为 226.495**,sig<0.01,表明在校生和毕业生在对创设情境能力评价的两个选项上,至少有一个选项的频数百分比有极其显著差异。

对占比进行 Z 检验比较,从在校生和毕业生与创设情境能力评价交叉表中可以看出,在"比较高及以上"选项上,毕业生为 66.6%,高于在校生的 57.5%(见表 6-3-27)。

表 6-3-27 在校生和毕业生与创设情境能力评价交叉表

创设情境能力评价		身份		总计
		毕业生	在校生	
比较高及以上	人数 / 人	6 294$_a$	12 443$_b$	18 737
	占比 / %	66.6	57.5	60.3
一般及以下	人数 / 人	3 157$_a$	9 191$_b$	12 348
	占比 / %	33.4	42.5	39.7
总计	人数 / 人	9 451	21 634	31 085
	占比 / %	100.0	100.0	100.0

注:下标字母含义是横向比较,若字母相同,在 0.05 级别,这些类别的列比例相互之间无显著差异。

2. 不同教师身份与创设情境能力评价的差异性分析

不同身份教师进行的创设情境能力评价,获取的有效数据是 18 164 人。

经卡方检验,χ^2 值为 110.842**,sig<0.01,表明不同教师主体对创设情境能力评价的两个选项上,至少有一个选项的频数百分比有极其显著差异。

对占比进行 Z 检验比较,从教师身份与创设情境能力评价交叉表中可以看出,在"比较高及以上"选项上,实践导师为 83.5%,高于其他选项;理论导师为 73.8%,低于其他选项(见表 6-3-28)。

表 6-3-28 教师身份与创设情境能力评价交叉表

创设情境能力评价		教师身份				总计
		理论导师	实践导师	任课教师	管理者	
比较高及以上	人数/人	5 001$_a$	2 164$_b$	5 148$_c$	1 626$_d$	13 939
	占比/%	73.8	83.5	76.2	79.7	76.7
一般及以下	人数/人	1 776$_a$	427$_b$	1 608$_c$	414$_d$	4 225
	占比/%	26.2	16.5	23.8	20.3	23.3
总计	人数/人	6 777	2 591	6 756	2 040	18 164
	占比/%	100.0	100.0	100.0	100.0	100.0

注：下标字母含义是横向比较，若字母相同，在 0.05 级别，这些类别的列比例相互之间无显著差异。

3. 教育硕士和教师与创设情境能力评价的差异性分析

教育硕士和教师进行的创设情境能力评价，获取的有效数据是 42 528 人。

经卡方检验，χ^2 值为 1 042.808**，sig<0.01，表明教育硕士和教师在对创设情境能力评价的两个选项上，至少有一个选项的频数百分比有极其显著差异。

对占比进行 Z 检验比较，从教育硕士和教师与创设情境能力交叉表中可以看出，在"比较高及以上"选项上，教师为 77.1%，高于教育硕士的 60.3%（见表 6-3-29）。

表 6-3-29 教育硕士和教师与创设情境能力评价交叉表

创设情境能力评价		身份		总计
		教育硕士	教师	
比较高及以上	人数/人	18 737$_a$	8 827$_b$	27 564
	占比/%	60.3	77.1	64.8
一般及以下	人数/人	12 348$_a$	2 616$_b$	14 964
	占比/%	39.7	22.9	35.2
总计	人数/人	31 085	11 443	42 528
	占比/%	100.0	100.0	100.0

注：下标字母含义是横向比较，若字母相同，在 0.05 级别，这些类别的列比例相互之间无显著差异。

（二）组织教学能力

1. 在校生和毕业生与组织教学能力的差异性分析

在校生和毕业生进行的组织教学能力评价，获取的有效数据是 31 085 人。

经卡方检验，χ^2 值为 271.404**，sig<0.01，表明在校生和毕业生在对组织教学能力评价的两个选项上，至少有一个选项的频数百分比有极其显著差异。

对占比进行 Z 检验比较，从在校生和毕业生与组织教学能力评价交叉表中可以看出，在"比较高及以上"选项上，毕业生为 66.8%，高于在校生的 56.9%。（见表 6-3-30）。

表 6-3-30　在校生和毕业生与组织教学能力评价交叉表

组织教学能力评价		身份		总计
		毕业生	在校生	
比较高及以上	人数 / 人	6 316_a	12 304_b	18 620
	占比 / %	66.8	56.9	59.9
一般及以下	人数 / 人	3 515_a	9 330_b	12 465
	占比 / %	33.2	43.1	40.1
总计	人数 / 人	9 451	21 634	31 085
	占比 / %	100.0	100.0	100.0

注：下标字母含义是横向比较，若字母相同，在 0.05 级别，这些类别的列比例相互之间无显著差异。

2. 不同教师身份对组织教学能力评价的差异性分析

不同身份教师进行的组织教学能力评价，获取的有效数据是 18 164 人。

经卡方检验，χ^2 值为 27.255**，sig<0.01，表明不同教师主体对组织教学能力评价的两个选项上，至少有一个选项的频数百分比有极其显著差异。

对占比进行 Z 检验比较，从教师身份与组织教学能力评价交叉表中可以看出，在"比较高及以上"选项上，管理者为 79.9%、实践导师为 78.2%，高于其他选项（见表 6-3-31）。

表 6-3-31　教师身份与组织教学能力评价交叉表

组织教学能力评价		教师身份				总计
		理论导师	实践导师	任课教师	管理者	
比较高及以上	人数/人	5 078$_a$	2 027$_b$	5 138$_a$	1 630$_b$	13 873
	占比/%	74.9	78.2	76.1	79.9	76.4
一般及以下	人数/人	1 699$_a$	564$_b$	1 618$_a$	410$_b$	4 291
	占比/%	25.1	21.8	23.9	20.1	23.6
总计	人数/人	6 777	2 591	6 756	2 040	18 164
	占比/%	100.0	100.0	100.0	100.0	100.0

注：下标字母含义是横向比较，若字母相同，在 0.05 级别，这些类别的列比例相互之间无显著差异。

3. 教育硕士和教师与组织教学能力评价的差异性分析

教育硕士和教师进行的组织教学能力评价，获取的有效数据是 42 528 人。

经卡方检验，χ^2 值为 1 026.842**，sig<0.01，表明教育硕士和教师在对组织教学能力评价的两个选项上，至少有一个选项的频数百分比有极其显著差异。

对占比进行 Z 检验比较，从教育硕士和教师与组织教学能力评价交叉表中可以看出，在"比较高及以上"选项上，教师为 76.7%，高于教育硕士的 59.9%（见表 6-3-32）。

表 6-3-32　教育硕士和教师与组织教学能力评价交叉表

组织教学能力评价		身份		总计
		教育硕士	教师	
比较高及以上	人数/人	18 620$_a$	8 774$_b$	27 394
	占比/%	59.9	76.7	64.4
一般及以下	人数/人	12 465$_a$	2 669$_b$	15 134
	占比/%	40.1	23.3	35.6
总计	人数/人	31 085	11 443	42 528
	占比/%	100.0	100.0	100.0

注：下标字母含义是横向比较，若字母相同，在 0.05 级别，这些类别的列比例相互之间无显著差异。

（三）学习指导能力

1. 在校生和毕业生与学习指导能力的差异性分析

在校生和毕业生进行的学习指导能力评价，获取的有效数据是 31 085 人。

经卡方检验，χ^2 值为 227.406**，sig<0.01，表明在校生和毕业生在对学习指导能力评价的两个选项上，至少有一个选项的频数百分比有极其显著差异。

对占比进行 Z 检验比较，从在校生和毕业生与学习指导能力评价交叉表中可以看出，在"比较高及以上"选项上，毕业生为 66.5%，高于在校生的 57.4%（见表 6-3-33）。

表 6-3-33 在校生和毕业生与学习指导能力评价交叉表

学习指导能力评价		身份		总计
		毕业生	在校生	
比较高及以上	人数/人	6 281$_a$	12 408$_b$	18 689
	占比/%	66.5	57.4	60.1
一般及以下	人数/人	3 170$_a$	9 226$_b$	12 396
	占比/%	33.5	42.6	39.9
总计	人数/人	9 451	21 634	31 085
	占比/%	100.0	100.0	100.0

注：下标字母含义是横向比较，若字母相同，在 0.05 级别，这些类别的列比例相互之间无显著差异。

2. 不同教师身份与学习指导能力评价的差异性分析

不同身份教师进行的学习指导能力评价，获取的有效数据是 18 164 人。

经卡方检验，χ^2 值为 69.334**，sig<0.01，表明不同教师身份对学习指导能力评价的两个选项上，至少有一个选项的频数百分比有极其显著差异。

对占比进行 Z 检验比较，从教师身份与学习指导能力评价交叉表中可以看出，在"比较高及以上"选项上，实践导师为 80.0%、管理者为 79.3%，高于其他选项；理论导师为 73.0%，低于其他选项（见表 6-3-34）。

表 6-3-34 教师身份与学习指导能力评价交叉表

组织教学能力评价		教师身份				总计
		理论导师	实践导师	任课教师	管理者	
比较高及以上	人数 / 人	4 945$_a$	2 073$_b$	5 054$_c$	1 618$_b$	13 690
	占比 / %	73.0	80.0	74.8	79.3	75.4
一般及以下	人数 / 人	1 832$_a$	518$_b$	1 702$_c$	422$_b$	4 474
	占比 / %	27.0	20.0	25.2	20.7	24.6
总计	人数 / 人	6 777	2 591	6 756	2 040	18 164
	占比 / %	100.0	100.0	100.0	100.0	100.0

注：下标字母含义是横向比较，若字母相同，在 0.05 级别，这些类别的列比例相互之间无显著差异。

3. 教育硕士和教师与学习指导能力评价的差异性分析

教育硕士和教师进行的学习指导能力评价，获取的有效数据是 42 528 人。

经卡方检验，χ^2 值为 898.298**，sig<0.01，表明教育硕士和教师在对学习指导能力评价的两个选项上，至少有一个选项的频数百分比有极其显著差异。

对占比进行 Z 检验比较，从教育硕士和教师与学习指导能力交叉表中可以看出，在"比较高及以上"选项上，教师为 75.8%，高于教育硕士的 60.1%（见表 6-3-35）。

表 6-3-35 教育硕士和教师与学习指导能力评价交叉表

学习指导能力评价		身份		总计
		教育硕士	教师	
比较高及以上	人数 / 人	18 689$_a$	8 676$_b$	27 365
	占比 / %	60.1	75.8	64.3
一般及以下	人数 / 人	12 396$_a$	2 767$_b$	15 163
	占比 / %	39.9	24.2	35.7
总计	人数 / 人	31 085	11 443	42 528
	占比 / %	100.0	100.0	100.0

注：下标字母含义是横向比较，若字母相同，在 0.05 级别，这些类别的列比例相互之间无显著差异。

（四）教学生成能力

1. 在校生和毕业生与教学生成能力的差异性分析

在校生和毕业生进行的教学生成能力评价，获取的有效数据是 31 085 人。

经卡方检验，χ^2 值为 306.892**，sig<0.01，表明在校生和毕业生在对教学生成能力评价的两个选项上，至少有一个选项的频数百分比有极其显著差异。

对占比进行 Z 检验比较，从在校生和毕业生与教学生成能力交叉表中可以看出，在"比较高及以上"选项上，毕业生为 64.1%，高于在校生的 53.4%（见表 6-3-36）。

表 6-3-36　在校生和毕业生与教学生成能力评价交叉表

教学生成能力评价		身份		总计
		毕业生	在校生	
比较高及以上	人数 / 人	6 054$_a$	11 542$_b$	17 596
	占比 / %	64.1	53.4	56.6
一般及以下	人数 / 人	3 397$_a$	10 092$_b$	13 489
	占比 / %	35.9	46.6	43.4
总计	人数 / 人	9 451	21 634	31 085
	占比 / %	100.0	100.0	100.0

注：下标字母含义是横向比较，若字母相同，在 0.05 级别，这些类别的列比例相互之间无显著差异。

2. 不同教师身份对教学生成能力评价的差异性分析

不同身份教师进行的教学生成能力评价，获取的有效数据是 18 164 人。

经卡方检验，χ^2 值为 65.633**，sig<0.01，表明不同教师身份对教学生成能力评价的两个选项上，至少有一个选项的频数百分比有极其显著差异。

对占比进行 Z 检验比较，从教师身份与教学生成能力评价交叉表中可以看出，在"比较高及以上"选项上，实践导师为 76.6%、管理者 75.8%，高于其他选项；理论导师为 69.5%，低于其他选项（见表 6-3-37）。

表 6-3-37　教师身份与教学生成能力评价交叉表

教学生成能力评价		教师身份				总计
		理论导师	实践导师	任课教师	管理者	
比较高及以上	人数/人	4 707$_a$	1 986$_b$	4 820$_c$	1 547$_b$	13 060
	占比/%	69.5	76.6	71.3	75.8	71.9
一般及以下	人数/人	2 070$_a$	605$_b$	1 936$_c$	493$_b$	5 104
	占比/%	30.5	23.4	28.7	24.2	28.1
总计	人数/人	6 777	2 591	6 756	2 040	18 164
	占比/%	100.0	100.0	100.0	100.0	100.0

注：下标字母含义是横向比较，若字母相同，在 0.05 级别，这些类别的列比例相互之间无显著差异。

3. 教育硕士和教师与教学生成能力评价的差异性分析

教育硕士和教师进行的教学生成能力评价，获取的有效数据是 42 528 人。

经卡方检验，χ^2 值为 904.004**，sig<0.01，表明教育硕士和教师在对教学生成能力评价的两个选项上，至少有一个选项的频数百分比有极其显著差异。

对占比进行 Z 检验比较，从教育硕士和教师与教学生成能力评价交叉表中可以看出，在"比较高及以上"选项上，教师为 72.6%，高于教育硕士的 56.6%（见表 6-3-38）。

表 6-3-38　教育硕士和教师与教学生成能力评价交叉表

教学生成能力评价		身份		总计
		教育硕士	教师	
比较高及以上	人数/人	17 596$_a$	8 313$_b$	25 909
	占比/%	56.6	72.6	60.9
一般及以下	人数/人	13 489$_a$	3 130$_b$	16 619
	占比/%	43.4	27.4	39.1
总计	人数/人	31 085	11 443	42 528
	占比/%	100.0	100.0	100.0

注：下标字母含义是横向比较，若字母相同，在 0.05 级别，这些类别的列比例相互之间无显著差异。

第七章　全日制教育硕士教学评价和创新能力评价

第一节　教学评价和创新能力总体评价

一、教育硕士对教学评价和创新能力的评价

（一）全体教育硕士对教学评价和创新能力的评价

从全体教育硕士对全日制教育硕士教学评价和创新能力评价的分布情况可以看出，评价"非常高"的占 16.0%，评价"比较高"的占 40.0%，评价"一般"的占 40.9%，评价"比较低"的占 2.8%，评价"非常低"的占 0.3%（见表 7-1-1）。

表 7-1-1　全体教育硕士对教学评价和创新能力的评价

评价	人数 / 人	百分比 / %
非常高	4 980	16.0
比较高	12 434	40.0
一般	12 736	40.9
比较低	856	2.8
非常低	79	0.3
总计	31 085	100.0

（二）在校生对教学评价和创新能力的评价

从在校生对全日制教育硕士教学评价和创新能力评价的分布情况可以看出，评价"非常高"的占13.4%，评价"比较高"的占39.6%，评价"一般"的占43.7%，评价"比较低"的占3.0%，评价"非常低"的占0.2%（见表7-1-2）。

表7-1-2　在校生对教学评价和创新能力的评价

评价	人数/人	百分比/%
非常高	2 901	13.4
比较高	8 560	39.6
一般	9 461	43.7
比较低	658	3.0
非常低	54	0.2
总计	21 634	99.9

（三）毕业生对教学评价和创新能力的评价

从毕业生对全日制教育硕士教学评价和创新能力评价的分布情况可以看出，评价"非常高"的占22.0%，评价"比较高"的占41.0%，评价"一般"的占34.7%，评价"比较低"的占2.1%，评价"非常低"的占0.3%（见表7-1-3）。

表7-1-3　毕业生对教学评价和创新能力的评价

评价	人数/人	百分比/%
非常高	2079	22.0
比较高	3874	41.0
一般	3275	34.7
比较低	198	2.1
非常低	25	0.3
总计	9451	100.1

二、教师对教学评价和创新能力的评价

(一) 全体教师对教学评价和创新能力的评价

从全体教师对全日制教育硕士教学评价和创新能力评价的分布情况可以看出，评价"非常高"的占 21.4%，评价"比较高"的占 50.9%，评价"一般"的占 25.3%，评价"比较低"的占 2.1%，评价"非常低"的占 0.3%（见表 7-1-4）。

表 7-1-4 全体教师对教学评价和创新能力的评价

评价	人数 / 人	百分比 / %
非常高	2 451	21.4
比较高	5 826	50.9
一般	2 894	25.3
比较低	243	2.1
非常低	29	0.3
总计	11 443	100.0

(二) 理论导师对教学评价和创新能力的评价

从理论导师对全日制教育硕士教学评价和创新能力评价的分布情况可以看出，评价"非常高"的占 16.0%，评价"比较高"的占 52.0%，评价"一般"的占 29.0%，评价"比较低"的占 2.8%，评价"非常低"的占 0.3%（见表 7-1-5）。

表 7-1-5 理论导师对教学评价和创新能力的评价

评价	人数 / 人	百分比 / %
非常高	1084	16.0
比较高	3522	52.0
一般	1962	29.0
比较低	188	2.8
非常低	21	0.3

续表

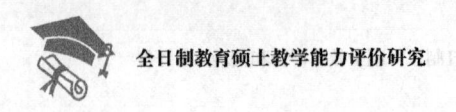

评价	人数/人	百分比/%
总计	6777	100.1

（三）实践导师对教学评价和创新能力的评价

从实践导师对全日制教育硕士教学评价和创新能力评价的分布情况可以看出，评价"非常高"的占28.4%，评价"比较高"的占51.6%，评价"一般"的占19.0%，评价"比较低"的占0.9%，评价"非常低"的占0.1%（见表7-1-6）。

表7-1-6 实践导师对教学评价和创新能力的评价

评价	人数/人	百分比/%
非常高	737	28.4
比较高	1336	51.6
一般	491	19.0
比较低	24	0.9
非常低	3	0.1
总计	2591	100.0

（四）任课教师对教学评价和创新能力的评价

从任课教师对全日制教育硕士教学评价和创新能力评价的分布情况可以看出，评价"非常高"的占20.2%，评价"比较高"的占50.3%，评价"一般"的占26.9%，评价"比较低"的占2.4%，评价"非常低"的占0.2%（见表7-1-7）。

表7-1-7 任课教师对教学评价和创新能力的评价

评价	人数/人	百分比/%
非常高	1364	20.2
比较高	3397	50.3
一般	1816	26.9
比较低	165	2.4

续表

评价	人数/人	百分比/%
非常低	14	0.2
总计	6756	100.0

（五）管理者对教学评价和创新能力的评价

从管理者对全日制教育硕士教学评价和创新能力评价的分布情况可以看出，评价"非常高"的占25.8%，评价"比较高"的占50.4%，评价"一般"的占22.5%，评价"比较低"的占1.1%，评价"非常低"的占0.1%（见表7-1-8）。

表7-1-8 管理者对教学评价和创新能力的评价

评价	人数/人	百分比/%
非常高	527	25.8
比较高	1028	50.4
一般	459	22.5
比较低	23	1.1
非常低	3	0.1
总计	2040	99.9

第二节 教学评价和创新能力各维度评价

一、教学评价能力

（一）教育硕士对教学评价能力的评价

1. 全体教育硕士对教学评价能力的评价

从全体教育硕士对全日制教育硕士教学评价能力评价的分布情况可以看出，

评价"非常高"的占 16.5%，评价"比较高"的占 40.9%，评价"一般"的占 40.1%，评价"比较低"的占 2.3%，评价"非常低"的占 0.2%（见表 7-2-1）。

表 7-2-1 全体教育硕士对教学评价能力的评价

评价	人数 / 人	百分比 / %
非常高	5 115	16.5
比较高	12 707	40.9
一般	12 471	40.1
比较低	715	2.3
非常低	77	0.2
总计	31 085	100.0

2. 在校生对教学评价能力的评价

从在校生对全日制教育硕士教学评价能力评价的分布情况可以看出，评价"非常高"的占 13.9%，评价"比较高"的占 40.5%，评价"一般"的占 42.9%，评价"比较低"的占 2.5%，评价"非常低"的占 0.2%（见表 7-2-2）。

表 7-2-2 在校生对教学评价能力的评价

评价	人数 / 人	百分比 / %
非常高	3 011	13.9
比较高	8 754	40.5
一般	9 281	42.9
比较低	540	2.5
非常低	48	0.2
总计	21 634	100.0

3. 毕业生对教学评价能力的评价

从毕业生对全日制教育硕士教学评价能力评价的分布情况可以看出，评价"非常高"的占 22.3%，评价"比较高"的占 41.8%，评价"一般"的占 33.8%，评价"比较低"的占 1.9%，评价"非常低"的占 0.3%（见表 7-2-3）。

表 7-2-3　毕业生对教学评价能力的评价

评价	人数/人	百分比/%
非常高	2104	22.3
比较高	3953	41.8
一般	3190	33.8
比较低	175	1.9
非常低	29	0.3
总计	9451	100.1

（二）教师对教学评价能力的评价

1. 全体教师对教学评价能力的评价

从全体教师对全日制教育硕士教学评价能力评价的分布情况可以看出，评价"非常高"的占 21.9%，评价"比较高"的占 50.9%，评价"一般"的占 25.0%，评价"比较低"的占 2.0%，评价"非常低"的占 0.2%（见表 7-2-4）。

表 7-2-4　全体教师对教学评价能力的评价

评价	人数/人	百分比/%
非常高	2 508	21.9
比较高	5 820	50.9
一般	2 864	25.0
比较低	225	2.0
非常低	26	0.2
总计	11 443	100.0

2. 理论导师对教学评价能力的评价

从理论导师对全日制教育硕士教学评价能力评价的分布情况可以看出，评价"非常高"的占 16.9%，评价"比较高"的占 52.0%，评价"一般"的占 28.4%，评价"比较低"的占 2.4%，评价"非常低"的占 0.3%（见表 7-2-5）。

表 7-2-5　理论导师对教学评价能力的评价

评价	人数 / 人	百分比 / %
非常高	1146	16.9
比较高	3525	52.0
一般	1926	28.4
比较低	161	2.4
非常低	19	0.3
总计	6777	100.0

3. 实践导师对教学评价能力的评价

从实践导师对全日制教育硕士教学评价能力评价的分布情况可以看出，评价"非常高"的占28.1%，评价"比较高"的占50.2%，评价"一般"的占20.4%，评价"比较低"的占1.2%，评价"非常低"的占0.1%（见表7-2-6）。

表 7-2-6　实践导师对教学评价能力的评价

评价	人数 / 人	百分比 / %
非常高	727	28.1
比较高	1300	50.2
一般	529	20.4
比较低	32	1.2
非常低	3	0.1
总计	2591	100.0

4. 任课教师对教学评价能力的评价

从任课教师对全日制教育硕士教学评价能力评价的分布情况可以看出，评价"非常高"的占20.9%，评价"比较高"的占50.0%，评价"一般"的占26.8%，评价"比较低"的占2.1%，评价"非常低"的占0.2%（见表7-2-7）。

表 7-2-7　任课教师对教学评价能力的评价

评价	人数 / 人	百分比 / %
非常高	1 412	20.9

续表

评价	人数/人	百分比/%
比较高	3 375	50.0
一般	1 810	26.8
比较低	143	2.1
非常低	16	0.2
总计	6 756	100.0

5. 管理者对教学评价能力的评价

从管理者对全日制教育硕士教学评价能力评价的分布情况可以看出，评价"非常高"的占25.7%，评价"比较高"的占51.0%，评价"一般"的占22.3%，评价"比较低"的占0.9%，评价"非常低"的占0.2%（见表7-2-8）。

表7-2-8 管理者对教学评价能力的评价

评价	人数/人	百分比/%
非常高	524	25.7
比较高	1040	51.0
一般	454	22.3
比较低	18	0.9
非常低	4	0.2
总计	2040	100.1

二、教学创新能力

（一）教育硕士对教学创新能力的评价

1. 全体教育硕士对教学创新能力的评价

从全体教育硕士对教学创新能力评价的分布情况可以看出，评价"非常高"的占16.4%，评价"比较高"的占39.3%，评价"一般"的占40.6%，评价"比较低"的占3.4%，评价"非常低"的占0.3%（见表7-2-9）。

表 7-2-9　全体教育硕士对教学创新能力的评价

评价	人数 / 人	百分比 / %
非常高	5 101	16.4
比较高	12 214	39.3
一般	12 634	40.6
比较低	1 046	3.4
非常低	90	0.3
总计	31 085	100.0

2. 在校生对教学创新能力的评价

从在校生对全日制教育硕士教学创新能力评价的分布情况可以看出，评价"非常高"的占 13.9%，评价"比较高"的占 38.8%，评价"一般"的占 43.3%，评价"比较低"的占 3.8%，评价"非常低"的占 0.3%（见表 7-2-10）。

表 7-2-10　在校生对教学创新能力的评价

评价	人数 / 人	百分比 / %
非常高	2 997	13.9
比较高	8 388	38.8
一般	9 371	43.3
比较低	812	3.8
非常低	66	0.3
总计	21 634	100.1

3. 毕业生对教学创新能力的评价

从毕业生对全日制教育硕士教学创新能力评价的分布情况可以看出，评价"非常高"的占 22.3%，评价"比较高"的占 40.5%，评价"一般"的占 34.5%，评价"比较低"的占 2.5%，评价"非常低"的占 0.3%（见表 7-2-11）。

表 7-2-11　毕业生对教学创新能力的评价

评价	人数 / 人	百分比 / %
非常高	2104	22.3
比较高	3826	40.5

续表

评价	人数/人	百分比/%
一般	3263	34.5
比较低	234	2.5
非常低	24	0.3
总计	9451	100.1

（二）教师对教学创新能力的评价

1. 全体教师对教学创新能力的评价

从全体教师中对全日制教育硕士教学创新能力评价的分布情况可以看出，评价"非常高"的占21.5%，评价"比较高"的占49.4%，评价"一般"的占26.3%，评价"比较低"的占2.5%，评价"非常低"的占0.3%（见表7-2-12）。

表7-2-12　全体教师对教学创新能力的评价

评价	人数/人	百分比/%
非常高	2 465	21.5
比较高	5 648	49.4
一般	3 004	26.3
比较低	291	2.5
非常低	35	0.3
总计	11 443	100.0

2. 理论导师对教学创新能力的评价

从理论导师对全日制教育硕士教学创新能力评价的分布情况可以看出，评价"非常高"的占15.7%，评价"比较高"的占49.7%，评价"一般"的占31.0%，评价"比较低"的占3.2%，评价"非常低"的占0.4%（见表7-2-13）。

表7-2-13　理论导师对教学创新能力的评价

评价	人数/人	百分比/%
非常高	1064	15.7

续表

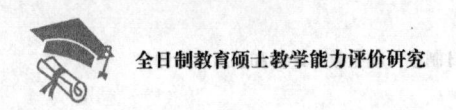

评价	人数 / 人	百分比 / %
比较高	3370	49.7
一般	2100	31.0
比较低	217	3.2
非常低	26	0.4
总计	6777	100.0

3. 实践导师对教学创新能力的评价

从实践导师对全日制教育硕士教学创新能力评价的分布情况可以看出，评价"非常高"的占29.7%，评价"比较高"的占50.8%，评价"一般"的占18.2%，评价"比较低"的占1.2%，评价"非常低"的占0.1%（见表7-2-14）。

表 7-2-14　实践导师对教学创新能力的评价

评价	人数 / 人	百分比 / %
非常高	769	29.7
比较高	1317	50.8
一般	471	18.2
比较低	31	1.2
非常低	3	0.1
总计	2591	100.0

4. 任课教师对教学创新能力的评价

从任课教师对全日制教育硕士教学创新能力评价的分布情况可以看出，评价"非常高"的占20.1%，评价"比较高"的占48.4%，评价"一般"的占28.1%，评价"比较低"的占3.0%，评价"非常低"的占0.3%（见表7-2-15）。

表 7-2-15　任课教师对教学创新能力的评价

评价	人数 / 人	百分比 / %
非常高	1361	20.1
比较高	3273	48.4
一般	1900	28.1

续表

评价	人数 / 人	百分比 / %
比较低	202	3.0
非常低	20	0.3
总计	6756	99.9

5. 管理者对教学创新能力的评价

从管理者对全日制教育硕士教学创新能力评价的分布情况可以看出，评价"非常高"的占25.1%，评价"比较高"的占50.0%，评价"一般"的占23.1%，评价"比较低"的占1.7%，评价"非常低"的占0.2%（见表7-2-16）。

表7-2-16 管理者对教学创新能力的评价

评价	人数 / 人	百分比 / %
非常高	512	25.1
比较高	1019	50.0
一般	471	23.1
比较低	34	1.7
非常低	4	0.2
总计	2040	100.1

第三节 教学评价和创新能力的差异性分析

一、教学评价和创新能力总体的差异性分析

（一）教育硕士与教学评价和创新能力的差异性分析

1. 个体不同信息与教学评价和创新能力的差异性分析

（1）不同就读院校或工作单位的教育硕士对教学评价和创新能力的评价

不同就读院校或工作单位的教育硕士进行的教学评价和创新能力评价，获

取的有效数据是 31 085 人。

经卡方检验，χ^2 值为 272.907**，sig<0.01，表明不同就读院校或工作单位教育硕士在对教学评价和创新能力评价的两个选项上，至少有一个选项的频数百分比有极其显著差异。

对占比进行 Z 检验比较，从不同就读院校或工作单位与教学评价和创新能力评价交叉表中可以看出，在"比较高及以上"选项上，基础教育为 64.9%，高于院校的 53.6%（见表 7-3-1）。

表 7-3-1　就读院校或工作单位与教学评价和创新能力评价交叉表

教学评价和创新能力评价		就读院校或工作单位		总计
		院校	基础教育	
比较高及以上	人数 / 人	13 078$_a$	4 336$_b$	17 414
	占比 / %	53.6	64.9	56.0
一般及以下	人数 / 人	11 327$_a$	2 344$_b$	13 671
	占比 / %	46.4	35.1	44.0
总计	人数 / 人	24 405	6 680	31 085
	占比 / %	100.0	100.0	100.0

注：下标字母含义是横向比较，若字母相同，在 0.05 级别，这些类别的列比例相互之间无显著差异。

（2）不同城市教育硕士对教学评价和创新能力的评价

不同城市教育硕士进行的教学评价和创新能力评价，获取的有效数据是 31 085 人。

经卡方检验，χ^2 值为 21.731**，sig<0.01，表明不同城市教育硕士在对教学评价和创新能力评价的两个选项上，至少有一个选项的频数百分比有极其显著差异。

对占比进行 Z 检验比较，从不同城市与教学评价和创新能力评价交叉表中可以看出，在"比较高及以上"选项上，其他城市为 57.3%，高于其他选项（见表 7-3-2）。

表 7-3-2 不同城市与教学评价和创新能力评价交叉表

教学评价和创新能力评价		不同城市			总计
		省会城市（自治区首府）	直辖市	其他城市	
比较高及以上	人数/人	6 947$_a$	2 117$_b$	8 350$_c$	17 414
	占比/%	55.4	53.5	57.3	56.0
一般及以下	人数/人	5 602$_a$	1 840$_b$	6 229$_c$	13 671
	占比/%	44.6	46.5	42.7	44.0
总计	人数/人	12 549	3 957	14 579	31 085
	占比/%	100.0	100.0	100.0	100.0

注：下标字母含义是横向比较，若字母相同，在 0.05 级别，这些类别的列比例相互之间无显著差异。

（3）不同地区教育硕士对教学评价和创新能力的评价

不同地区教育硕士进行的教学评价和创新能力评价，获取的有效数据是 31 085 人。

经卡方检验，χ^2 值为 433.875**，sig<0.01，表明不同地区教育硕士在对教学评价和创新能力评价的两个选项上，至少有一个选项的频数百分比有极其显著差异。

对占比进行 Z 检验比较，从不同地区与教学评价和创新能力评价交叉表中可以看出，在"比较高及以上"选项上，所有地区的平均值为 56.0%，东北地区为 66.7%，高于其他选项；西南地区为 46.6%，低于其他选项（见表 7-3-3）。

表 7-3-3 不同地区与教学评价和创新能力评价交叉表

教学评价和创新能力评价		不同地区							总计
		华东	华南	华中	华北	西南	西北	东北	
比较高及以上	人数/人	2 936$_a$	2 258$_{b,c}$	2 841$_c$	2 438$_d$	1 696$_e$	2 204$_b$	3 041$_f$	17 414
	占比/%	57.9	52.9	52.0	60.2	46.6	54.6	66.7	56.0
一般及以下	人数/人	2 134$_a$	2 010$_{b,c}$	2 622$_c$	1 611$_d$	1 942$_e$	1 834$_b$	1 518$_f$	13 671
	占比/%	42.1	47.1	48.0	39.8	53.4	45.4	33.3	44.0

续表

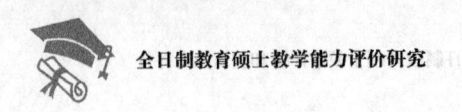

教学评价和创新能力评价		不同地区							总计
		华东	华南	华中	华北	西南	西北	东北	
总计	人数/人	5 070	4 268	5 463	4 049	3 638	4 038	4 559	31 085
	占比/%	100.0	100.0	100.0	100.0	100.0	100.0	100.0	100.0

注：下标字母含义是横向比较，若字母相同，在 0.05 级别，这些类别的列比例相互之间无显著差异。

（4）有无从教经历教育硕士对教学评价和创新能力的评价

有无从教经历教育硕士进行的教学评价和创新能力评价，获取的有效数据是 31 085 人。

经卡方检验，χ^2 值为 91.852**，sig<0.01，表明有无从教经历教育硕士在对教学评价和创新能力评价的两个选项上，至少有一个选项的频数百分比有极其显著差异。

对占比进行 Z 检验比较，从有无从教经历与教学评价和创新能力评价交叉表中可以看出，在"比较高及以上"选项上，有从教经历为 59.1%，高于无从教经历的 53.6%（见表 7-3-4）。

表 7-3-4　有无从教经历与教学评价和创新能力评价交叉表

教学评价和创新能力评价		有无从教经历		总计
		有	无	
比较高及以上	人数/人	8 036$_a$	9 378$_b$	17 414
	占比/%	59.1	53.6	56.0
一般及以下	人数/人	5 566$_a$	8 105$_b$	13 671
	占比/%	40.9	46.4	44.0
总计	人数/人	13 602	17 483	31 085
	占比/%	100.0	100.0	100.0

注：下标字母含义是横向比较，若字母相同，在 0.05 级别，这些类别的列比例相互之间无显著差异。

（5）能否胜任教育教学工作的教育硕士对教学评价和创新能力的评价

能否胜任教育教学工作的教育硕士进行的教学评价和创新能力评价，获取的有效数据是 31 085 人。

经卡方检验，χ^2 值为 589.254**，sig<0.01，表明能否胜任教育教学工作的教育硕士在对教学评价和创新能力评价的两个选项上，至少有一个选项的频数百分比有极其显著差异。

对占比进行 Z 检验比较，从能否胜任教育教学工作与教学评价和创新能力评价交叉表中可以看出，在"比较高及以上"选项上，能胜任教育教学工作为 58.0%，高于不能胜任教育教学工作的 32.1%（见表 7-3-5）。

表 7-3-5　是否胜任工作与教学评价和创新能力评价交叉表

教学评价和创新能力评价		能否胜任教育教学工作		总计
		能	否	
比较高及以上	人数 / 人	16 660$_a$	754$_b$	17 414
	占比 / %	58.0	32.1	56.0
一般及以下	人数 / 人	12 077$_a$	1 594$_b$	13 671
	占比 / %	42.0	67.9	44.0
总计	人数 / 人	28 737	2 348	31 085
	占比 / %	100.0	100.0	100.0

注：下标字母含义是横向比较，若字母相同，在 0.05 级别，这些类别的列比例相互之间无显著差异。

（6）不同专业教育硕士对教学评价和创新能力的评价

不同专业教育硕士进行的教学评价和创新能力评价评价，获取的有效数据是 31 085 人。其中评价"比较高及以上"的人数为 17 414 人，各专业对其评价的平均百分比为 56.0%，评价"一般及以下"的人数为 13 671 人，各专业对其评价的平均百分比为 44.0%。

对评价的人数残差进行标准化后发现，在评价"一般及以下"的专业中，职业技术教育和学科教学·英语的教育硕士对教学评价和创新能力的评价最低，标准化残差分别为 3.5 和 3.7；其次是小学教育为 2.9，心理健康教育为 1.9；特殊教育、学科教学·思政评价也低于平均水平，其标准化残差均大于 1（见表 7-3-6）。

表 7-3-6　教育硕士所在专业与教学评价和创新能力评价交叉表

专业	比较高及以上 人数/人	比较高及以上 百分比/%	比较高及以上 标准化残差	一般及以下 人数/人	一般及以下 百分比/%	一般及以下 标准化残差	总计/人
小学教育	1 428	52.4	−2.5	1 298	47.6	2.9	2 726
教育管理	792	56.7	0.4	604	43.3	−0.4	1 396
心理健康教育	872	52.8	−1.7	778	47.2	1.9	1 650
现代教育技术	691	56.1	0.1	540	43.9	−0.1	1 231
特殊教育	97	50.3	−1.1	96	49.7	1.2	193
职业技术教育	630	49.5	−3.1	642	50.5	3.5	1 272
科学技术教育	112	66.3	1.8	57	33.7	−2.0	169
学前教育	841	55.5	−0.3	675	44.5	0.3	1 516
学科教学·语文	2 145	57.0	0.8	1 620	43.0	−0.9	3 765
学科教学·数学	1 429	59.7	2.4	964	40.3	−2.7	2 393
学科教学·英语	2 536	52.5	−3.3	2 296	47.5	3.7	4 832
学科教学·物理	603	60.0	1.7	402	40.0	−1.9	1 005
学科教学·化学	739	59.4	1.6	505	40.6	−1.8	1 244
学科教学·生物	929	59.4	1.8	636	40.6	−2.0	1 565
学科教学·思政	1 212	53.8	−1.4	1 042	46.2	1.6	2 254
学科教学·历史	914	58.4	1.3	650	41.6	−1.4	1 564
学科教学·地理	683	60.3	1.9	450	39.7	−2.2	1 133
学科教学·体育	238	66.5	2.6	120	33.5	−3.0	358
学科教学·音乐	278	63.6	2.1	159	36.4	−2.4	437
学科教学·美术	245	64.1	2.1	137	35.9	−2.4	382
总计	17 414	56.0	0	13 671	44.0	0	31 085

（7）不同隶属层次院校在校生对教学评价和创新能力的评价

不同隶属层次院校在校生进行的教学评价和创新能力评价，获取的有效数据是 24 405 人。

经卡方检验，χ^2 值为 10.60**，sig<0.01，表明不同隶属层次院校在校生在对教学评价和创新能力评价的两个选项上，至少有一个选项的频数百分比有极其显著差异。

对占比进行Z检验比较,从不同院校隶属层次与教学评价和创新能力评价交叉表中可以看出,在"比较高及以上"选项上,市属为51.6%,低于其他选项(见表7-3-7)。

表7-3-7 院校隶属层次与教学评价和创新能力评价交叉表

教学评价和创新能力评价		院校隶属层次			总计
		部属	省属	市属	
比较高及以上	人数/人	1 147$_a$	9 767$_a$	2 164$_b$	13 078
	占比/%	55.4	53.9	51.6	53.6
一般及以下	人数/人	925$_a$	8 369$_a$	2 033$_b$	11 327
	占比/%	44.6	46.1	48.4	46.4
总计	人数/人	2 072	18 136	4 197	24 405
	占比/%	100.0	100.0	100.0	100.0

注:下标字母含义是横向比较,若字母相同,在0.05级别,这些类别的列比例相互之间无显著差异。

(8)不同院校类型在校生对教学评价和创新能力的评价

不同类型院校在校生进行的教学评价和创新能力评价,获取的有效数据是24 405人。

经卡方检验,χ^2值为5.673*,sig=0.017<0.05,表明不同类型院校在校生在对教学评价和创新能力评价的两个选项上,至少有一个选项的频数百分比有显著差异。

对占比进行Z检验比较,从院校类型与教学评价和创新能力评价交叉表中可以看出,在"比较高及以上"选项上,师范类为54.1%,高于非师范类的52.4%(见表7-3-8)。

表7-3-8 院校类型与教学评价和创新能力评价交叉表

教学评价和创新能力评价		院校类型		总计
		师范类	非师范类	
比较高及以上	人数/人	9 266$_a$	3 812$_b$	13 078
	占比/%	54.1	52.4	53.6

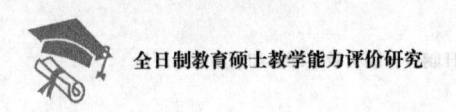

续表

教学评价和创新能力评价		院校类型		总计
		师范类	非师范类	
一般及以下	人数 / 人	7 867$_a$	3 460$_b$	11 327
	占比 / %	45.9	47.6	46.4
总计	人数 / 人	17 133	7 272	24 405
	占比 / %	100.0	100.0	100.0

注：下标字母含义是横向比较，若字母相同，在0.05级别，这些类别的列比例相互之间无显著差异。

（9）不同毕业年限毕业生对教学评价和创新能力的评价

不同毕业年限毕业生进行的教学评价和创新能力评价，获取的有效数据是9451人。

经卡方检验，χ^2 值为 60.870**，sig<0.01，表明不同毕业年限毕业生在对教学评价和创新能力评价的两个选项上，至少有一个选项的频数百分比有极其显著差异。

对占比进行Z检验比较，从毕业年限与教学评价和创新能力评价交叉表中可以看出，在"比较高及以上"选项上，5~6年为74.4%、7年以上为74.1%，高于其他选项；1年以下为59.8%，低于其他选项（见表7-3-9）。

表7-3-9　毕业年限与教学评价和创新能力评价交叉表

教学评价和创新能力评价		毕业年限					总计
		1年以下	1~2年	3~4年	5~6年	7年以上	
比较高及以上	人数 / 人	2769$_a$	1900$_b$	871$_b$	247$_c$	166$_c$	5953
	占比 / %	59.8	64.2	66.8	74.4	74.1	63.0
一般及以下	人数 / 人	1863$_a$	1059$_b$	433$_b$	85$_c$	58$_c$	3498
	占比 / %	40.2	35.8	33.2	25.6	25.9	37.0
总计	人数 / 人	4632	2959	1304	332	224	9451
	占比 / %	100.0	100.0	100.0	100.0	100.0	100.0

注：下标字母含义是横向比较，若字母相同，在0.05级别，这些类别的列比例相互之间无显著差异。

（10）是否工作毕业生对教学评价和创新能力的评价

是否工作毕业生进行的教学评价和创新能力评价，获取的有效数据是9451人。

经卡方检验，χ^2值为116.504**，sig<0.01，表明是否工作毕业生在对教学评价和创新能力评价的两个选项上，至少有一个选项的频数百分比有极其显著差异。

对占比进行Z检验比较，从是否工作与教学评价和创新能力评价交叉表中可以看出，在"比较高及以上"选项上，已工作为66.0%，高于未工作的53.4%（见表7-3-10）。

表7-3-10　是否工作与教学评价和创新能力评价交叉表

教学评价和创新能力评价		是否工作		总计
		是	否	
比较高及以上	人数/人	4742$_a$	1211$_b$	5953
	占比/%	66.0	53.4	63.0
一般及以下	人数/人	2443$_a$	1055$_b$	3498
	占比/%	34.0	46.6	37.0
总计	人数/人	7185	2266	9451
	占比/%	100.0	100.0	100.0

注：下标字母含义是横向比较，若字母相同，在0.05级别，这些类别的列比例相互之间无显著差异。

（11）毕业生是否为师范专业对教学评价和创新能力的评价

毕业生是否为师范专业进行的教学评价和创新能力评价，获取的有效数据是7185人。

经卡方检验，χ^2值为33.015**，sig<0.01，表明毕业生是否为师范专业在对教学评价和创新能力评价的两个选项上，至少有一个选项的频数百分比有极其显著差异。

对占比进行Z检验比较，从是否为师范专业与教学评价和创新能力评价交叉表中可以看出，在"比较高及以上"选项上，师范专业为68.6%，高于非师范专业的 62.0%（见表 7-3-11）。

表 7-3-11　是否为师范专业与教学评价和创新能力评价交叉表

教学评价和创新能力评价		是否为师范专业		总计
		是	否	
比较高及以上	人数 / 人	3017$_a$	1725$_b$	4742
	占比 / %	68.6	62.0	66.0
一般及以下	人数 / 人	1384$_a$	1059$_b$	2443
	占比 / %	31.4	38.0	34.0
总计	人数 / 人	4401	2784	7185
	占比 / %	100.0	100.0	100.0

注：下标字母含义是横向比较，若字母相同，在 0.05 级别，这些类别的列比例相互之间无显著差异。

2. 在校生和毕业生与教学评价和创新能力评价的差异性分析

在校生和毕业生进行的教学评价和创新能力评价，获取的有效数据是 31 085 人。

经卡方检验，χ^2 值为 267.573**，sig<0.01，表明在校生和毕业生在对教学评价和创新能力评价的两个选项上，至少有一个选项的频数百分比有极其显著差异。

对占比进行 Z 检验比较，从在校生和毕业生与教学评价和创新能力评价交叉表中可以看出，在"比较高及以上"选项上，毕业生为 63.0%，高于在校生的 53.0%（见表 7-3-12）。

表 7-3-12　在校生和毕业生与教学评价和创新能力评价交叉表

教学评价和创新能力评价		身份		总计
		毕业生	在校生	
比较高及以上	人数 / 人	5 953$_a$	11 461$_b$	17 414
	占比 / %	63.0	53.0	56.0
一般及以下	人数 / 人	3 498$_a$	10 173$_b$	13 671
	占比 / %	37.0	47.0	44.0

续表

教学评价和创新能力评价		身份		总计
		毕业生	在校生	
总计	人数 / 人	9 451	21 634	31 085
	占比 / %	100.0	100.0	100.0

注：下标字母含义是横向比较，若字母相同，在 0.05 级别，这些类别的列比例相互之间无显著差异。

（二）教师与教学评价和创新能力的差异性分析

1. 教师个体不同信息与教学评价和创新能力的差异性分析

（1）不同工作单位教师对教学评价和创新能力的评价

不同工作单位教师进行的教学评价和创新能力评价，获取的有效数据是 11 443 人。

经卡方检验，χ^2 值为 146.230**，sig<0.01，表明不同工作单位教师在对教学评价和创新能力评价的两个选项上，至少有一个选项的频数百分比有极其显著差异。

对占比进行 Z 检验比较，从工作单位性质与教学评价和创新能力评价交叉表中可以看出，在"比较高及以上"选项上，基础教育为 80.4%，高于院校的 69.1%（见表 7-3-13）。

表 7-3-13 工作单位性质与教学评价和创新能力评价交叉表

教学评价和创新能力评价		工作单位性质		总计
		院校	基础教育	
比较高及以上	人数 / 人	5 663$_a$	2 614$_b$	8 277
	占比 / %	69.1	80.4	72.3
一般及以下	人数 / 人	2 527$_a$	639$_b$	3 166
	占比 / %	30.9	19.6	27.7
总计	人数 / 人	8 190	3 253	11 443
	占比 / %	100.0	100.0	100.0

注：下标字母含义是横向比较，若字母相同，在 0.05 级别，这些类别的列比例相互之间无显著差异。

（2）不同城市教师对教学评价和创新能力的评价

不同城市教师进行的教学评价和创新能力评价，获取的有效数据是11 443人。

经卡方检验，χ^2值为4.815，sig=0.090>0.05，表明不同城市教师在对教学评价和创新能力评价的两个选项上无显著差异。

（3）不同地区教师对教学评价和创新能力的评价

不同地区教师进行的教学评价和创新能力评价，获取的有效数据是11 443人。

经卡方检验，χ^2值为39.447**，sig<0.01，表明不同地区教师在对教学评价和创新能力评价的两个选项上，至少有一个选项的频数百分比有极其显著差异。

对占比进行Z检验比较，从不同地区与教学评价和创新能力评价交叉表中可以看出，在"比较高及以上"选项上，所有地区的平均值为72.3%，西南地区为67.8%、西北地区为68.1%，低于其他选项，但二者与华南地区无显著差异（见表7-3-14）。

表7-3-14 不同地区与教学评价和创新能力评价交叉表

教学评价和创新能力评价		不同地区							总计
		华东	华南	华中	华北	西南	西北	东北	
比较高及以上	人数/人	1 850$_{a,b}$	821$_{b,c}$	1 343$_{a,b}$	1 036$_b$	804$_c$	894$_c$	1 529$_a$	8 277
	占比/%	73.9	71.3	73.1	72.3	67.8	68.1	75.6	72.3
一般及以下	人数/人	652$_{a,b}$	331$_{b,c}$	493$_{a,b}$	396$_b$	382$_c$	419$_c$	493$_a$	3 166
	占比/%	26.1	28.7	26.9	27.7	32.2	31.9	24.4	27.7
总计	人数/人	2 502	1 152	1 836	1 432	1 186	1 313	2 022	11 443
	占比/%	100.0	100.0	100.0	100.0	100.0	100.0	100.0	100.0

注：下标字母含义是横向比较，若字母相同，在0.05级别，这些类别的列比例相互之间无显著差异。

（4）不同年龄教师对教学评价和创新能力的评价

不同年龄教师进行的教学评价和创新能力评价，获取的有效数据是 11 443 人。

经卡方检验，χ^2 值为 37.693**，sig<0.01，表明不同年龄教师对教学评价和创新能力评价的两个选项上，至少有一个选项的频数百分比有极其显著差异。

对占比进行 Z 检验比较，从年龄与教学评价和创新能力评价交叉表中可以看出，在"比较高及以上"选项上，35 岁及以下为 76.7%，高于其他选项；56 岁及以上为 67.1%，低于其他选项（见表 7-3-15）。

表 7-3-15　年龄与教学评价和创新能力评价交叉表

教学评价和创新能力评价		年龄				总计
		35 岁及以下	36～45 岁	46～55 岁	56 岁及以上	
比较高及以上	人数/人	1 149$_a$	3 335$_b$	3 049$_c$	744$_d$	8 277
	占比/%	76.7	73.6	70.9	67.1	72.3
一般及以下	人数/人	349$_a$	1 198$_b$	1 254$_c$	365$_d$	3 166
	占比/%	23.3	26.4	29.1	32.9	27.7
总计	人数/人	1 498	4 533	4 303	1 109	11 443
	占比/%	100.0	100.0	100.0	100.0	100.0

注：下标字母含义是横向比较，若字母相同，在 0.05 级别，这些类别的列比例相互之间无显著差异。

（5）不同学历教师对教学评价和创新能力的评价

不同学历教师进行的教学评价和创新能力评价，获取的有效数据是 11 443 人。

经卡方检验，χ^2 值为 94.138**，sig<0.01，表明不同学历教师对教学评价和创新能力评价的两个选项上，至少有一个选项的频数百分比有极其显著差异。

对占比进行 Z 检验比较，从学历与教学评价和创新能力评价交叉表中可以看出，在"比较高及以上"选项上，本科生及以下为 79.8%，高于其他选项（见表 7-3-16）。

表 7-3-16　学历与教学评价和创新能力评价交叉表

教学评价和创新能力评价		学历			总计
		博士研究生	硕士研究生	本科生及以下	
比较高及以上	人数/人	3 392$_a$	2 887$_b$	1 998$_c$	8 277
	占比/%	69.3	71.4	79.8	72.3
一般及以下	人数/人	1 504$_a$	1 156$_b$	506$_c$	3 166
	占比/%	30.7	28.6	20.2	27.7
总计	人数/人	4 896	4 043	2 504	11 443
	占比/%	100.0	100.0	100.0	100.0

注：下标字母含义是横向比较，若字母相同，在 0.05 级别，这些类别的列比例相互之间无显著差异。

（6）不同职称教师对教学评价和创新能力的评价

不同职称教师进行的教学评价和创新能力评价，获取的有效数据是 11 443 人。

经卡方检验，χ^2 值为 37.716**，sig<0.01，表明不同职称教师对教学评价和创新能力评价的两个选项上，至少有一个选项的频数百分比有极其显著差异。

对占比进行 Z 检验比较，从职称与教学评价和创新能力评价交叉表中可以看出，在"比较高及以上"选项上，中级及以下为 76.0%，高于其他选项（见表 7-3-17）。

表 7-3-17　职称与教学评价和创新能力评价交叉表

教学评价和创新能力评价		职称			总计
		正高级	副高级	中级及以下	
比较高及以上	人数/人	2 094$_a$	4 327$_b$	1 856$_c$	8 277
	占比/%	68.7	72.7	76.0	72.3
一般及以下	人数/人	956$_a$	1 625$_b$	585$_c$	3 166
	占比/%	31.3	27.3	24.0	27.7
总计	人数/人	3 050	5 952	2 441	11 443
	占比/%	100.0	100.0	100.0	100.0

注：下标字母含义是横向比较，若字母相同，在 0.05 级别，这些类别的列比例相互之间无显著差异。

(7)不同工作年限教师对教学评价和创新能力的评价

不同工作年限教师进行的教学评价和创新能力评价,获取的有效数据是 11 443 人。

经卡方检验,χ^2 值为 16.594**,sig<0.01,表明不同工作年限教师对教学评价和创新能力评价的两个选项上,至少有一个选项的频数百分比有极其显著差异。

对占比进行 Z 检验比较,从工作年限与教学评价和创新能力评价交叉表中可以看出,在"比较高及以上"选项上,0~10 年为 75.4%,高于其他选项(见表 7-3-18)。

表 7-3-18 工作年限与教学评价和创新能力评价交叉表

教学评价和创新能力评价		工作年限				总计
		0~10 年	11~20 年	21~30 年	30 年以上	
比较高及以上	人数/人	1 675$_a$	2 449$_b$	2 601$_b$	1 552$_b$	8 277
	占比/%	75.4	72.3	71.9	70.1	72.3
一般及以下	人数/人	546$_a$	940$_b$	1 017$_b$	663$_b$	3 166
	占比/%	24.6	27.7	28.1	29.9	27.7
总计	人数/人	2 221	3 389	3 618	2 215	11 443
	占比/%	100.0	100.0	100.0	100.0	100.0

注:下标字母含义是横向比较,若字母相同,在 0.05 级别,这些类别的列比例相互之间无显著差异。

(8)不同专业教师对教学评价和创新能力的评价

对不同专业教师进行的教学评价和创新能力评价上,共 11 443 人参与调查。有 455 人评价了其他项,不统计在内,故获取的有效数据是 10 988 人。其中评价"比较高及以上"的人数为 7946 人,各专业对其评价的平均百分比为 72.3%,评价"一般及以下"的人数为 3042 人,各专业对其评价的平均百分比为 27.7%。

对评价的人数残差进行标准化后发现,在评价"一般及以下"的专业中,学科教学·英语的教育硕士对教学评价与创新能力的评价最低,标准化残差为

3.2；其次是学科教学·体育，为 2.7；小学教育、心理健康教育、特殊教育、职业技术教育、学前教育的评价也低于平均水平，其标准化残差均大于或等于 1（见表 7-3-19）。

表 7-3-19　教师所在专业与教学评价和创新能力评价交叉表

专业	比较高及以上 人数/人	百分比/%	标准化残差	一般及以下 人数/人	百分比/%	标准化残差	总计/人
小学教育	579	69.9	-0.9	253	30.4	1.5	832
教育管理	370	71.4	-0.2	148	28.6	0.4	518
心理健康教育	279	68.2	-1.0	130	31.8	1.6	409
现代教育技术	293	75.9	0.8	93	24.1	-1.3	386
特殊教育	23	59.0	-1.0	16	41.0	1.6	39
职业技术教育	354	69.7	-0.7	154	30.3	1.1	508
科学技术教育	53	82.8	1.0	11	17.2	-1.6	64
学前教育	299	69.7	-0.6	130	30.3	1.0	429
学科教学·语文	1 088	73.3	0.5	396	26.7	-0.7	1 484
学科教学·数学	605	74.7	0.8	205	25.3	-1.3	810
学科教学·英语	925	67.8	-2.0	439	32.2	3.2	1 364
学科教学·物理	319	74.2	0.5	111	25.8	-0.7	430
学科教学·化学	380	70.6	-0.5	158	29.4	0.7	538
学科教学·生物	494	79.3	2.0	129	20.7	-3.3	623
学科教学·思政	564	74.5	0.7	193	25.5	-1.1	757
学科教学·历史	409	73.4	0.3	148	26.6	-0.5	557
学科教学·地理	404	75.0	0.7	135	25.0	-1.2	539
学科教学·体育	104	61.5	-1.6	65	38.5	2.7	169
学科教学·音乐	226	75.3	0.6	74	24.7	-1.0	300
学科教学·美术	178	76.7	0.8	54	23.3	-1.3	232
总计	7 946	72.3	0	3 042	27.7	0	10 988

（9）不同隶属层次院校教师对教学评价和创新能力的评价

不同隶属层次院校教师进行的教学评价和创新能力评价，获取的有效数据是 8190 人。

经卡方检验，χ^2 值为 7.607*，sig=0.022<0.05，表明不同隶属层次院校教师在对教学评价和创新能力评价的两个选项上，至少有一个选项的频数百分比有显著差异。

对占比进行 Z 检验比较，从院校隶属层次与教学评价和创新能力评价交叉表中可以看出，在"比较高及以上"选项上，市属为 73.4%，高于省属的 68.6%，但与部属无显著差异（见表 7-3-20）。

表 7-3-20　院校隶属层次与教学评价和创新能力评价交叉表

教学评价和创新能力评价		院校隶属层次			总计
		部属	省属	市属	
比较高及以上	人数 / 人	444$_{a,b}$	4709$_b$	510$_a$	5663
	占比 / %	70.7	68.6	73.4	69.1
一般及以下	人数 / 人	184$_{a,b}$	2158$_b$	185$_a$	2527
	占比 / %	29.3	31.4	26.6	30.9
总计	人数 / 人	628	6867	695	8190
	占比 / %	100.0	100.0	100.0	100.0

注：下标字母含义是横向比较，若字母相同，在 0.05 级别，这些类别的列比例相互之间无显著差异。

（10）不同类型院校教师对教学评价和创新能力的评价

不同类型院校教师进行的教学评价和创新能力评价，获取的有效数据是 8190 人。

经卡方检验，χ^2 值为 11.937**，sig<0.01，表明不同类型院校教育硕士在对教学评价和创新能力评价的两个选项上，至少有一个选项的频数百分比有极其显著差异。

对占比进行 Z 检验比较，从院校类型与教学评价和创新能力评价交叉表中可以看出，在"比较高及以上"选项上，非师范类为 71.9%，高于师范类的 68.0%（见表 7-3-21）。

表 7-3-21　院校类型与教学评价和创新能力评价交叉表

教学评价和创新能力评价		院校类型		总计
		师范类	非师范类	
比较高及以上	人数/人	3914$_a$	1749$_b$	5663
	占比/%	68.0	71.9	69.1
一般及以下	人数/人	1842$_a$	685$_b$	2527
	占比/%	32.0	28.1	30.9
总计	人数/人	5756	2434	8190
	占比/%	100.0	100.0	100.0

注：下标字母含义是横向比较，若字母相同，在 0.05 级别，这些类别的列比例相互之间无显著差异。

（11）是否具有教育学相关背景教师对教学评价和创新能力的评价

是否具有教育学相关背景教师进行的教学评价和创新能力评价，获取的有效数据是 6777 人。

经卡方检验，χ^2 值为 0.147，sig=0.710>0.05，表明不同教师（是否为具有教育学相关背景）在对教学评价和创新能力评价的两个选项上无显著差异。

（12）有无基础教育工作经历和研究经历教师对教学评价和创新能力的评价

有无基础教育工作经历和研究经历教师进行的教学评价和创新能力评价，获取的有效数据是 6777 人。

经卡方检验，χ^2 值为 8.438*，sig=0.04<0.05，表明有无基础教育工作经历和研究经历教师对教学评价和创新能力评价的两个选项上，至少有一个选项的频数百分比有显著差异。

对占比进行 Z 检验比较，从有无基础教育工作经历和研究经历与教学评价和创新能力评价交叉表中可以看出，在"比较高及以上"选项上，有基础教育工作经历和研究经历为 69.1%，高于无基础教育工作经历和研究经历的 65.6%（见表 7-3-22）。

表 7-3-22　有无基础教育工作经历和研究经历与教学评价和创新能力评价交叉表

教学评价和创新能力评价		有无基础教育工作经历和研究经历		总计
		有	无	
比较高及以上	人数/人	3130ₐ	1476ᵦ	4606
	占比/%	69.1	65.6	68.0
一般及以下	人数/人	1398ₐ	773ᵦ	2171
	占比/%	30.9	34.4	32.0
总计	人数/人	4528	2249	6777
	占比/%	100.0	100.0	100.0

注：下标字母含义是横向比较，若字母相同，在 0.05 级别，这些类别的列比例相互之间无显著差异。

（13）教师担任导师年限对教学评价和创新能力的评价

教师担任导师年限进行的教学评价和创新能力评价，获取的有效数据是 9368 人。

经卡方检验，χ^2 值为 45.020**，sig<0.01，表明教师担任导师年限对教学评价和创新能力评价的两个选项上，至少有一个选项的频数百分比有极其显著差异。

对占比进行 Z 检验比较，从担任导师年限与教学评价和创新能力评价交叉表中可以看出，在"比较高及以上"选项上，0~5 年为 73.8%，高于其他选项（见表 7-3-23）。

表 7-3-23　担任导师年限与教学评价和创新能力评价交叉表

教学评价和创新能力评价		担任导师年限					总计
		0~5 年	6~10 年	11~15 年	16~20 年	20 年以上	
比较高及以上	人数/人	4128ₐ	1561ᵦ	606ᵦ	233ᵦ	151ᵦ	6679
	占比/%	73.8	68.5	66.6	67.1	63.7	71.3
一般及以下	人数/人	1467ₐ	718ᵦ	304ᵦ	114ᵦ	86ᵦ	2689
	占比/%	26.2	31.5	33.4	32.9	36.3	28.7
总计	人数/人	5595	2279	910	347	237	9368
	占比/%	100.0	100.0	100.0	100.0	100.0	100.0

注：下标字母含义是横向比较，若字母相同，在 0.05 级别，这些类别的列比例相互之间无显著差异。

（14）双导师间是否经常沟通合作对教学评价和创新能力的评价

双导师间是否经常沟通合作进行的教学评价和创新能力评价，获取的有效数据是 9368 人。

经卡方检验，χ^2 值为 222.325**，sig<0.01，表明双导师间是否经常沟通合作对教学评价和创新能力评价的两个选项上，至少有一个选项的频数百分比有极其显著差异。

对占比进行 Z 检验比较，从双导师间是否经常沟通合作与教学评价和创新能力评价交叉表中可以看出，在"比较高及以上"选项上，经常沟通合作为 74.3%，高于不经常沟通合作的 55.1%（见表 7-3-24）。

表 7-3-24 双导师间是否经常沟通合作与教学评价和创新能力评价交叉表

教学评价和创新能力评价		双导师间是否经常沟通合作		总计
		是	否	
比较高及以上	人数 / 人	5871$_a$	808$_b$	6679
	占比 / %	74.3	55.1	71.3
一般及以下	人数 / 人	2031$_a$	658$_b$	2689
	占比 / %	25.7	44.9	28.7
总计	人数 / 人	7902	1466	9368
	占比 / %	100.0	100.0	100.0

注：下标字母含义是横向比较，若字母相同，在 0.05 级别，这些类别的列比例相互之间无显著差异。

2. 不同教师身份与教学评价和创新能力评价的差异性分析

不同身份教师进行的教学评价和创新能力评价，获取的有效数据是 18 164 人。

经卡方检验，χ^2 值为 159.583**，sig<0.01，表明不同教师身份对教学评价和创新能力评价的两个选项上，至少有一个选项的频数百分比有极其显著差异。

对占比进行 Z 检验比较，从不同教师身份与教学评价和创新能力交叉表中可以看出，在"比较高及以上"选项上，实践导师为 80.0%，高于其他选项；理论导师为 68.0%，低于其他选项（见表 7-3-25）。

表 7-3-25 教师身份与教学评价和创新能力评价交叉表

教学评价和创新能力评价		教师身份				总计
		理论导师	实践导师	任课教师	管理者	
比较高及以上	人数/人	4 606$_a$	2 073$_b$	4 761$_c$	1 555$_d$	12 995
	占比/%	68.0	80.0	70.5	76.2	71.5
一般及以下	人数/人	2 171$_a$	518$_b$	1 995$_c$	485$_d$	5 169
	占比/%	32.0	20.0	29.5	23.8	28.5
总计	人数/人	6 777	2 591	6 756	2 040	18 164
	占比/%	100.0	100.0	100.0	100.0	100.0

注：下标字母含义是横向比较，若字母相同，在 0.05 级别，这些类别的列比例相互之间无显著差异。

（三）教育硕士和教师与教学评价和创新能力评价的差异性分析

教育硕士和教师进行的教学评价和创新能力评价，获取的有效数据是 42 525 人。

经卡方检验，χ^2 值为 930.521**，sig<0.01，表明教师和学生在对教学评价和创新能力评价的两个选项上，至少有一个选项的频数百分比有极其显著差异。

对占比进行 Z 检验比较，从教育硕士和教师与教学评价和创新能力评价交叉表中可以看出，在"比较高及以上"选项上，教师为 72.3%，高于教育硕士的 56.0%（见表 7-3-26）。

表 7-3-26 教育硕士和教师与教学评价和创新能力评价交叉表

教学评价和创新能力评价		身份		总计
		教育硕士	教师	
比较高及以上	人数/人	17 414$_a$	8 277$_b$	25 691
	占比/%	56.0	72.3	60.4
一般及以下	人数/人	13 671$_a$	3 166$_b$	16 837
	占比/%	44.0	27.7	39.6

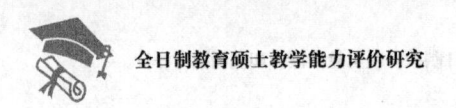

续表

教学评价和创新能力评价		身份		总计
		教育硕士	教师	
总计	人数 / 人	31 085	11 443	42 528
	占比 / %	100.0	100.0	100.0

注：下标字母含义是横向比较，若字母相同，在 0.05 级别，这些类别的列比例相互之间无显著差异。

二、教学评价和创新能力各维度的差异性分析

（一）教学评价能力

1. 在校生和毕业生与教学评价能力评价的差异性分析

在校生和毕业生进行的教学评价能力评价，获取的有效数据是 31 085 人。

经卡方检验，χ^2 值为 253.32**，sig<0.01，表明在校生和毕业生在对教学评价能力评价的两个选项上，至少有一个选项的频数百分比有极其显著差异。

对占比进行 Z 检验比较，从在校生和毕业生与教学评价能力评价交叉表中可以看出，在"比较高及以上"选项上，毕业生为 64.1%，高于在校生的 54.4%（见表 7-3-27）。

表 7-3-27 在校生和毕业生与教学评价能力评价交叉表

教学评价能力评价		身份		总计
		毕业生	在校生	
比较高及以上	人数 / 人	6 057$_a$	11 765$_b$	17 822
	占比 / %	64.1	54.4	57.3
一般及以下	人数 / 人	3 394$_a$	9 869$_b$	13 263
	占比 / %	35.9	45.6	42.7
总计	人数 / 人	9 451	21 634	31 085
	占比 / %	100.0	100.0	100.0

注：下标字母含义是横向比较，若字母相同，在 0.05 级别，这些类别的列比例相互之间无显著差异。

2. 不同教师身份与教学评价能力评价的差异性分析

不同身份教师进行的教学评价能力评价，获取的有效数据是 18 164 人。

经卡方检验，χ^2 值为 183.285**，sig<0.01，表明不同教师身份对教学评价能力评价的两个选项上，至少有一个选项的频数百分比有极其显著差异。

对占比进行 Z 检验比较，从不同教师身份与教学评价能力评价交叉表中可以看出，在"比较高及以上"选项上，实践导师为 78.2%、管理者为 76.7%，高于其他选项；理论导师为 68.9%，低于其他选项（见表 7-3-28）。

表 7-3-28　教师身份与教学评价能力评价交叉表

教学评价能力评价		教师身份				总计
		理论导师	实践导师	任课教师	管理者	
比较高及以上	人数 / 人	4 671$_a$	2 027$_b$	4 787$_c$	1 564$_b$	13 049
	占比 / %	68.9	78.2	70.9	76.7	71.8
一般及以下	人数 / 人	2 106$_a$	564$_b$	1 969$_c$	476$_b$	5 115
	占比 / %	31.1	21.8	29.1	23.3	28.2
总计	人数 / 人	6 777	2 591	6 756	2 040	18 164
	占比 / %	100.0	100.0	100.0	100.0	100.0

注：下标字母含义是横向比较，若字母相同，在 0.05 级别，这些类别的列比例相互之间无显著差异。

3. 教育硕士和教师与教学评价能力评价的差异性分析

教育硕士和教师进行的教学评价能力评价，获取的有效数据是 42 528 人。

经卡方检验，χ^2 值为 287.462**，sig<0.01，表明教育硕士和教师在对教学评价能力评价的两个选项上，至少有一个选项的频数百分比有极其显著差异。

对占比进行 Z 检验比较，从教育硕士和教师与教学评价能力评价交叉表中可以看出，在"比较高及以上"选项上，教师为 72.8%，高于教育硕士的 57.3%（见表 7-3-29）。

表 7-3-29　教育硕士和教师与教学评价能力评价交叉表

教学评价能力评价		身份		总计
		教育硕士	教师	
比较高及以上	人数 / 人	17 822$_a$	8 328$_b$	26 150
	占比 / %	57.3	72.8	61.5
一般及以下	人数 / 人	13 263$_a$	3 115$_b$	16 378
	占比 / %	42.7	27.2	38.5
总计	人数 / 人	31 085	11 443	42 528
	占比 / %	100.0	100.0	100.0

注：下标字母含义是横向比较，若字母相同，在 0.05 级别，这些类别的列比例相互之间无显著差异。

（二）教学创新能力

1. 在校生和毕业生与教学创新能力评价的差异性分析

在校生和毕业生进行的教学创新能力评价，获取的有效数据是 31 085 人。

经卡方检验，χ^2 值为 272.961**，sig<0.01，表明在校生和毕业生在对教学创新能力评价的两个选项上，至少有一个选项的频数百分比有极其显著差异。

对占比进行 Z 检验比较，从在校生和毕业生与教学创新能力评价交叉表中可以看出，在"比较高及以上"选项上，毕业生为 62.7%，高于在校生的 52.6%（见表 7-3-30）。

表 7-3-30　在校生和毕业生与教学创新能力评价交叉表

教学创新能力评价		身份		总计
		毕业生	在校生	
比较高及以上	人数 / 人	5 930$_a$	11 385$_b$	17 315
	占比 / %	62.7	52.6	55.7
一般及以下	人数 / 人	3 521$_a$	10 249$_b$	13 770
	占比 / %	37.3	47.4	44.3
总计	人数 / 人	9 451	21 634	31 085
	占比 / %	100.0	100.0	100.0

注：下标字母含义是横向比较，若字母相同，在 0.05 级别，这些类别的列比例相互之间无显著差异。

2.不同教师身份与教学创新能力评价的差异性分析

不同身份教师进行的教学创新能力评价，获取的有效数据是18 164人。

经卡方检验，χ^2值为233.946**，sig<0.01，表明不同教师身份对教学创新能力评价的两个选项上，至少有一个选项的频数百分比有极其显著差异。

对占比进行Z检验比较，从不同教师身份与教学创新能力评价交叉表中可以看出，在"比较高及以上"选项上，实践导师为80.5%，高于其他选项；理论教师为65.4%，低于其他选项（见表7-3-31）。

表7-3-31 教师身份与教学创新能力评价交叉表

教学创新能力评价		教师身份				总计
		理论导师	实践导师	任课教师	管理者	
比较高及以上	人数/人	4 434$_a$	2 086$_b$	4 634$_c$	1 531$_d$	12 685
	占比/%	65.4	80.5	68.6	75.0	69.8
一般及以下	人数/人	2 343$_a$	505$_b$	2 122$_c$	509$_d$	5 479
	占比/%	34.6	19.5	31.4	25.0	30.2
总计	人数/人	6 777	2 591	6 756	2 040	18 164
	占比/%	100.0	100.0	100.0	100.0	100.0

注：下标字母含义是横向比较，若字母相同，在0.05级别，这些类别的列比例相互之间无显著差异。

3.教育硕士和教师与教学创新能力评价的差异性分析

教育硕士和教师进行的教学创新能力评价，获取的有效数据是42 528人。

经卡方检验，χ^2值为803.490**，sig<0.01，表明教育硕士和教师在对教学创新能力评价的两个选项上，至少有一个选项的频数百分比有极其显著差异。

对占比进行Z检验比较，从教育硕士和教师与教学创新能力评价交叉表中可以看出，在"比较高及以上"选项上，教师为70.9%，高于教育硕士的55.7%（见表7-3-32）。

表 7-3-32　教育硕士和教师与教学创新能力评价交叉表

教学创新能力评价		身份		总计
		教育硕士	教师	
比较高及以上	人数 / 人	17 315$_a$	8 113$_b$	25 428
	占比 / %	55.7	70.9	59.8
一般及以下	人数 / 人	13 770$_a$	3 330$_b$	17 100
	占比 / %	44.3	29.1	40.2
总计	人数 / 人	31 085	11 443	42 528
	占比 / %	100.0	100.0	100.0

注：下标字母含义是横向比较，若字母相同，在 0.05 级别，这些类别的列比例相互之间无显著差异。

第八章 全日制教育硕士教学反思能力评价

第一节 教学反思能力总体评价

一、教育硕士对教学反思能力的评价

（一）全体教育硕士对教学反思能力的评价

从全体教育硕士对全日制教育硕士教学反思能力评价的分布情况可以看出，评价"非常高"的占17.1%，评价"比较高"的占44.4%，评价"一般"的占36.5%，评价"比较低"的占1.8%，评价"非常低"的占0.2%（见表8-1-1）。

表8-1-1 全体教育硕士对教学反思能力的评价

评价	人数/人	百分比/%
非常高	5 306	17.1
比较高	13 805	44.4
一般	11 338	36.5
比较低	569	1.8
非常低	67	0.2
总计	31 085	100.0

（二）在校生对教学反思能力的评价

从在校生对全日制教育硕士教学反思能力评价的分布情况可以看出，评

价"非常高"的占 14.6%，评价"比较高"的占 44.3%，评价"一般"的占 38.9%，评价"比较低"的占 2.0%，评价"非常低"的占 0.2%（见表 8-1-2）。

表 8-1-2　在校生对教学反思能力的评价

评价	人数 / 人	百分比 / %
非常高	3 154	14.6
比较高	9 578	44.3
一般	8 424	38.9
比较低	437	2.0
非常低	41	0.2
总计	21 634	100.0

（三）毕业生对教学反思能力的评价

从毕业生对全日制教育硕士教学反思能力评价的分布情况可以看出，评价"非常高"的占 22.8%，评价"比较高"的占 44.7%，评价"一般"的占 30.8%，评价"比较低"的占 1.4%，评价"非常低"的占 0.3%（见表 8-1-3）。

表 8-1-3　毕业生对教学反思能力的评价

评价	人数 / 人	百分比 / %
非常高	2152	22.8
比较高	4227	44.7
一般	2914	30.8
比较低	132	1.4
非常低	26	0.3
总计	9451	100.0

二、教师对教学反思能力的评价

（一）全体教师对教学反思能力的评价

从全体教师对全日制教育硕士教学反思能力评价的分布情况可以看出，评价"非常高"的占 22.3%，评价"比较高"的占 52.1%，评价"一般"的占 23.3%，评价"比较低"的占 2.1%，评价"非常低"的占 0.2%（见表 8-1-4）。

表 8-1-4　全体教师对教学反思能力的评价

评价	人数 / 人	百分比 / %
非常高	2 554	22.3
比较高	5 958	52.1
一般	2 665	23.3
比较低	240	2.1
非常低	26	0.2
总计	11 443	100.0

（二）理论导师对教学反思能力的评价

从理论导师对全日制教育硕士教学反思能力评价的分布情况可以看出，评价"非常高"的占 16.5%，评价"比较高"的占 53.2%，评价"一般"的占 27.3%，评价"比较低"的占 2.8%，评价"非常低"的占 0.3%（见表 8-1-5）。

表 8-1-5　理论导师对教学反思能力的评价

评价	人数 / 人	百分比 / %
非常高	1121	16.5
比较高	3604	53.2
一般	1848	27.3
比较低	187	2.8
非常低	17	0.3
总计	6777	100.1

（三）实践导师对教学反思能力的评价

从实践导师对全日制教育硕士教学反思能力评价的分布情况可以看出，评价"非常高"的占 30.4%，评价"比较高"的占 52.2%，评价"一般"的占

16.6%,评价"比较低"的占 0.8%,评价"非常低"的占 0.1%(见表 8-1-6)。

表 8-1-6　实践导师对教学反思能力的评价

评价	人数 / 人	百分比 / %
非常高	788	30.4
比较高	1352	52.2
一般	429	16.6
比较低	20	0.8
非常低	2	0.1
总计	2591	100.1

(四)任课教师对教学反思能力的评价

从任课教师对全日制教育硕士教学反思能力评价的分布情况可以看出,评价"非常高"的占 21.2%,评价"比较高"的占 51.4%,评价"一般"的占 24.9%,评价"比较低"的占 2.3%,评价"非常低"的占 0.2%(见表 8-1-7)。

表 8-1-7　任课教师对教学反思能力的评价

评价	人数 / 人	百分比 / %
非常高	1431	21.2
比较高	3470	51.4
一般	1681	24.9
比较低	158	2.3
非常低	16	0.2
总计	6756	100.0

(五)管理者对教学反思能力的评价

从管理者对全日制教育硕士教学反思能力评价的分布情况可以看出,评价"非常高"的占 26.1%,评价"比较高"的占 52.7%,评价"一般"的占 19.9%,评价"比较低"的占 1.1%,评价"非常低"的占 0.2%(见表 8-1-8)。

表 8-1-8　管理者对教学反思能力的评价

评价	人数 / 人	百分比 / %
非常高	533	26.1
比较高	1075	52.7
一般	406	19.9
比较低	22	1.1
非常低	4	0.2
总计	2040	100.0

第二节　教学反思能力各维度评价

一、自我诊断能力

（一）教育硕士对自我诊断能力的评价

1. 全体教育硕士对自我诊断能力的评价

从全体教育硕士对全日制教育硕士自我诊断能力评价的分布情况可以看出，评价"非常高"的占 17.3%，评价"比较高"的占 44.8%，评价"一般"的占 35.7%，评价"比较低"的占 1.9%，评价"非常低"的占 0.2%（见表 8-2-1）。

表 8-2-1　全体教育硕士对自我诊断能力的评价

评价	人数 / 人	百分比 / %
非常高	5 392	17.3
比较高	13 938	44.8
一般	11 104	35.7
比较低	587	1.9
非常低	64	0.2
总计	31 085	99.9

2. 在校生对自我诊断能力的评价

从在校生对全日制教育硕士自我诊断能力评价的分布情况可以看出，评价"非常高"的占14.8%，评价"比较高"的占44.9%，评价"一般"的占38.0%，评价"比较低"的占2.1%，评价"非常低"的占0.2%（见表8-2-2）。

表8-2-2 在校生对自我诊断能力的评价

评价	人数/人	百分比/%
非常高	3 197	14.8
比较高	9 722	44.9
一般	8 227	38.0
比较低	444	2.1
非常低	44	0.2
总计	21 634	100.0

3. 毕业生对自我诊断能力的评价

从毕业生对全日制教育硕士自我诊断能力评价的分布情况可以看出，评价"非常高"的占23.2%，评价"比较高"的占44.6%，评价"一般"的占30.4%，评价"比较低"的占1.5%，评价"非常低"的占0.2%（见表8-2-3）。

表8-2-3 毕业生对自我诊断能力的评价

评价	人数/人	百分比/%
非常高	2195	23.2
比较高	4216	44.6
一般	2877	30.4
比较低	143	1.5
非常低	20	0.2
总计	9451	99.9

（二）教师对自我诊断能力评价的

1. 全体教师对自我诊断能力的评价

从全体教师对全日制教育硕士自我诊断能力评价的分布情况可以看出，评价"非常高"的占21.9%，评价"比较高"的占51.2%，评价"一般"的占24.4%，评价"比较低"的占2.3%，评价"非常低"的占0.2%（见表8-2-4）。

表 8-2-4 全体教师对自我诊断能力的评价

评价	人数/人	百分比/%
非常高	2 503	21.9
比较高	5 859	51.2
一般	2 793	24.4
比较低	263	2.3
非常低	25	0.2
总计	11 443	100.0

2. 理论导师对自我诊断能力的评价

从理论导师对全日制教育硕士自我诊断能力评价的分布情况可以看出，评价"非常高"的占16.4%，评价"比较高"的占51.8%，评价"一般"的占28.6%，评价"比较低"的占2.9%，评价"非常低"的占0.2%（见表8-2-5）。

表 8-2-5 理论导师对自我诊断能力的评价

评价	人数/人	百分比/%
非常高	1113	16.4
比较高	3513	51.8
一般	1937	28.6
比较低	199	2.9
非常低	15	0.2
总计	6777	100.0

3. 实践导师对自我诊断能力的评价

从实践导师对全日制教育硕士自我诊断能力评价的分布情况来看，评价"非常高"的占28.8%，评价"比较高"的占52.7%，评价"一般"的占17.3%，评价"比较低"的占1.2%，评价"非常低"的占0.1%（见表8-2-6）。

表 8-2-6　实践导师对自我诊断能力的评价

评价	人数/人	百分比/%
非常高	745	28.8
比较高	1365	52.7
一般	449	17.3
比较低	30	1.2
非常低	2	0.1
总计	2591	100.1

4. 任课教师对自我诊断能力的评价

从任课教师对全日制教育硕士自我诊断能力评价的分布情况来看，评价"非常高"的占20.7%，评价"比较高"的占50.5%，评价"一般"的占26.0%，评价"比较低"的占2.6%，评价"非常低"的占0.2%（见表8-2-7）。

表 8-2-7　任课教师对自我诊断能力的评价

评价	人数/人	百分比/%
非常高	1398	20.7
比较高	3414	50.5
一般	1754	26.0
比较低	174	2.6
非常低	16	0.2
总计	6756	100.0

5. 管理者对自我诊断能力的评价

从管理者对全日制教育硕士自我诊断能力评价的分布情况可以看出，评价"非常高"的占25.2%，评价"比较高"的占51.8%，评价"一般"的占21.5%，评价"比较低"的占1.3%，评价"非常低"的占0.2%（见表8-2-8）。

表 8-2-8　管理者对自我诊断能力的评价

评价	人数/人	百分比/%
非常高	515	25.2
比较高	1057	51.8

续表

评价	人数/人	百分比/%
一般	438	21.5
比较低	26	1.3
非常低	4	0.2
总计	2040	100.0

二、自我改进能力

（一）教育硕士对自我改进能力的评价

1. 全体教育硕士对自我改进能力的评价

从全体教育硕士对自我改进能力评价的分布情况可以看出，评价"非常高"的占17.5%，评价"比较高"的占45.4%，评价"一般"的占35.2%，评价"比较低"的占1.7%，评价"非常低"的占0.2%（见表8-2-9）。

表8-2-9　全体教育硕士对自我改进能力的评价

评价	人数/人	百分比/%
非常高	5 431	17.5
比较高	14 111	45.4
一般	10 944	35.2
比较低	537	1.7
非常低	62	0.2
总计	31 085	100.0

2. 在校生对自我改进能力的评价

从在校生对全日制教育硕士自我改进能力评价的分布情况可以看出，评价"非常高"的占15.0%，评价"比较高"的占45.6%，评价"一般"的占37.4%，评价"比较低"的占1.9%，评价"非常低"的占0.2%（见表8-2-10）。

表 8-2-10　在校生对自我改进能力的评价

评价	人数 / 人	百分比 / %
非常高	3 247	15.0
比较高	9 855	45.6
一般	8 085	37.4
比较低	407	1.9
非常低	40	0.2
总计	21 634	100.1

3. 毕业生对自我改进能力的评价

从毕业生对全日制教育硕士自我改进能力评价的分布情况可以看出，评价"非常高"的占 23.1%，评价"比较高"的占 45.0%，评价"一般"的占 30.3%，评价"比较低"的占 1.4%，评价"非常低"的占 0.2%（见表 8-2-11）。

表 8-2-11　毕业生对自我改进能力的评价

评价	人数 / 人	百分比 / %
非常高	2184	23.1
比较高	4256	45.0
一般	2859	30.3
比较低	130	1.4
非常低	22	0.2
总计	9451	100.0

（二）教师对自我改进能力的评价

1. 全体教师对自我改进能力的评价

从全体教师对全日制教育硕士自我改进能力评价的分布情况可以看出，评价"非常高"的占 22.8%，评价"比较高"的占 51.9%，评价"一般"的占 22.9%，评价"比较低"的占 2.2%，评价"非常低"的占 0.2%（见表 8-2-12）。

表 8-2-12　全体教师对自我改进能力的评价

评价	人数 / 人	百分比 / %
非常高	2 610	22.8
比较高	5 942	51.9
一般	2 619	22.9
比较低	249	2.2
非常低	23	0.2
总计	11 443	100.0

2. 理论导师对自我改进能力的评价

从理论导师对全日制教育硕士自我改进能力评价的分布情况可以看出，评价"非常高"的占16.8%，评价"比较高"的占52.9%，评价"一般"的占27.2%，评价"比较低"的占2.9%，评价"非常低"的占0.2%（见表8-2-13）。

表 8-2-13　理论导师对自我改进能力的评价

评价	人数 / 人	百分比 / %
非常高	1140	16.8
比较高	3587	52.9
一般	1841	27.2
比较低	194	2.9
非常低	15	0.2
总计	6777	100.0

3. 实践导师对自我改进能力的评价

从实践导师对全日制教育硕士自我改进能力评价的分布情况可以看出，评价"非常高"的占31.5%，评价"比较高"的占52.1%，评价"一般"的占15.3%，评价"比较低"的占1.0%，评价"非常低"的占0.1%（见表8-2-14）。

表 8-2-14　实践导师对自我改进能力的评价

评价	人数 / 人	百分比 / %
非常高	816	31.5

续表

评价	人数/人	百分比/%
比较高	1350	52.1
一般	397	15.3
比较低	26	1.0
非常低	2	0.1
总计	2591	100.0

4. 任课教师对自我改进能力的评价

从任课教师对全日制教育硕士自我改进能力评价的分布情况可以看出，评价"非常高"的占21.5%，评价"比较高"的占51.3%，评价"一般"的占24.6%，评价"比较低"的占2.4%，评价"非常低"的占0.2%（见表8-2-15）。

表8-2-15　任课教师对自我改进能力的评价

评价	人数/人	百分比/%
非常高	1451	21.5
比较高	3468	51.3
一般	1661	24.6
比较低	162	2.4
非常低	14	0.2
总计	6756	100.0

5. 管理者对自我改进能力的评价

从管理者对全日制教育硕士自我改进能力评价的分布情况可以看出，评价"非常高"的占27.0%，评价"比较高"的占51.0%，评价"一般"的占20.6%，评价"比较低"的占1.2%，评价"非常低"的占0.2%（见表8-2-16）。

表8-2-16　管理者对自我改进能力的评价

评价	人数/人	百分比/%
非常高	551	27.0
比较高	1041	51.0
一般	420	20.6

续表

评价	人数 / 人	百分比 / %
比较低	24	1.2
非常低	4	0.2
总计	2040	100.0

第三节 教学反思能力的差异性分析

一、教学反思能力总体的差异性分析

（一）教育硕士与教学评价能力的差异性分析

1. 个体不同信息与教学反思能力的差异性分析

（1）不同就读院校或工作单位的教育硕士对教学反思能力的评价

不同就读院校或工作单位的教育硕士进行的教学反思能力评价，获取的有效数据是 31 085 人。

经卡方检验，χ^2 值为 192.644**，sig<0.01，表明不同就读院校或工作单位教育硕士在对教学反思能力评价的两个选项上，至少有一个选项的频数百分比有极其显著差异。

对占比进行 Z 检验比较，从不同就读院校或工作单位与教学反思能力评价交叉表中可以看出，在"比较高及以上"选项上，基础教育为 68.8%，高于院校的 59.5%（见表 8-3-1）。

表 8-3-1 就读院校或工作单位与教学反思能力评价交叉表

教学反思能力评价		就读院校或工作单位		总计
		院校	基础教育	
比较高及以上	人数 / 人	14 515$_a$	4 596$_b$	19 111
	占比 / %	59.5	68.8	61.5

续表

教学反思能力评价		就读院校或工作单位		总计
		院校	基础教育	
一般及以下	人数/人	9 890$_a$	2 084$_b$	11 974
	占比/%	40.5	31.2	38.5
总计	人数/人	24 405	6 680	31 085
	占比/%	100.0	100.0	100.0

注：下标字母含义是横向比较，若字母相同，在0.05级别，这些类别的列比例相互之间无显著差异。

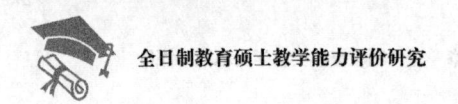

（2）不同城市教育硕士对教学反思能力的评价

不同城市教育硕士进行的教学反思能力评价，获取的有效数据是31 085人。

经卡方检验，χ^2值为29.196**，sig<0.01，表明不同城市教育硕士在对教学反思能力评价的两个选项上，至少有一个选项的频数百分比有极其显著差异。

对占比进行Z检验比较，从不同城市与教学反思能力评价交叉表中可以看出，在"比较高及以上"选项上，其他城市为62.7%，高于其他选项（见表8-3-2）。

表8-3-2　不同城市与教学反思能力评价交叉表

教学反思能力评价		不同城市			总计
		省会城市（自治区首府）	直辖市	其他城市	
比较高及以上	人数/人	7 681$_a$	2 295$_b$	9 135$_c$	19 111
	占比/%	61.2	58.0	62.7	61.5
一般及以下	人数/人	4 868$_a$	1 662$_b$	5 444$_c$	11 974
	占比/%	38.8	42.0	37.3	38.5
总计	人数/人	12 549	3 957	14 579	31 085
	占比/%	100.0	100.0	100.0	100.0

注：下标字母含义是横向比较，若字母相同，在0.05级别，这些类别的列比例相互之间无显著差异。

（3）不同地区教育硕士对教学反思能力的评价

不同地区教育硕士进行的教学反思能力评价，获取的有效数据是

31 085 人。

经卡方检验，χ^2 值为 377.267**，sig<0.01，表明不同地区教育硕士在对教学反思能力评价的两个选项上，至少有一个选项的频数百分比有极其显著差异。

对占比进行 Z 检验比较，从不同地区与教学反思能力评价交叉表中可以看出，在"比较高及以上"选项上，所有地区的平均值为 61.5%，东北地区为 71.0%，高于其他选项；西南地区为 52.4%，低于其他选项（见表 8-3-3）。

表 8-3-3 不同地区与教学反思能力评价交叉表

教学反思能力评价		不同地区							总计
		华东	华南	华中	华北	西南	西北	东北	
比较高及以上	人数/人	3 195$_a$	2 493$_b$	3 191$_b$	2 658$_c$	1 908$_d$	2 428$_b$	3 238$_e$	19 111
	占比/%	63.0	58.4	58.4	65.6	52.4	60.1	71.0	61.5
一般及以下	人数/人	1 875$_a$	1 775$_b$	2 272$_b$	1 391$_c$	1 730$_d$	1 610$_b$	1 321$_e$	11 974
	占比/%	37.0	41.6	41.6	34.4	47.6	39.9	29.0	38.5
总计	人数/人	5 070	4 268	5 463	4 049	3 638	4 038	4 559	31 085
	占比/%	100.0	100.0	100.0	100.0	100.0	100.0	100.0	100.0

注：下标字母含义是横向比较，若字母相同，在 0.05 级别，这些类别的列比例相互之间无显著差异。

（4）有无从教经历教育硕士对教学反思能力的评价

有无从教经历教育硕士进行的教学反思能力评价，获取的有效数据是 31 085 人。

经卡方检验，χ^2 值为 88.101**，sig<0.01，表明有无从教经历教育硕士在对教学反思能力评价的两个选项上，至少有一个选项的频数百分比有极其显著差异。

对占比进行 Z 检验比较，从有无从教经历与教学反思能力评价交叉表中可以看出，在"比较高及以上"选项上，有从教经历为 64.4%，高于无从教经历的 59.2%（见表 8-3-4）。

表 8-3-4 有无从教经历与教学反思能力评价交叉表

教学反思能力评价		有无从教经历		总计
		有	无	
比较高及以上	人数 / 人	8 762$_a$	10 349$_b$	19 111
	占比 / %	64.4	59.2	61.5
一般及以下	人数 / 人	4 840$_a$	7 134$_b$	11 974
	占比 / %	35.6	40.8	38.5
总计	人数 / 人	13 602	17 483	31 085
	占比 / %	100.0	100.0	100.0

注：下标字母含义是横向比较，若字母相同，在0.05级别，这些类别的列比例相互之间无显著差异。

（5）能否胜任教育教学工作的教育硕士对教学反思能力的评价

能否胜任教育教学工作的教育硕士进行的教学反思能力评价，获取的有效数据是31 085人。

经卡方检验，χ^2值为587.487**，sig<0.01，表明能否胜任教育教学工作的教育硕士在对教学反思能力评价的两个选项上，至少有一个选项的频数百分比有极其显著差异。

对占比进行Z检验比较，从能否胜任教育教学工作与教学反思能力评价交叉表中可以看出，在"比较高及以上"选项上，能胜任教育教学工作为63.4%，高于不能胜任教育教学工作的38.1%（见表8-3-5）。

表 8-3-5 是否胜任工作与教学反思能力评价交叉表

教学反思能力评价		能否胜任教育教学工作		总计
		能	否	
比较高及以上	人数 / 人	18 217$_a$	894$_b$	19 111
	占比 / %	63.4	38.1	61.5
一般及以下	人数 / 人	10 520$_a$	1 454$_b$	11 974
	占比 / %	36.6	61.9	38.5
总计	人数 / 人	28 737	2 348	31 085
	占比 / %	100.0	100.0	100.0

注：下标字母含义是横向比较，若字母相同，在0.05级别，这些类别的列比例相互之间无显著差异。

（6）不同专业教育硕士对教学反思能力的评价

不同专业教育硕士进行的教学反思能力评价，获取的有效数据是 31 085 人。其中评价"比较高及以上"的人数为 19 111 人，各专业对其评价的平均百分比为 61.5%，评价"一般及以下"的人数为 11 974 人，各专业对其评价的平均百分比为 38.5%。

对评价的人数残差进行标准化后发现，在评价"一般及以下"的专业中，学科教学·英语的教育硕士对教学反思能力的评价最低，标准化残差为 3.6；其次是小学教育和学科教学·思政，分别为 3.1 和 3.0，职业技术教育为 2.8；心理健康教育、特殊教育、现代教育技术评价也低于平均水平（见表 8-3-6）。

表 8-3-6　教育硕士所在专业与教学反思能力评价交叉表

专业	比较高及以上 人数/人	百分比/%	标准化残差	一般及以下 人数/人	百分比/%	标准化残差	总计/人
小学教育	1 576	57.8	-2.4	1 150	42.2	3.1	2 726
教育管理	880	63.0	0.7	516	37.0	-0.9	1 396
心理健康教育	10 007	61.0	-0.2	643	39.0	0.3	1 650
现代教育技术	753	61.2	-0.1	478	38.8	0.2	1 231
特殊教育	113	58.5	-0.5	80	41.5	0.7	193
职业技术教育	719	56.5	-2.3	553	43.5	2.8	1 272
科学技术教育	122	72.2	1.8	47	27.8	-2.2	169
学前教育	965	63.7	1.1	551	36.3	-1.4	1 516
学科教学·语文	2 346	62.3	0.7	1 419	37.7	-0.8	3 765
学科教学·数学	1 542	64.4	1.8	851	35.6	-2.3	2 393
学科教学·英语	2 815	58.3	-2.9	2 017	41.7	3.6	4 832
学科教学·物理	640	63.7	0.9	365	36.3	-1.1	1 005
学科教学·化学	793	63.7	1.0	451	36.3	-1.3	1 244
学科教学·生物	10 004	64.2	1.3	561	35.8	-1.7	1 565
学科教学·思政	1 296	57.5	-2.4	958	42.5	3.0	2 254
学科教学·历史	984	62.9	0.7	580	37.1	-0.9	1 564
学科教学·地理	743	65.6	1.8	390	34.4	-2.2	1 133

续表

专业	比较高及以上 人数/人	比较高及以上 百分比/%	比较高及以上 标准化残差	一般及以下 人数/人	一般及以下 百分比/%	一般及以下 标准化残差	总计/人
学科教学·体育	247	69.0	1.8	111	31.0	−2.3	358
学科教学·音乐	297	68.0	1.7	140	32.0	−2.2	437
学科教学·美术	269	70.4	2.2	113	29.6	−2.8	382
总计	19 111	61.5	0	11 974	38.5	0	31 085

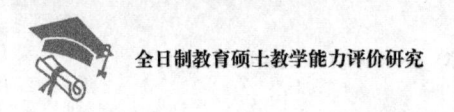

（7）不同隶属层次院校在校生对教学反思能力的评价

不同隶属层次院校在校生进行的教学反思能力评价，获取的有效数据是24 405人。

经卡方检验，χ^2值为21.677**，sig<0.01，表明不同隶属层次院校在校生在对教学反思能力评价的两个选项上，至少有一个选项的频数百分比有极其显著差异。

对占比进行Z检验比较，从不同院校隶属层次与教学反思能力评价交叉表中可以看出，在"比较高及以上"选项上，部属为62.4%，高于其他选项（见表8-3-7）。

表8-3-7 院校隶属层次与教学反思能力评价交叉表

教学反思能力评价		院校隶属层次 部属	院校隶属层次 省属	院校隶属层次 市属	总计
比较高及以上	人数/人	1 293$_a$	10 843$_b$	2 379$_c$	14 515
比较高及以上	占比/%	62.4	59.8	56.7	59.5
一般及以下	人数/人	779$_a$	7 293$_b$	1 818$_c$	9 890
一般及以下	占比/%	37.6	40.2	43.3	40.5
总计	人数/人	2 072	18 136	4 197	24 405
总计	占比/%	100.0	100.0	100.0	100.0

注：下标字母含义是横向比较，若字母相同，在0.05级别，这些类别的列比例相互之间无显著差异。

（8）不同院校类型在校生对教学反思能力的评价

不同类型院校在校生进行的教学反思能力评价，获取的有效数据是

24 405 人。

经卡方检验，χ^2 值为 1.956，sig=0.162>0.05，表明不同类型院校在校生在对教学反思能力的两个选项无显著差异。

（9）不同毕业年限毕业生对教学反思能力的评价

不同毕业年限毕业生进行的教学反思能力评价，获取的有效数据是 9451 人。

经卡方检验，χ^2 值为 58.519**，sig<0.01，表明不同毕业年限毕业生在对教学反思能力评价的两个选项上，至少有一个选项的频数百分比有极其显著差异。

对占比进行 Z 检验比较，从毕业年限与教学反思能力评价交叉表中可以看出，在"比较高及以上"选项上，5～6 年为 78.3%，高于其他选项，但与 7 年以上无显著差异；一年以下为 64.3%，低于其他选项（见表 8-3-8）。

表 8-3-8 毕业年限与教学反思能力评价交叉表

教学反思能力评价		毕业年限					总计
		1 年以下	1～2 年	3～4 年	5～6 年	7 年以上	
比较高及以上	人数/人	2980$_a$	2038$_b$	929$_{b,c}$	260$_d$	172$_{c,d}$	6379
	占比/%	64.3	68.9	71.2	78.3	76.8	67.5
一般及以下	人数/人	1652$_a$	921$_b$	375$_{b,c}$	72$_d$	52$_{c,d}$	3072
	占比/%	35.7	31.1	28.8	21.7	23.2	32.5
总计	人数/人	4632	2959	1304	332	224	9451
	占比/%	100.0	100.0	100.0	100.0	100.0	100.0

注：下标字母含义是横向比较，若字母相同，在 0.05 级别，这些类别的列比例相互之间无显著差异。

（10）是否工作毕业生对教学反思能力的评价

是否工作毕业生进行的教学反思能力评价，获取的有效数据是 9451 人。

经卡方检验，χ^2 值为 100.042**，sig<0.01，表明是否工作毕业生在对教学反思能力评价的两个选项上，至少有一个选项的频数百分比有极其显著差异。

对占比进行 Z 检验比较，从是否工作与教学反思能力评价交叉表中可以看出,在"比较高及以上"选项上,已工作为70.2%,高于未工作的58.9%(见表8-3-9)。

表8-3-9 是否工作与教学反思能力评价交叉表

教学反思能力评价		是否工作		总计
		是	否	
比较高及以上	人数/人	5044$_a$	1335$_b$	6379
	占比/%	70.2	58.9	67.5
一般及以下	人数/人	2141$_a$	931$_b$	3072
	占比/%	29.8	41.1	32.5
总计	人数/人	7185	2266	9451
	占比/%	100.0	100.0	100.0

注:下标字母含义是横向比较,若字母相同,在0.05级别,这些类别的列比例相互之间无显著差异。

(11)毕业生是否为师范专业对教学反思能力的评价

毕业生是否为师范专业进行的教学反思能力评价,获取的有效数据是7185人。

经卡方检验,χ^2值为18.583**,sig<0.01,表明毕业生是否为师范专业在对教学反思能力评价的两个选项上,至少有一个选项的频数百分比有极其显著差异。

对占比进行Z检验比较,从是否为师范专业与教学反思能力评价交叉表中可以看出,在"比较高及以上"选项上,师范专业为72.1%,高于非师范专业的67.3%(见表8-3-10)。

表8-3-10 是否为师范专业与教学反思能力评价交叉表

教学反思能力评价		是否为师范专业		总计
		是	否	
比较高及以上	人数/人	3171$_a$	1873$_b$	5044
	占比/%	72.1	67.3	70.2

续表

教学反思能力评价		是否为师范专业		总计
		是	否	
一般及以下	人数 / 人	1230$_a$	911$_b$	2141
	占比 / %	27.9	32.7	29.8
总计	人数 / 人	4401	2784	7185
	占比 / %	100.0	100.0	100.0

注：下标字母含义是横向比较，若字母相同，在0.05级别，这些类别的列比例相互之间无显著差异。

2. 在校生和毕业生对教学反思能力评价的差异性分析

在校生和毕业生进行的教学反思能力评价，获取的有效数据是31 085人。

经卡方检验，χ^2值为207.511**，sig<0.01，表明在校生和毕业生在对教学反思能力评价的两个选项上，至少有一个选项的频数百分比有极其显著差异。

对占比进行Z检验比较，从在校生和毕业生与教学反思能力评价交叉表中可以看出，在"比较高及以上"选项上，毕业生为67.5%，高于在校生的58.9%（见表8-3-11）。

表8-3-11　在校生和毕业生与教学反思能力评价交叉表

教学反思能力评价		身份		总计
		毕业生	在校生	
比较高及以上	人数 / 人	6 379$_a$	12 732$_b$	19 111
	占比 / %	67.5	58.9	61.5
一般及以下	人数 / 人	3 072$_a$	8 902$_b$	11 974
	占比 / %	32.5	41.1	38.5
总计	人数 / 人	9 451	21 634	31 085
	占比 / %	100.0	100.0	100.0

注：下标字母含义是横向比较，若字母相同，在0.05级别，这些类别的列比例相互之间无显著差异。

（二）教师与教学反思能力的差异性分析

1. 教师个体不同信息与教学反思能力的差异性分析

（1）不同工作单位教师对教学反思能力的评价

不同工作单位教师进行的教学反思能力评价，获取的有效数据是11 443人。

经卡方检验，χ^2值为163.388**，sig<0.01，表明不同工作单位教师在对教学反思能力评价的两个选项上，至少有一个选项的频数百分比有极其显著差异。

对占比进行Z检验比较，从工作单位性质与教学反思能力评价交叉表中可以看出，在"比较高及以上"选项上，基础教育为82.7%，高于院校的71.1%（见表8-3-12）。

表8-3-12　工作单位性质与教学反思能力评价交叉表

教学反思能力评价		工作单位性质		总计
		院校	基础教育	
比较高及以上	人数/人	5 823$_a$	2 689$_b$	8 512
	占比/%	71.1	82.7	74.4
一般及以下	人数/人	2 367$_a$	564$_b$	2 931
	占比/%	28.9	17.3	25.6
总计	人数/人	8 190	3 253	11 443
	占比/%	100.0	100.0	100.0

注：下标字母含义是横向比较，若字母相同，在0.05级别，这些类别的列比例相互之间无显著差异。

（2）不同城市教师对教学反思能力的评价

不同城市教师进行的教学反思能力评价，获取的有效数据是11 443人。

经卡方检验，χ^2值为10.758，sig=0.06>0.05，表明不同城市教师在对教学反思能力评价的两个选项上无显著差异。

(3) 不同地区教师对教学反思能力的评价

不同地区教师进行的教学反思能力评价，获取的有效数据是 11 443 人。

经卡方检验，χ^2 值为 25.364**，sig<0.01，表明不同地区教师在对教学反思能力评价的两个选项上，至少有一个选项的频数百分比有极其显著差异。

对占比进行 Z 检验比较，从不同地区与教学反思能力评价交叉表中可以看出，在"比较高及以上"选项上，所有地区的平均值为 74.4%，西南地区为 70.5%、西北地区为 71.4%，低于其他选项，但二者与华南地区无显著差异（见表 8-3-13）。

表 8-3-13　不同地区与教学反思能力评价交叉表

教学反思能力评价		不同地区							总计
		华东	华南	华中	华北	西南	西北	东北	
比较高及以上	人数/人	1 883$_{a,b}$	844$_{b,c}$	1 373$_{a,b}$	1 087$_{a,b}$	836$_c$	937$_c$	1 552$_a$	8 512
	占比/%	75.3	73.3	74.8	75.9	70.5	71.4	76.8	74.4
一般及以下	人数/人	619$_{a,b}$	308$_{b,c}$	463$_{a,b}$	345$_{a,b}$	350$_c$	376$_c$	470$_a$	2 931
	占比/%	24.7	26.7	25.2	24.1	29.5	28.6	23.2	25.6
总计	人数/人	2 502	1 152	1 836	1 432	1 186	1 313	2 022	11 443
	占比/%	100.0	100.0	100.0	100.0	100.0	100.0	100.0	100.0

注：下标字母含义是横向比较，若字母相同，在 0.05 级别，这些类别的列比例相互之间无显著差异。

(4) 不同年龄教师对教学反思能力的评价

不同年龄教师进行的教学反思能力评价，获取的有效数据是 11 443 人。

经卡方检验，χ^2 值为 38.776**，sig<0.01，表明不同年龄教师对教学反思能力评价的两个选项上，至少有一个选项的频数百分比有极其显著差异。

对占比进行 Z 检验比较，从年龄与教学反思能力评价交叉表中可以看出，在"比较高及以上"选项上，35 岁及以下为 78.6%，高于其他选项；56 岁及以上为 68.3%，低于其他选项（见表 8-3-14）。

表 8-3-14　年龄与教学反思能力评价交叉表

教学反思能力评价		年龄				总计
		35 岁及以下	36～45 岁	46～55 岁	56 岁及以上	
比较高及以上	人数/人	1 177$_a$	3 414$_b$	3 163$_b$	758$_c$	8 512
	占比/%	78.6	75.3	73.5	68.3	74.4
一般及以下	人数/人	321$_a$	1 119$_b$	1 140$_b$	351$_c$	2 931
	占比/%	21.4	24.7	26.5	31.7	25.6
总计	人数/人	1 498	4 533	4 303	1 109	11 443
	占比/%	100.0	100.0	100.0	100.0	100.0

注：下标字母含义是横向比较，若字母相同，在 0.05 级别，这些类别的列比例相互之间无显著差异。

（5）不同学历教师对教学反思能力的评价

不同学历教师进行的教学反思能力评价，获取的有效数据是 11 443 人。

经卡方检验，χ^2 值为 110.815**，sig<0.01，表明不同学历教师对教学反思能力评价的两个选项上，至少有一个选项的频数百分比有极其显著差异。

对占比进行 Z 检验比较，从学历与教学反思能力评价交叉表中可以看出，在"比较高及以上"选项上，本科生及以下为 82.0%，高于其他选项（见表 8-3-15）。

表 8-3-15　学历与教学反思能力评价交叉表

教学反思能力评价		学历			总计
		博士研究生	硕士研究生	本科生及以下	
比较高及以上	人数/人	3 462$_a$	2 997$_b$	2 053$_c$	8 512
	占比/%	70.7	74.1	82.0	74.4
一般及以下	人数/人	1 434$_a$	1 046$_b$	451$_c$	2 931
	占比/%	29.3	25.9	18.0	25.6
总计	人数/人	4 896	4 043	2 504	11 443
	占比/%	100.0	100.0	100.0	100.0

注：下标字母含义是横向比较，若字母相同，在 0.05 级别，这些类别的列比例相互之间无显著差异。

（6）不同职称教师对教学反思能力的评价

不同职称教师进行的教学反思能力评价，获取的有效数据是 11 443 人。

经卡方检验，χ^2 值为 51.144**，sig<0.01，表明不同职称教师对教学反思能力评价的两个选项上，至少有一个选项的频数百分比有极其显著差异。

对占比进行 Z 检验比较，职称与教学反思能力评价交叉表中可以看出，在"比较高及以上"选项上，中级及以下为 78.6%，高于其他选项（见表 8-3-16）。

表 8-3-16　职称与教学反思能力评价交叉表

教学反思能力评价		职称			总计
		正高级	副高级	中级及以下	
比较高及以上	人数/人	2 141$_a$	4 453$_b$	1 918$_c$	8 512
	占比/%	70.2	74.8	78.6	74.4
一般及以下	人数/人	909$_a$	1 499$_b$	523$_c$	2 931
	占比/%	29.8	25.2	21.4	25.6
总计	人数/人	3 050	5 952	2 441	11 443
	占比/%	100.0	100.0	100.0	100.0

注：下标字母含义是横向比较，若字母相同，在 0.05 级别，这些类别的列比例相互之间无显著差异。

（7）不同工作年限教师对教学反思能力的评价

不同工作年限教师进行的教学反思能力评价，获取的有效数据是 11 443 人。

经卡方检验，χ^2 值为 14.081**，sig<0.01，表明不同工作年限教师对教学反思能力评价的两个选项上，至少有一个选项的频数百分比有极其显著差异。

对占比进行 Z 检验比较，从工作年限与教学反思能力评价交叉表中可以看出，在"比较高及以上"选项上，0~10 年为 76.9%，高于其他选项，但与 21~30 年无显著差异（见表 8-3-17）。

表 8-3-17　工作年限与教学反思能力评价交叉表

教学反思能力评价		工作年限				总计
		0～10年	11～20年	21～30年	30年以上	
比较高及以上	人数/人	1 709$_a$	2 496$_{b,c}$	2 706$_{a,c}$	1 601$_b$	8 512
	占比/%	76.9	73.7	74.8	72.3	74.4
一般及以下	人数/人	512$_a$	893$_{b,c}$	912$_{a,c}$	614$_b$	2 931
	占比/%	23.1	26.3	25.2	27.7	25.6
总计	人数/人	2 221	3 389	3 618	2 215	11 443
	占比/%	100.0	100.0	100.0	100.0	100.0

注：下标字母含义是横向比较，若字母相同，在0.05级别，这些类别的列比例相互之间无显著差异。

（8）不同专业教师对教学反思能力的评价

对不同专业教师进行的教学反思能力评价上，共11 443人参与调查。有455人评价了其他项，不统计在内，故获取的有效数据是10 988人。其中评价"比较高及以上"的人数为8172人，各专业对其评价的平均百分比为74.4%，评价"一般及以下"的人数为2816人，各专业对其评价的平均百分比为25.6%。

对评价的人数残差进行标准化后发现，在评价"一般及以下"的专业中，学科教学·英语的教育硕士对教学评价能力的评价最低，标准化残差为2.5；其次是学科教学·体育和心理健康教育，分别为2.4和1.9，特殊教育为1.6；小学教育的评价也低于平均水平，其标准化残差大于1（见表8-3-18）。

表 8-3-18　教师所在专业与教学反思能力评价交叉表

专业	比较高及以上			一般及以下			总计/人
	人数/人	百分比/%	标准化残差	人数/人	百分比/%	标准化残差	
小学教育	601	72.2	-0.7	231	27.8	1.2	832
教育管理	374	72.2	-0.6	144	27.8	1.0	518
心理健康教育	285	69.7	-1.1	124	30.3	1.9	409
现代教育技术	296	76.7	0.5	90	23.3	-0.9	386

续表

专业	比较高及以上 人数/人	比较高及以上 百分比/%	比较高及以上 标准化残差	一般及以下 人数/人	一般及以下 百分比/%	一般及以下 标准化残差	总计/人
特殊教育	24	61.5	-0.9	15	38.5	1.6	39
职业技术教育	376	74.0	-0.1	132	26.0	0.2	508
科学技术教育	50	78.1	0.3	14	21.9	-0.6	64
学前教育	327	76.2	0.4	102	23.8	-0.8	429
学科教学·语文	1 126	75.9	0.7	358	24.1	-1.1	1 484
学科教学·数学	615	75.9	0.5	195	24.1	-0.9	810
学科教学·英语	968	71.0	-1.5	396	29.0	2.5	1 364
学科教学·物理	328	76.3	0.5	102	23.7	-0.8	430
学科教学·化学	395	73.4	-0.3	143	26.6	0.4	538
学科教学·生物	488	78.3	1.1	135	21.7	-2.0	623
学科教学·思政	559	73.8	-0.2	198	26.2	0.3	757
学科教学·历史	411	73.8	-0.2	146	26.2	0.3	557
学科教学·地理	421	78.1	1.0	118	21.9	-1.7	539
学科教学·体育	110	65.1	-1.4	59	34.9	2.4	169
学科教学·音乐	235	78.3	0.8	65	21.7	-1.4	300
学科教学·美术	183	78.9	0.8	49	21.1	-1.4	232
总计	8 172	74.4	0	2 816	25.6	0	10 988

（9）不同隶属层次院校教师对教学反思能力的评价

不同隶属层次院校教师进行的教学反思能力评价，获取的有效数据是8190人。

经卡方检验，χ^2值为2.471，sig=0.291>0.05，表明不同隶属层次院校教师在对教学反思能力的两个选项无显著差异。

（10）不同类型院校教师对教学反思能力的评价

不同类型院校教师进行的教学反思能力评价，获取的有效数据是8190人。

经卡方检验，χ^2值为21.758**，sig<0.01，表明不同类型院校教育硕士在对教学反思能力评价的两个选项上，至少有一个选项的频数百分比有极其显著差异。

对占比进行 Z 检验比较，从院校类型与教学反思能力评价交叉表中可以看出，在"比较高及以上"选项上，非师范类为 74.7%，高于师范类的 69.6%（见表 8-3-19）。

表 8-3-19　院校类型与教学反思能力评价交叉表

教学反思能力评价		院校类型		总计
		师范类	非师范类	
比较高及以上	人数 / 人	4005$_a$	1818$_b$	5823
	占比 / %	69.6	74.7	71.1
一般及以下	人数 / 人	1751$_a$	616$_b$	2367
	占比 / %	30.4	25.3	28.9
总计	人数 / 人	5756	2434	8190
	占比 / %	100.0	100.0	100.0

注：下标字母含义是横向比较，若字母相同，在 0.05 级别，这些类别的列比例相互之间无显著差异。

（11）有无教育学相关背景教师对教学反思能力的评价

有无教育学相关背景教师进行的教学反思能力评价，获取的有效数据是 6777 人。

经卡方检验，χ^2 值为 0.019，sig=0.891>0.05，表明有无教育学相关背景教师在对教学反思能力评价的两个选项上无显著差异。

（12）有无基础教育工作经历和研究经历教师对教学反思能力的评价

有无基础教育工作经历和研究经历教师进行的教学反思能力评价，获取的有效数据是 6777 人。

经卡方检验，χ^2 值为 10.615**，sig<0.01，表明有无基础教育工作经历和研究经历教师对教学反思能力评价的两个选项上，至少有一个选项的频数百分比有极其显著差异。

对占比进行 Z 检验比较，从有无基础教育工作经历和研究经历与教学反思能力评价交叉表中可以看出，在"比较高及以上"选项上，有基础教育工作经历和研究经历为 71.0%，高于无基础教育工作经历和研究经历的 67.1%（见表 8-3-20）。

表 8-3-20　有无基础教育工作经历和研究经历与教学反思能力评价交叉表

教学反思能力评价		有无基础教育工作经历和研究经历		总计
		有	无	
比较高及以上	人数 / 人	3215$_a$	1510$_b$	4725
	占比 / %	71.0	67.1	69.7
一般及以下	人数 / 人	1313$_a$	739$_b$	2052
	占比 / %	29.0	32.9	30.3
总计	人数 / 人	4528	2249	6777
	占比 / %	100.0	100.0	100.0

注：下标字母含义是横向比较，若字母相同，在 0.05 级别，这些类别的列比例相互之间无显著差异。

（13）教师担任导师年限对教学反思能力的评价

教师担任导师年限进行的教学反思能力评价，获取的有效数据是 9368 人。

经卡方检验，χ^2 值为 41.640**，sig<0.01，表明教师担任导师年限对教学反思能力评价的两个选项上，至少有一个选项的频数百分比有极其显著差异。

对占比进行 Z 检验比较，从担任导师年限与教学反思能力评价交叉表中可以看出，在"比较高及以上"选项上，0～5 年为 75.5%，高于其他选项（见表 8-3-21）。

表 8-3-21　担任导师年限与教学反思能力评价交叉表

教学反思能力评价		担任导师年限					总计
		0～5 年	6～10 年	11～15 年	16～20 年	20 年以上	
比较高及以上	人数 / 人	4227$_a$	1618$_b$	619$_b$	245$_b$	156$_b$	6865
	占比 / %	75.5	71.0	68.0	70.6	65.8	73.3
一般及以下	人数 / 人	1368$_a$	661$_b$	291$_b$	102$_b$	81$_b$	2503
	占比 / %	24.5	29.0	32.0	29.4	34.2	26.7
总计	人数 / 人	5595	2279	910	347	237	9368
	占比 / %	100.0	100.0	100.0	100.0	100.0	100.0

注：下标字母含义是横向比较，若字母相同，在 0.05 级别，这些类别的列比例相互之间无显著差异。

（14）双导师间是否经常沟通合作对教学反思能力的评价

双导师间是否经常沟通合作进行的教学反思能力评价，获取的有效数据是9368人。

经卡方检验，χ^2值为234.550**，sig<0.01，表明双导师间是否经常沟通合作对教学反思能力评价的两个选项上，至少有一个选项的频数百分比有极其显著差异。

对占比进行Z检验比较，从双导师间是否经常沟通合作与教学反思能力评价交叉表中可以看出，在"比较高及以上"选项上，经常沟通合作占比为76.3%，高于不经常沟通合作所占比例（见表8-3-22）。

表 8-3-22　双导师间是否经常沟通合作与教学反思能力评价交叉表

教学反思能力评价		双导师间是否经常沟通合作		总计
		是	否	
比较高及以上	人数/人	6029$_a$	836$_b$	6865
	占比/%	76.3	57.0	73.3
一般及以下	人数/人	1873$_a$	630$_b$	2503
	占比/%	23.7	43.0	26.7%
总计	人数/人	7902	1466	9368
	占比/%	100.0	100.0	100.0

注：下标字母含义是横向比较，若字母相同，在0.05级别，这些类别的列比例相互之间无显著差异。

2. 不同教师身份与教学反思能力评价的差异性分析

不同身份教师进行的教学反思能力评价，获取的有效数据是18 164人。

经卡方检验，χ^2值为192.996**，sig<0.01，表明不同教师身份对教学反思能力评价的两个选项上，至少有一个选项的频数百分比有极其显著差异。

对占比进行Z检验比较，从不同教师身份与教学反思能力评价交叉表中可以看出，在"比较高及以上"选项上，实践导师为82.6%，高于其他选项；理论导师为69.7%，低于其他选项（见表8-3-23）。

表 8-3-23　教师身份与教学反思能力评价交叉表

教学反思能力评价		教师身份				总计
		理论导师	实践导师	任课教师	管理者	
比较高及以上	人数 / 人	4 725$_a$	2 140$_b$	4 901$_c$	1 608$_d$	13 374
	占比 / %	69.7	82.6	72.5	78.8	73.6
一般及以下	人数 / 人	2 052$_a$	451$_b$	1 855$_c$	432$_d$	4 790
	占比 / %	30.3	17.4	27.5	21.2	26.4
总计	人数 / 人	6 777	2 591	6 756	2 040	18 164
	占比 / %	100.0	100.0	100.0	100.0	100.0

注：下标字母含义是横向比较，若字母相同，在 0.05 级别，这些类别的列比例相互之间无显著差异。

（三）教育硕士和教师与教学反思能力评价的差异性分析

教育硕士和教师进行的教学反思能力评价，获取的有效数据是 42 528 人。

经卡方检验，χ^2 值为 612.019**，sig<0.01，表明教育硕士和教师在对教学反思能力评价的两个选项上，至少有一个选项的频数百分比有极其显著差异。

对占比进行 Z 检验比较，从教育硕士和教师与教学反思能力评价交叉表中可以看出，在"比较高及以上"选项上，教师为 74.4%，高于教育硕士的 61.5%（见表 8-3-24）。

表 8-3-24　教育硕士和教师与教学反思能力评价交叉表

教学反思能力评价		身份		总计
		教育硕士	教师	
比较高及以上	人数 / 人	19 111$_a$	8 512$_b$	27 623
	占比 / %	61.5	74.4	65.0
一般及以下	人数 / 人	11 974$_a$	2 931$_b$	14 905
	占比 / %	38.5	25.6	35.0
总计	人数 / 人	31 085	11 443	42 528
	占比 / %	100.0	100.0	100.0

注：下标字母含义是横向比较，若字母相同，在 0.05 级别，这些类别的列比例相互之间无显著差异。

二、教学反思能力各维度的差异性分析

（一）自我诊断能力

1. 在校生和毕业生与自我诊断能力评价的差异性分析

在校生和毕业生进行的自我诊断能力评价，获取的有效数据是 31 085 人。

经卡方检验，χ^2 值为 184.331**，sig<0.01，表明在校生和毕业生在对自我诊断能力评价的两个选项上，至少有一个选项的频数百分比有极其显著差异。

对占比进行 Z 检验比较，从在校生和毕业生与自我诊断能力评价交叉表中可以看出，在"比较高及以上"选项上，毕业生为 67.8%，高于在校生的 59.7%（见表 8-3-25）。

表 8-3-25 在校生和毕业生与自我诊断能力评价交叉表

自我诊断能力评价		身份		总计
		毕业生	在校生	
比较高及以上	人数/人	6 411$_a$	12 919$_b$	19 330
	占比/%	67.8	59.7	62.2
一般及以下	人数/人	3 040$_a$	8 715$_b$	11 755
	占比/%	32.2	40.3	37.8
总计	人数/人	9 451	21 634	31 085
	占比/%	100.0	100.0	100.0

注：下标字母含义是横向比较，若字母相同，在 0.05 级别，这些类别的列比例相互之间无显著差异。

2. 不同教师身份与自我诊断能力评价的差异性分析

不同身份教师进行的自我诊断能力评价，获取的有效数据是 18 164 人。

经卡方检验，χ^2 值为 189.828**，sig<0.01，表明不同教师身份对自我诊断能力评价的两个选项上，至少有一个选项的频数百分比有极其显著差异。

对占比进行 Z 检验比较，从不同教师身份与自我诊断能力评价交叉表中可以看出，在"比较高及以上"选项上，实践导师为 81.4%，高于其他选项；理论导师为 68.3%，低于其他选项（见表 8-3-26）。

表 8-3-26　教师身份与自我诊断能力评价交叉表

自我诊断能力评价		教师身份				总计
		理论导师	实践导师	任课教师	管理者	
比较高及以上	人数/人	4 626$_a$	2 110$_b$	4 812$_c$	1 572$_d$	13 120
	占比/%	68.3	81.4	71.2	77.1	72.2
一般及以下	人数/人	2 151$_a$	481$_b$	1 944$_c$	468$_d$	5 044
	占比/%	31.7	18.6	28.8	22.9	27.8
总计	人数/人	6 777	2 591	6 756	2 040	18 164
	占比/%	100.0	100.0	100.0	100.0	100.0

注：下标字母含义是横向比较，若字母相同，在 0.05 级别，这些类别的列比例相互之间无显著差异。

3. 教育硕士和教师与自我诊断能力评价的差异性分析

教育硕士和教师进行的自我诊断能力评价，获取的有效数据是 42 528 人。经卡方检验，χ^2 值为 436.740**，sig<0.01，表明教育硕士和教师在对自我诊断能力评价的两个选项上，至少有一个选项的频数百分比有极其显著差异。

对占比进行 Z 检验比较，从教育硕士和教师与自我诊断能力评价交叉表中可以看出，在"比较高及以上"选项上，教师为 73.1%，高于教育硕士的 62.2%（见表 8-3-27）。

表 8-3-27　教育硕士和教师与自我诊断能力评价交叉表

自我诊断能力评价		身份		总计
		教育硕士	教师	
比较高及以上	人数/人	19 330$_a$	8 362$_b$	27 692
	占比/%	62.2	73.1	65.1
一般及以下	人数/人	11 755$_a$	3 081$_b$	14 836
	占比/%	37.8	26.9	34.9
总计	人数/人	31 085	11 443	42 528
	占比/%	100.0	100.0	100.0

注：下标字母含义是横向比较，若字母相同，在 0.05 级别，这些类别的列比例相互之间无显著差异。

（二）自我改进能力

1. 在校生和毕业生与自我改进能力评价的差异性分析

在校生和毕业生进行的自我改进能力评价，获取的有效数据是 31 085 人。

经卡方检验，χ^2 值为 161.840**，sig<0.01，表明在校生和毕业生在对自我改进能力评价的两个选项上，至少有一个选项的频数百分比有极其显著差异。

对占比进行 Z 检验比较，从在校生和毕业生与自我改进能力评价交叉表中可以看出，在"比较高及以上"选项上，毕业生为 68.1%，高于在校生的 60.6%（见表 8-3-28）。

表 8-3-28　在校生和毕业生与自我改进能力评价交叉表

自我改进能力评价		身份		总计
		毕业生	在校生	
比较高及以上	人数/人	6 440$_a$	13 102$_b$	19 542
	占比/%	68.1	60.6	62.9
一般及以下	人数/人	3 011$_a$	8 532$_b$	11 543
	占比/%	31.9	39.4	37.1
总计	人数/人	9 451	21 634	31 085
	占比/%	100.0	100.0	100.0

注：下标字母含义是横向比较，若字母相同，在 0.05 级别，这些类别的列比例相互之间无显著差异。

2. 不同教师身份与自我改进能力评价的差异性分析

不同身份教师进行的自我改进能力评价，获取的有效数据是 18 164 人。

经卡方检验，χ^2 值为 208.450**，sig<0.01，表明不同教师身份对自我改进能力评价的两个选项上，至少有一个选项的频数百分比有极其显著差异。

对占比进行 Z 检验比较，从不同教师身份与自我改进能力评价交叉表中可以看出，在"比较高及以上"选项上，实践导师为 83.6%，高于其他选项；理论教师为 69.8%，低于其他选项（见表 8-3-29）。

表 8-3-29　教师身份与自我改进能力评价交叉表

自我改进能力评价		教师身份				总计
		理论导师	实践导师	任课教师	管理者	
比较高及以上	人数/人	4 727$_a$	2 166$_b$	4 919$_c$	1 592$_d$	13 404
	占比/%	69.8	83.6	72.8	78.0	73.8
一般及以下	人数/人	2 050$_a$	425$_b$	1 837$_c$	448$_d$	4 760
	占比/%	30.2	16.4	27.2	22.0	26.2
总计	人数/人	6 777	2 591	6 756	2 040	18 164
	占比/%	100.0	100.0	100.0	100.0	100.0

注：下标字母含义是横向比较，若字母相同，在 0.05 级别，这些类别的列比例相互之间无显著差异。

3. 教育硕士和教师与自我改进能力评价的差异性分析

教育硕士和教师进行的自我改进能力评价，获取的有效数据是 42 528 人。

经卡方检验，χ^2 值为 525.553**，sig<0.01，表明教育硕士和教师在对自我改进能力评价的两个选项上，至少有一个选项的频数百分比有极其显著差异。

对占比进行 Z 检验比较，从教育硕士和教师与自我改进能力评价交叉表中可以看出，在"比较高及以上"选项上，教师为 74.7%，高于教育硕士的 62.9%（见表 8-3-30）。

表 8-3-30　教育硕士和教师与自我改进能力评价交叉表

自我改进能力评价		身份		总计
		教育硕士	教师	
比较高及以上	人数/人	19 542$_a$	8 552$_b$	28 094
	占比/%	62.9	74.7	66.1
一般及以下	人数/人	11 543$_a$	2 891$_b$	14 434
	占比/%	37.1	25.3	33.9
总计	人数/人	31 085	11 443	42 528
	占比/%	100.0	100.0	100.0

注：下标字母含义是横向比较，若字母相同，在 0.05 级别，这些类别的列比例相互之间无显著差异。

第九章　全日制教育硕士教学研究能力评价

第一节　教学研究能力总体评价

一、教育硕士对教学研究能力的评价

（一）全体教育硕士对教学研究能力的评价

从全体教育硕士对全日制教育硕士教学研究能力评价的分布情况可以看出，评价"非常高"的占16.3%，评价"比较高"的占40.8%，评价"一般"的占40.0%，评价"比较低"的占2.6%，评价"非常低"的占0.3%（见表9-1-1）。

表 9-1-1　全体教育硕士对教学研究能力的评价

评价	人数/人	百分比/%
非常高	5 061	16.3
比较高	12 684	40.8
一般	12 444	40.0
比较低	812	2.6
非常低	84	0.3
总计	31 085	100.0

（二）在校生对教学研究能力的评价

从在校生中对全日制教育硕士教学研究能力评价的分布情况可以看出，评

价"非常高"的占 13.8%，评价"比较高"的占 40.3%，评价"一般"的占 42.7%，评价"比较低"的占 2.9%，评价"非常低"的占 0.2%（见表 9-1-2）。

表 9-1-2 在校生对教学研究能力的评价

评价	人数/人	百分比/%
非常高	2 978	13.8
比较高	8 729	40.3
一般	9 236	42.7
比较低	637	2.9
非常低	54	0.2
总计	21 634	99.9

（三）毕业生对教学研究能力的评价

从毕业生对全日制教育硕士教学研究能力评价的分布情况可以看出，评价"非常高"的占 22.0%，评价"比较高"的占 41.8%，评价"一般"的占 33.9%，评价"比较低"的占 1.9%，评价"非常低"的占 0.3%（见表 9-1-3）。

表 9-1-3 毕业生对教学研究能力的评价

评价	人数/人	百分比/%
非常高	2083	22.0
比较高	3955	41.8
一般	3208	33.9
比较低	175	1.9
非常低	30	0.3
总计	9451	99.9

二、教师对教学研究能力的评价

（一）全体教师对教学研究能力的评价

从全体教师对全日制教育硕士教学研究能力评价的分布情况可以看出，评价"非常高"的占 21.9%,评价"比较高"的占 50.4%,评价"一般"的占 24.7%,评价"比较低"的占 2.7%,评价"非常低"的占 0.3%(见表 9-1-4)。

表 9-1-4　全体教师对教学研究能力的评价

评价	人数/人	百分比/%
非常高	2 511	21.9
比较高	5 769	50.4
一般	2 821	24.7
比较低	312	2.7
非常低	30	0.3
总计	11 443	100.0

（二）理论导师对教学研究能力的评价

从理论导师对全日制教育硕士教学研究能力评价的分布情况可以看出,评价"非常高"的占 15.7%,评价"比较高"的占 50.5%,评价"一般"的占 29.7%,评价"比较低"的占 3.7%,评价"非常低"的占 0.3%(见表 9-1-5)。

表 9-1-5　理论导师对教学研究能力的评价

评价	人数/人	百分比/%
非常高	1067	15.7
比较高	3422	50.5
一般	2011	29.7
比较低	254	3.7
非常低	23	0.3
总计	6777	99.9

（三）实践导师对教学研究能力的评价

从实践导师对全日制教育硕士教学研究能力评价的分布情况可以看出,评价"非常高"的占 31.7%,评价"比较高"的占 52.5%,评价"一般"的占

14.9%，评价"比较低"的占 0.9%，评价"非常低"的占 0.1%（见表 9-1-6）。

表 9-1-6　实践导师对教学研究能力的评价

评价	人数 / 人	百分比 / %
非常高	822	31.7
比较高	1359	52.5
一般	385	14.9
比较低	23	0.9
非常低	2	0.1
总计	2591	100.1

（四）任课教师对教学研究能力的评价

从任课教师对全日制教育硕士教学研究能力评价的分布情况可以看出，评价"非常高"的占 20.5%，评价"比较高"的占 49.4%，评价"一般"的占 26.6%，评价"比较低"的占 3.2%，评价"非常低"的占 0.3%（见表 9-1-7）。

表 9-1-7　任课教师对教学研究能力的评价

评价	人数 / 人	百分比 / %
非常高	1382	20.5
比较高	3337	49.4
一般	1796	26.6
比较低	218	3.2
非常低	23	0.3
总计	6756	100.0

（五）管理者对教学研究能力的评价

从管理者对全日制教育硕士教学研究能力评价的分布情况可以看出，评价"非常高"的占 26.5%，评价"比较高"的占 49.9%，评价"一般"的占 21.6%，评价"比较低"的占 1.8%，评价"非常低"的占 0.3%（见表 9-1-8）。

表 9-1-8　管理者对教学研究能力的评价

评价	人数 / 人	百分比 / %
非常高	540	26.5
比较高	1018	49.9
一般	440	21.6
比较低	36	1.8
非常低	6	0.3
总计	2040	100.1

第二节　教学研究能力各维度评价

一、问题提出能力

（一）教育硕士对问题提出能力的评价

1. 全体教育硕士对问题提出能力的评价

从全体教育硕士对全日制教育硕士问题提出能力评价的分布情况可以看出，评价"非常高"的占17.3%，评价"比较高"的占43.5%，评价"一般"的占36.6%，评价"比较低"的占2.4%，评价"非常低"的占0.2%（见表9-2-1）。

表 9-2-1　全体教育硕士对问题提出能力的评价

评价	人数 / 人	百分比 / %
非常高	5 377	17.3
比较高	13 512	43.5
一般	11 381	36.6
比较低	742	2.4
非常低	73	0.2
总计	31 085	100.0

2. 在校生对问题提出能力的评价

从在校生对全日制教育硕士问题提出能力评价的分布情况可以看出，评价"非常高"的占 14.7%，评价"比较高"的占 43.3%，评价"一般"的占 39.1%，评价"比较低"的占 2.7%，评价"非常低"的占 0.2%（见表 9-2-2）。

表 9-2-2 在校生对问题提出能力的评价

评价	人数 / 人	百分比 / %
非常高	3 185	14.7
比较高	9 357	43.3
一般	8 467	39.1
比较低	577	2.7
非常低	48	0.2
总计	21 634	100.0

3. 毕业生对问题提出能力的评价

从毕业生对全日制教育硕士问题提出能力评价的分布情况可以看出，评价"非常高"的占 23.2%，评价"比较高"的占 44.0%，评价"一般"的占 30.8%，评价"比较低"的占 1.7%，评价"非常低"的占 0.3%（见表 9-2-3）。

表 9-2-3 毕业生对问题提出能力的评价

评价	人数 / 人	百分比 / %
非常高	2192	23.2
比较高	4155	44.0
一般	2914	30.8
比较低	165	1.7
非常低	25	0.3
总计	9451	100.0

（二）教师对问题提出能力评价的现状

1. 全体教师对问题提出能力的评价

从全体教师对全日制教育硕士问题提出能力评价的分布情况可以看出，评价"非常高"的占 22.0%,评价"比较高"的占 50.2%,评价"一般"的占 24.6%,评价"比较低"的占 2.8%,评价"非常低"的占 0.3%(见表 9-2-4)。

表 9-2-4　全体教师对问题提出能力的评价

评价	人数/人	百分比/%
非常高	2 516	22.0
比较高	5 750	50.2
一般	2 818	24.6
比较低	326	2.8
非常低	33	0.3
总计	11 443	99.9

2. 理论导师对问题提出能力的评价

从理论导师对全日制教育硕士问题提出能力评价的分布情况可以看出,评价"非常高"的占 15.8%,评价"比较高"的占 50.6%,评价"一般"的占 29.3%,评价"比较低"的占 3.9%,评价"非常低"的占 0.4%(见表 9-2-5)。

表 9-2-5　理论导师对问题提出能力的评价

评价	人数/人	百分比/%
非常高	1070	15.8
比较高	3429	50.6
一般	1985	29.3
比较低	266	3.9
非常低	27	0.4
总计	6777	100.0

3. 实践导师对问题提出能力的评价

从实践导师对全日制教育硕士问题提出能力评价的分布情况可以看出,评价"非常高"的占 31.1%,评价"比较高"的占 51.6%,评价"一般"的占 16.2%,评价"比较低"和"非常低"的占 1.1%(见表 9-2-6)。

表 9-2-6　实践导师对问题提出能力的评价

评价	人数 / 人	百分比 / %
非常高	805	31.1
比较高	1336	51.6
一般	421	16.2
比较低	28	1.1
非常低	1	0
总计	2591	100.0

4. 任课教师对问题提出能力的评价

从任课教师对全日制教育硕士问题提出能力评价的分布情况可以看出，评价"非常高"的占 20.5%，评价"比较高"的占 49.5%，评价"一般"的占 26.3%，评价"比较低"的占 3.4%，评价"非常低"的占 0.3%（见表 9-2-7）。

表 9-2-7　任课教师对问题提出能力的评价

评价	人数 / 人	百分比 / %
非常高	1387	20.5
比较高	3342	49.5
一般	1775	26.3
比较低	230	3.4
非常低	22	0.3
总计	6756	100.0

5. 管理者对问题提出能力的评价

从管理者对全日制教育硕士问题提出能力评价的分布情况可以看出，评价"非常高"的占 27.0%，评价"比较高"的占 49.3%，评价"一般"的占 21.5%，评价"比较低"的占 1.9%，评价"非常低"的占 0.3%（见表 9-2-8）。

表 9-2-8　管理者对问题提出能力的评价

评价	人数 / 人	百分比 / %
非常高	551	27.0
比较高	1006	49.3

续表

评价	人数/人	百分比/%
一般	438	21.5
比较低	38	1.9
非常低	7	0.3
总计	2040	100.0

二、问题处理能力

（一）教育硕士对问题处理能力的评价

1. 全体教育硕士对问题处理能力的评价

从全体教育硕士对全日制教育硕士问题处理能力评价的分布情况可以看出，评价"非常高"的占16.4%，评价"比较高"的占41.3%，评价"一般"的占39.5%，评价"比较低"的占2.5%，评价"非常低"的占0.2%（见表9-2-9）。

表9-2-9 全体教育硕士对问题处理能力的评价

评价	人数/人	百分比/%
非常高	5 110	16.4
比较高	12 827	41.3
一般	12 288	39.5
比较低	784	2.5
非常低	76	0.2
总计	31 085	99.9

2. 在校生对问题处理能力的评价

从在校生对全日制教育硕士问题处理能力评价的分布情况可以看出，评价"非常高"的占13.9%，评价"比较高"的占40.9%，评价"一般"的占42.1%，评价"比较低"的占2.8%，评价"非常低"的占0.2%（见表9-2-10）。

表 9-2-10　在校生对问题处理能力的评价

评价	人数/人	百分比/%
非常高	3 017	13.9
比较高	8 843	40.9
一般	9 114	42.1
比较低	608	2.8
非常低	52	0.2
总计	21 634	99.9

3. 毕业生对问题处理能力的评价

从毕业生对全日制教育硕士问题处理能力评价的分布情况可以看出，评价"非常高"的占 23.2%，评价"比较高"的占 44.0%，评价"一般"的占 30.8%，评价"比较低"的占 1.7%，评价"非常低"的占 0.3%（见表 9-2-11）。

表 9-2-11　毕业生对问题处理能力的评价

评价	人数/人	百分比/%
非常高	2192	23.2
比较高	4155	44.0
一般	2914	30.8
比较低	165	1.7
非常低	25	0.3
总计	9451	100.0

（二）教师对问题处理能力评价的现状

1. 全体教师对问题处理能力的评价

从全体教师对全日制教育硕士问题处理能力评价的分布情况可以看出，评价"非常高"的占 20.8%，评价"比较高"的占 50.2%，评价"一般"的占 26.0%，评价"比较低"的占 2.7%，评价"非常低"的占 0.3%（见表 9-2-12）。

表 9-2-12　全体教师对问题处理能力的评价

评价	人数/人	百分比/%
非常高	2 385	20.8
比较高	5 748	50.2
一般	2 974	26.0
比较低	305	2.7
非常低	31	0.3
总计	11 443	100.0

2. 理论导师对问题处理能力的评价

从理论导师对全日制教育硕士问题处理能力评价的分布情况可以看出，评价"非常高"的占 15.2%，评价"比较高"的占 50.8%，评价"一般"的占 30.0%，评价"比较低"的占 3.6%，评价"非常低"的占 0.4%（见表 9-2-13）。

表 9-2-13　理论导师对问题处理能力的评价

评价	人数/人	百分比/%
非常高	1031	15.2
比较高	3446	50.8
一般	2030	30.0
比较低	246	3.6
非常低	24	0.4
总计	6777	100.0

3. 实践导师对问题处理能力的评价

从实践导师对全日制教育硕士问题处理能力评价的分布情况可以看出，评价"非常高"的占 28.6%，评价"比较高"的占 51.0%，评价"一般"的占 19.2%，评价"比较低"的占 1.0%，评价"非常低"的占 0.1%（见表 9-2-14）。

表 9-2-14　实践导师对问题处理能力的评价

评价	人数/人	百分比/%
非常高	742	28.6
比较高	1322	51.0

续表

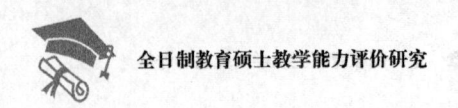

评价	人数/人	百分比/%
一般	498	19.2
比较低	26	1.0
非常低	3	0.1
总计	2591	99.9

4. 任课教师对问题处理能力的评价

从任课教师对全日制教育硕士问题处理能力评价的分布情况可以看出，评价"非常高"的占19.5%，评价"比较高"的占49.4%，评价"一般"的占27.6%，评价"比较低"的占3.2%，评价"非常低"的占0.3%（见表9-2-15）。

表9-2-15　任课教师对问题处理能力的评价

评价	人数/人	百分比/%
非常高	1317	19.5
比较高	3337	49.4
一般	1867	27.6
比较低	214	3.2
非常低	21	0.3
总计	6756	100.0

5. 管理者对问题处理能力的评价

从管理者对全日制教育硕士问题处理能力评价的分布情况可以看出，评价"非常高"的占25.1%，评价"比较高"的占50.7%，评价"一般"的占21.8%，评价"比较低"的占2.0%，评价"非常低"的占0.3%（见表9-2-16）。

表9-2-16　管理者对问题处理能力的评价

评价	人数/人	百分比/%
非常高	513	25.1
比较高	1035	50.7
一般	445	21.8
比较低	40	2.0

续表

评价	人数/人	百分比/%
非常低	7	0.3
总计	2040	99.9

三、成果应用能力

（一）教育硕士对成果应用能力的评价

1. 全体教育硕士对成果应用能力的评价

从全体教育硕士对全日制教育硕士成果应用能力评价的分布情况可以看出，评价"非常高"的占16.3%，评价"比较高"的占40.2%，评价"一般"的占40.7%，评价"比较低"的占2.6%，评价"非常低"的占0.3%（见表9-2-17）。

表9-2-17　全体教育硕士对成果应用能力的评价

评价	人数/人	百分比/%
非常高	5 057	16.3
比较高	12 489	40.2
一般	12 643	40.7
比较低	808	2.6
非常低	88	0.3
总计	31 085	100.1

2. 在校生对成果应用能力的评价

从在校生对全日制教育硕士成果应用能力评价的分布情况可以看出，评价"非常高"的占13.8%，评价"比较高"的占39.9%，评价"一般"的占43.2%，评价"比较低"的占2.9%，评价"非常低"的占0.2%（见表9-2-18）。

表9-2-18　在校生对成果应用能力的评价

评价	人数/人	百分比/%
非常高	2 978	13.8

续表

评价	人数/人	百分比/%
比较高	8 629	39.9
一般	9 342	43.2
比较低	631	2.9
非常低	54	0.2
总计	21 634	100.0

3. 毕业生对成果应用能力的评价

从毕业生对全日制教育硕士成果应用能力评价的分布情况可以看出，评价"非常高"的占22.0%，评价"比较高"的占40.8%，评价"一般"的占34.9%，评价"比较低"的占1.9%，评价"非常低"的占0.4%（见表9-2-19）。

表9-2-19 毕业生对成果应用能力的评价

评价	人数/人	百分比/%
非常高	2079	22.0
比较高	3860	40.8
一般	3301	34.9
比较低	177	1.9
非常低	34	0.4
总计	9451	100.0

（二）教师对成果应用能力评价的现状

1. 全体教师对成果应用能力的评价

从全体教师对全日制教育硕士成果应用能力评价的分布情况可以看出，评价"非常高"的占20.6%，评价"比较高"的占48.6%，评价"一般"的占27.5%，评价"比较低"的占2.9%，评价"非常低"的占0.4%（见表9-2-20）。

表9-2-20 全体教师对成果应用能力的评价

评价	人数/人	百分比/%
非常高	2 361	20.6

续表

评价	人数/人	百分比/%
比较高	5 562	48.6
一般	3 144	27.5
比较低	334	2.9
非常低	42	0.4
总计	11 443	100.0

2. 理论导师对成果应用能力的评价

从理论导师对全日制教育硕士成果应用能力评价的分布情况可以看出，评价"非常高"的占 14.7%，评价"比较高"的占 48.3%，评价"一般"的占 32.6%，评价"比较低"的占 4.0%，评价"非常低"的占 0.5%（见表 9-2-21）。

表 9-2-21 理论导师对成果应用能力的评价

评价	人数/人	百分比/%
非常高	994	14.7
比较高	3271	48.3
一般	2207	32.6
比较低	271	4.0
非常低	34	0.5
总计	6777	100.1

3. 实践导师对成果应用能力的评价

从实践导师对全日制教育硕士成果应用能力评价的分布情况可以看出，评价"非常高"的占 29.3%，评价"比较高"的占 51.3%，评价"一般"的占 18.3%，评价"比较低"的占 1.1%，评价"非常低"的占 0.1%（见表 9-2-22）。

表 9-2-22 实践导师对成果应用能力的评价

评价	人数/人	百分比/%
非常高	758	29.3
比较高	1328	51.3
一般	473	18.3

续表

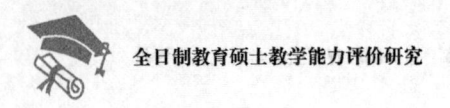

评价	人数/人	百分比/%
比较低	29	1.1
非常低	3	0.1
总计	2591	100.1

4. 任课教师对成果应用能力的评价

从任课教师对全日制教育硕士成果应用能力评价的分布情况可以看出，评价"非常高"的占19.3%，评价"比较高"的占47.8%，评价"一般"的占29.1%，评价"比较低"的占3.3%，评价"非常低"的占0.4%（见表9-2-23）。

表9-2-23　任课教师对成果应用能力的评价

评价	人数/人	百分比/%
非常高	1307	19.3
比较高	3231	47.8
一般	1963	29.1
比较低	225	3.3
非常低	30	0.4
总计	6756	99.9

5. 管理者对成果应用能力的评价

从管理者对全日制教育硕士成果应用能力评价的分布情况可以看出，评价"非常高"的占26.5%，评价"比较高"的占49.9%，评价"一般"的占21.6%，评价"比较低"的占1.8%，评价"非常低"的占0.3%（见表9-2-24）。

表9-2-24　管理者对成果应用能力的评价

评价	人数/人	百分比/%
非常高	540	26.5
比较高	1018	49.9
一般	440	21.6
比较低	36	1.8
非常低	6	0.3

续表

评价	人数 / 人	百分比 / %
总计	2040	100.1

第三节 教学研究能力的差异性分析

一、教学研究能力总体的差异性分析

（一）教育硕士与教学研究能力的差异性分析

1. 教育硕士个体不同信息与教学研究能力的差异性分析

（1）不同就读院校或工作单位的教育硕士对教学研究能力的评价

不同就读院校或工作单位的教育硕士进行的教学研究能力评价，获取的有效数据是31 085人。

经卡方检验，χ^2值为265.178**，sig<0.01，表明不同院校或工作单位的教育硕士在对教学研究能力评价的两个选项上，至少有一个选项的频数百分比有极其显著差异。

对占比进行Z检验比较，从就读院校或工作单位与教学研究能力评价交叉表中可以看出，在"比较高及以上"选项上，基础教育为65.8%，高于院校的54.7%（见表9-3-1）。

表9-3-1 就读院校或工作单位与教学研究能力评价交叉表

教学研究能力评价		就读院校或工作单位		总计
		院校	基础教育	
比较高及以上	人数 / 人	13 348a	4 397b	17 745
	占比 / %	54.7	65.8	57.1

续表

教学研究能力评价		就读院校或工作单位		总计
		院校	基础教育	
一般及以下	人数 / 人	11 057$_a$	2 283$_a$	13 340
	占比 / %	45.3	34.2	42.9
总计	人数 / 人	24 405	6 680	31 085
	占比 / %	100.0	100.0	100.0

注：下标字母含义是横向比较，若字母相同，在 0.05 级别，这些类别的列比例相互之间无显著差异。

（2）不同城市教育硕士对教学研究能力的评价

不同城市院校教育硕士进行的教学研究能力评价，获取的有效数据是 31 085 人。

经卡方检验，χ^2 值为 27.473**，sig<0.01，表明不同城市教育硕士在对教学研究能力评价的两个选项上，至少有一个选项的频数百分比有极其显著差异。

对占比进行 Z 检验比较，从不同城市与教学研究能力评价交叉表中可以看出，在"比较高及以上"选项上，其他城市为 58.5%，高于其他选项（见表 9-3-2）。

表 9-3-2　不同城市与教学研究能力评价交叉表

教学研究能力评价		城市			总计
		省会城市（自治区首府）	直辖市	其他城市	
比较高及以上	人数 / 人	7 054$_a$	2 156$_a$	8 535$_b$	17 745
	占比 / %	56.2	54.5	58.5	57.1
一般及以下	人数 / 人	5 495$_a$	1 801$_a$	6 044$_b$	13 340
	占比 / %	43.8	45.5	41.5	42.9
总计	人数 / 人	12 549	3 957	14 579	31 085
	占比 / %	100.0	100.0	100.0	100.0

注：下标字母含义是横向比较，若字母相同，在 0.05 级别，这些类别的列比例相互之间无显著差异。

（3）不同地区教育硕士对教学研究能力的评价

不同地区教育硕士进行的教学研究能力评价，获取的有效数据是

31 085 人。

经卡方检验，χ^2 值为 402.324**，sig<0.01，表明不同地区教育硕士在对教学研究能力评价的两个选项上，至少有一个选项的频数百分比有极其显著差异。

对占比进行 Z 检验比较，从不同地区与教学研究能力评价交叉表中可以看出，在"比较高及以上"选项上，所有地区的平均值为 57.1%，东北地区为 67.4%，高于其他选项；西南地区为 47.8%，低于其他选项（见表 9-3-3）。

表 9-3-3 不同地区与教学研究能力评价交叉表

教学研究能力评价		地区							总计
		华东	华南	华中	华北	西南	西北	东北	
比较高及以上	人数/人	2 999$_a$	2 318$_{b,c}$	2 914$_c$	2 451$_a$	1 739$_d$	2 251$_b$	3 073$_e$	17 745
	占比/%	59.2	54.3	53.3	60.5	47.8	55.7	67.4	57.1
一般及以下	人数/人	2 071$_a$	1 950$_{b,c}$	2 549$_c$	1 598$_a$	1 899$_d$	1 787$_b$	1 486$_e$	13 340
	占比/%	40.8	45.7	46.7	39.5	52.2	44.3	32.6	42.9
总计	人数/人	5 070	4 268	5 463	4 049	3 638	4 038	4 559	31 085
	占比/%	100.0	100.0	100.0	100.0	100.0	100.0	100.0	100.0

注：下标字母含义是横向比较，若字母相同，在 0.05 级别，这些类别的列比例相互之间无显著差异。

（4）有无从教经历教育硕士对教学研究能力的评价

有无从教经历教育硕士进行的教学研究能力评价，获取的有效数据是 31 085 人。

经卡方检验，χ^2 值为 74.732**，sig<0.01，表明有无从教经历教育硕士对教学研究能力评价的两个选项上，至少有一个选项的频数百分比有极其显著差异。

对占比进行 Z 检验比较，从有无从教经历与教学研究能力评价交叉表中可以看出，在"比较高及以上"选项上，有从教经历为 59.8%，高于无从教经历的 54.9%（见表 9-3-4）。

表 9-3-4　有无从教经历与教学研究能力评价交叉表

教学研究能力评价		有无从教经历		总计
		有	无	
比较高及以上	人数 / 人	8 139$_a$	9 606$_b$	17 745
	占比 / %	59.8	54.9	57.1
一般及以下	人数 / 人	5 463$_a$	7 877$_b$	13 340
	占比 / %	40.2	45.1	42.9
总计	人数 / 人	13 602	17 483	31 085
	占比 / %	100.0	100.0	100.0

注：下标字母含义是横向比较，若字母相同，在 0.05 级别，这些类别的列比例相互之间无显著差异。

（5）能否胜任教育教学工作的教育硕士与教学研究能力的评价

能否胜任教育教学工作的教育硕士进行的教学研究能力评价，获取的有效数据是 31 085 人。

经卡方检验，χ^2 值为 573.765**，sig<0.01，表明能否胜任教育教学工作的教育硕士在对教学研究能力评价的两个选项上，至少有一个选项的频数百分比有极其显著差异。

对占比进行 Z 检验比较，从能否胜任教育教学工作与教学研究能力评价交叉表中可以看出，在"比较高及以上"选项上，能胜任教育教学工作为 59.0%，高于不能胜任教育教学工作的 33.6%（见表 9-3-5）。

表 9-3-5　能否胜任教育教学工作与教学研究能力评价交叉表

教学研究能力评价		能否胜任教育教学工作		总计
		能	否	
比较高及以上	人数 / 人	16 957$_a$	788$_b$	17 745
	占比 / %	59.0	33.6	57.1
一般及以下	人数 / 人	11 780$_a$	1 560$_b$	13 340
	占比 / %	41.0	66.4	42.9
总计	人数 / 人	28 737	2 348	31 085
	占比 / %	100.0	100.0	100.0

注：下标字母含义是横向比较，若字母相同，在 0.05 级别，这些类别的列比例相互之间无显著差异。

(6) 不同专业教育硕士与教学研究能力的评价

不同专业教育硕士进行的教学研究能力评价，获取的有效数据是 31 085 人。其中评价"比较高及以上"的人数为 17 745 人，各专业对其评价的平均百分比为 57.1%，评价"一般及以下"的人数为 13 340 人，各专业对其评价的平均百分比为 42.9%。

对评价的人数残差进行标准化后发现，在评价"一般及以下"的专业中，学科教学·英语的教育硕士对教学研究能力的评价最低，标准化残差为 4.6；其次是职业技术教育和学科教学·思政，分别为 4.1 和 2.7，小学教育、心理健康教育专业的标准化残差也大于 1（见表 9-3-6）。

表 9-3-6 不同专业教育硕士所在专业与教学研究能力评价评价交叉表

专业	比较高及以上 人数/人	百分比/%	标准化残差	一般及以下 人数/人	百分比/%	标准化残差	总计/人
小学教育	1 487	54.5	−1.8	1 239	45.5	2.0	2 726
教育管理	811	58.1	0.5	585	41.9	−0.6	1 396
心理健康教育	907	55.0	−1.1	743	45.0	1.3	1 650
现代教育技术	710	57.7	0.3	521	42.3	−0.3	1 231
特殊教育	112	58.0	0.2	81	42.0	−0.2	193
职业技术教育	630	49.5	−3.6	642	50.5	4.1	1 272
科学技术教育	120	71.0	2.4	49	29.0	−2.8	169
学前教育	900	59.4	1.2	616	40.6	−1.4	1 516
学科教学·语文	2 188	58.1	0.8	1 577	41.9	−1.0	3 765
学科教学·数学	1 452	60.7	2.3	941	39.3	−2.7	2 393
学科教学·英语	2 550	52.8	−4.0	2 282	47.2	4.6	4 832
学科教学·物理	612	60.9	1.6	393	39.1	−1.8	1 005
学科教学·化学	754	60.6	1.6	490	39.4	−1.9	1 244
学科教学·生物	933	59.6	1.3	632	40.4	−1.5	1 565
学科教学·思政	1 203	53.4	−2.3	1 051	46.6	2.7	2 254
学科教学·历史	915	58.5	0.7	649	41.5	−0.9	1 564

续表

专业	比较高及以上 人数/人	百分比/%	标准化残差	一般及以下 人数/人	百分比/%	标准化残差	总计/人
学科教学·地理	690	60.9	1.7	443	39.1	−2.0	1 133
学科教学·体育	241	67.3	2.6	117	32.7	−3.0	358
学科教学·音乐	284	65.0	2.2	153	35.0	−2.5	437
学科教学·美术	246	64.4	1.9	136	35.6	−2.2	382
总计	17 745	57.1	0	13 340	42.9	0	31 085

（7）不同隶属层次院校在校生对教学研究能力的评价

不同隶属层次院校在校生进行的教学研究能力评价，获取的有效数据是24 405人。

经卡方检验，χ^2值为19.516**，sig<0.01，表明不同隶属层次院校在校生在对教学研究能力评价的两个选项上，至少有一个选项的频数百分比有极其显著差异。

对占比进行Z检验比较，从院校隶属层次与教学研究能力评价交叉表中可以看出，在"比较高及以上"选项上，市属为51.6%，低于其他选项（见表9-3-7）。

表9-3-7 院校隶属层次与教学研究新能力评价交叉表

教学研究能力评价		院校隶属层次 部属	省属	市属	总计
比较高及以上	人数/人	1 151a	10 031a	2 166b	13 348
	占比/%	55.6	55.3	51.6	54.7
一般及以下	人数/人	921a	8 105a	2 031b	11 057
	占比/%	44.4	44.7	48.4	45.3
总计	人数/人	2 072	18 136	4 197	24 405
	占比/%	100.0	100.0	100.0	100.0

注：下标字母含义是横向比较，若字母相同，在0.05级别，这些类别的列比例相互之间无显著差异。

（8）不同院校类型在校生对教学研究能力的评价

不同院校类型在校生进行的教学研究能力评价，获取的有效数据是 24 405 人。

经卡方检验，χ^2 值为 3.271，sig=0.071>0.05，表明不同院校类型在校生在对教学研究能力评价的两个选项上无显著差异。

（9）不同毕业年限毕业生对教学研究能力的评价

不同毕业年限毕业生进行的教学研究能力评价，获取的有效数据是 9451 人。

经卡方检验，χ^2 值为 42.679**，sig<0.01，表明不同毕业年限毕业生在对教学研究能力评价的两个选项上，至少有一个选项的频数百分比有极其显著差异。

对占比进行 Z 检验比较，从毕业年限与教学研究能力评价交叉表中可以看出，在"比较高及以上"选项上，5～6 年为 74.7%，高于其他选项，但与 7 年以上无显著差异；1 年以下为 61.2%，低于其他选项（见表 9-3-8）。

表 9-3-8 毕业年限与教学研究能力评价交叉表

教学研究能力评价		毕业年限					总计
		1 年以下	1～2 年	3～4 年	5～6 年	7 年以上	
比较高及以上	人数/人	2836$_a$	1922$_b$	873$_b$	248$_c$	159$_{b,c}$	6038
	占比/%	61.2	65.0	66.9	74.7	71.0	63.9
一般及以下	人数/人	1796$_a$	1037$_b$	431$_b$	84$_c$	65$_{b,c}$	3413
	占比/%	38.8	35.0	33.1	25.3	29.0	36.1
总计	人数/人	4632	2959	1304	332	224	9451
	占比/%	100.0	100.0	100.0	100.0	100.0	100.0

注：下标字母含义是横向比较，若字母相同，在 0.05 级别，这些类别的列比例相互之间无显著差异。

（10）是否工作毕业生对教学研究能力的评价

是否工作毕业生进行的教学研究能力评价，获取的有效数据是 9451 人。

经卡方检验，χ^2 值为 111.686**，sig<0.01，表明是否工作毕业生在对教学研究能力评价的两个选项上，至少有一个选项的频数百分比有极其显著差异。

对占比进行 Z 检验比较，从是否工作与教学研究能力评价交叉表中可以看出，在"比较高及以上"选项上，已工作为 66.8%，高于未工作的 54.6%（见表 9-3-9）。

表 9-3-9　是否工作与教学研究能力评价交叉表

教学研究能力评价		是否工作		总计
		是	否	
比较高及以上	人数／人	4801$_a$	1237$_b$	6038
	占比／%	66.8	54.6	63.9
一般及以下	人数／人	2384$_a$	1029$_b$	3413
	占比／%	33.2	45.4	36.1
总计	人数／人	7185	2266	9451
	占比／%	100.0	100.0	100.0

注：下标字母含义是横向比较，若字母相同，在 0.05 级别，这些类别的列比例相互之间无显著差异。

（11）毕业生是否为师范专业对教学研究能力的评价

毕业生是否为师范专业进行的教学研究能力评价，获取的有效数据是 7185 人。

经卡方检验，χ^2 值为 23.502**，sig<0.01，表明毕业生是否为师范专业在对教学研究能力评价的两个选项上，至少有一个选项的频数百分比有极其显著差异。

对占比进行 Z 检验比较，从是否为师范专业与教学研究能力评价交叉表中可以看出，在"比较高及以上"选项上，师范专业为 69.0%，高于非师范专业的 63.4%（见表 9-3-10）。

表 9-3-10　是否为师范专业与教学研究能力评价交叉表

教学研究能力评价		是否为师范专业		总计
		是	否	
比较高及以上	人数／人	3035$_a$	1766$_b$	4801
	占比／%	69.0	63.4	66.8

续表

教学研究能力评价		是否为师范专业		总计
		是	否	
一般及以下	人数/人	1366$_a$	1018$_b$	2384
	占比/%	31.0	36.6	33.2
总计	人数/人	4401	2784	7185
	占比/%	100.0	100.0	100.0

注：下标字母含义是横向比较，若字母相同，在0.05级别，这些类别的列比例相互之间无显著差异。

2. 在校生和毕业生与教学研究能力评价的差异性分析

在校生和毕业生进行的教学研究能力评价，获取的有效数据是31 085人。

经卡方检验，χ^2值为256.470**，sig<0.01，表明在校生和毕业生在对教学研究能力评价的两个选项上，至少有一个选项的频数百分比有极其显著差异。

对占比进行Z检验比较，从在校生和毕业生与教学研究能力评价交叉表中可以看出，在"比较高及以上"选项上，毕业生为63.9%，高于在校生的54.1%（见表9-3-11）。

表9-3-11 在校生和毕业生与教学研究能力评价交叉表

教学研究能力评价		身份		总计
		毕业生	在校生	
比较高及以上	人数/人	6 038$_a$	11 707$_b$	17 745
	占比/%	63.9	54.1	57.1
一般及以下	人数/人	3 413$_a$	9 927$_b$	13 340
	占比/%	36.1	45.9	42.9
总计	人数/人	9 451	21 634	31 085
	占比/%	100.0	100.0	100.0

注：下标字母含义是横向比较，若字母相同，在0.05级别，这些类别的列比例相互之间无显著差异。

（二）教师与教学研究能力的差异性分析

1. 教师个体不同信息与教学研究能力的差异性分析

（1）不同工作单位教师对教学研究能力的评价

不同工作单位教师进行的教学研究能力评价，获取的有效数据是 11 443 人。

经卡方检验，χ^2 值为 280.126**，sig<0.01，表明不同工作单位教师在对教学研究能力评价的两个选项上，至少有一个选项的频数百分比有极其显著差异。

对占比进行 Z 检验比较，从工作单位性质与教学研究能力评价交叉表中可以看出，在"比较高及以上"选项上，基础教育为 83.5%，高于院校的 67.9%（见表 9-3-12）。

表 9-3-12　工作单位性质与教学研究能力评价交叉表

教学研究能力评价		工作单位性质		总计
		院校	基础教育	
比较高及以上	人数 / 人	5 565$_a$	2 715$_b$	8 280
	占比 / %	67.9	83.5	72.4
一般及以下	人数 / 人	2 625$_a$	538$_b$	3 163
	占比 / %	32.1	16.5	27.6
总计	人数 / 人	8 190	3 253	11 443
	占比 / %	100.0	100.0	100.0

注：下标字母含义是横向比较，若字母相同，在 0.05 级别，这些类别的列比例相互之间无显著差异。

（2）不同城市教师对教学研究能力的评价

不同城市教师进行的教学研究能力评价，获取的有效数据是 11 443 人。

经卡方检验，χ^2 值为 2.088，sig=0.352>0.05，表明不同城市教师在对教学研究能力评价的两个选项上无显著差异。

（3）不同地区教师对教学研究能力的评价

不同地区教师进行的教学研究能力评价，获取的有效数据是 11 443 人。

经卡方检验，χ^2值为48.423**，sig<0.01，表明不同地区教师在对教学研究能力评价的两个选项上，至少有一个选项的频数百分比有极其显著差异。

对占比进行Z检验比较，从不同地区与教学研究能力评价交叉表中可以看出，在"比较高及以上"选项上，所有地区的平均值为72.4%，西南地区为66.8%、西北地区为67.9%，低于其他选项（见表9-3-13）。

表9-3-13 不同地区与教学研究能力评价交叉表

教学研究能力评价		不同地区							总计
		华东	华南	华中	华北	西南	西北	东北	
比较高及以上	人数/人	1 851$_{a,b}$	833$_b$	1 324$_b$	1 053$_{a,b}$	792$_c$	892$_c$	1 535$_a$	8 280
	占比/%	74.0	72.3	72.1	73.5	66.8	67.9	75.9	72.4
一般及以下	人数/人	651$_{a,b}$	319$_b$	512$_b$	379$_{a,b}$	394$_c$	421$_c$	487$_a$	3 163
	占比/%	26.0	27.7	27.9	26.5	33.2	32.1	24.1	27.6
总计	人数/人	2 502	1 152	1 836	1 432	1 186	1 313	2 022	11 443
	占比/%	100.0	100.0	100.0	100.0	100.0	100.0	100.0	100.0

注：下标字母含义是横向比较，若字母相同，在0.05级别，这些类别的列比例相互之间无显著差异。

（4）不同年龄教师对教学研究能力的评价

不同年龄教师进行的教学研究能力评价，获取的有效数据是11 443人。

经卡方检验，χ^2值为37.568**，sig<0.01，表明不同年龄教师对教学研究能力评价的两个选项上，至少有一个选项的频数百分比有极其显著差异。

对占比进行Z检验比较，从年龄与教学研究能力评价交叉表中可以看出，在"比较高及以上"选项上，35岁及以下为76.3%，高于其他选项；56岁及以上为66.0%，低于其他选项（见表9-3-14）。

表9-3-14 年龄与教学研究能力评价交叉表

教学研究能力评价		年龄				总计
		35岁及以下	39～45岁	49～55岁	56岁及以上	
比较高及以上	人数/人	1 143$_a$	3 325$_b$	3 080$_b$	732$_c$	8 280
	占比/%	76.3	73.4	71.6	66.0	72.4

续表

教学研究能力评价		年龄				总计
		35 岁及以下	39~45 岁	49~55 岁	56 岁及以上	
一般及以下	人数/人	355$_a$	1 208$_b$	1 223$_b$	377$_c$	3 163
	占比/%	23.7	26.6	28.4	34.0	27.6
总计	人数/人	1 498	4 533	4 303	1 109	11 443
	占比/%	100.0	100.0	100.0	100.0	100.0

注：下标字母含义是横向比较，若字母相同，在 0.05 级别，这些类别的列比例相互之间无显著差异。

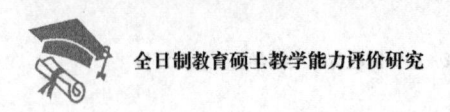

（5）不同学历教师对教学研究能力的评价

不同学历教师进行的教学研究能力评价，获取的有效数据是 11 443 人。

经卡方检验，χ^2 值为 177.857**，sig<0.01，表明不同学历教师在对教学研究能力评价的两个选项上，至少有一个选项的频数百分比有极其显著差异。

对占比进行 Z 检验比较，从学历与教学研究能力评价交叉表中可以看出，在"比较高及以上"选项上，本科生及以下为 82.3%，高于其他选项（见表 9-3-15）。

表 9-3-15 学历与教学研究能力评价交叉表

教学研究能力评价		学历			总计
		博士研究生	硕士研究生	本科生及以下	
比较高及以上	人数/人	3 314$_a$	2 905$_b$	2 061$_c$	8 280
	占比/%	67.7	71.9	82.3	72.4
一般及以下	人数/人	1 582$_a$	1 138$_b$	443$_c$	3 163
	占比/%	32.3	28.1	17.7	27.6
总计	人数/人	4 896	4 043	2 504	11 443
	占比/%	100.0	100.0	100.0	100.0

注：下标字母含义是横向比较，若字母相同，在 0.05 级别，这些类别的列比例相互之间无显著差异。

（6）不同职称教师对教学研究能力的评价

不同职称教师进行的教学研究能力评价，获取的有效数据是 11 443 人。

经卡方检验，χ^2 值为 57.425**，sig<0.01，表明不同职称教师在对教学研究

能力评价的两个选项上,至少有一个选项的频数百分比有极其显著差异。

对占比进行 Z 检验比较,从职称与教学研究能力评价交叉表中可以看出,在"比较高及以上"选项上,中级及以下为 76.9%,高于其他选项(见表 9-3-16)。

表 9-3-16　职称与教学研究能力评价交叉表

教学研究能力评价		职称			总计
		正高级	副高级	中级及以下	
比较高及以上	人数/人	2 068$_a$	4 335$_b$	1 877$_c$	8 280
	占比/%	67.8	72.8	76.9	72.4
一般及以下	人数/人	982$_a$	1 617$_b$	564$_c$	3 163
	占比/%	32.2	27.2	23.1	27.6
总计	人数/人	3 050	5 952	2 441	11 443
	占比/%	100.0	100.0	100.0	100.0

注:下标字母含义是横向比较,若字母相同,在 0.05 级别,这些类别的列比例相互之间无显著差异。

(7)不同工作年限教师对教学研究能力的评价

不同工作年限教师进行的教学研究能力评价,获取的有效数据是 11 443 人。

经卡方检验,χ^2 值为 10.668*,sig=0.014<0.05,表明不同工作年限教师对教学研究能力评价的两个选项上,至少有一个选项的频数百分比有显著差异。

对占比进行 Z 检验比较,从工作年限与教学研究能力评价交叉表中可以看出,在"比较高及以上"选项上,0~10 年为 74.5%,高于其他选项,但与 21~30 年无显著差异(见表 9-3-17)。

表 9-3-17　工作年限与教学研究能力评价交叉表

教学研究能力评价		工作年限				总计
		0~10 年	11~20 年	21~30 年	30 年以上	
比较高及以上	人数/人	1 655$_a$	2 430$_{b,c}$	2 636$_{a,c}$	1 559$_b$	8 280
	占比/%	74.5	71.7	72.9	70.4	72.4

续表

教学研究能力评价		工作年限				总计
		0～10年	11～20年	21～30年	30年以上	
一般及以下	人数/人	566$_a$	959$_{b,c}$	982$_{a,c}$	656$_b$	3 163
	占比/%	25.5	28.3	27.1	29.6	27.6
总计	人数/人	2 221	3 389	3 618	2 215	11 443
	占比/%	100.0	100.0	100.0	100.0	100.0

注：下标字母含义是横向比较，若字母相同，在0.05级别，这些类别的列比例相互之间无显著差异。

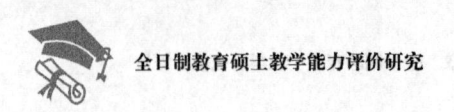

（8）不同专业教师对教学研究能力的评价

对不同专业教师进行的教学研究能力评价上，共11 443人参与调查。有455人评价了其他项，不统计在内，故获取的有效数据是10 988人。其中评价"比较高及以上"的人数为7942人，各专业对其评价的平均百分比为72.3%，评价"一般及以下"的人数为3046人，各专业对其评价的平均百分比为27.7%。

对评价的人数残差进行标准化后发现，在评价"一般及以下"的专业中，学科教学·体育的教育硕士对教学研究能力的评价最低，标准化残差为3.1；其次是学科教学·英语和心理健康教育，分别为2.7和1.9，学科教学·思政、特殊教育和教育管理专业的标准化残差也大于1（见表9-3-18）。

表9-3-18 教师所在专业与教学研究能力评价交叉表

专业	比较高及以上			一般及以下			总计/人
	人数/人	百分比/%	标准化残差	人数/人	百分比/%	标准化残差	
小学教育	587	70.6	-0.6	245	29.4	0.9	832
教育管理	360	69.5	-0.7	158	30.5	1.2	518
心理健康教育	275	67.2	-1.2	134	32.8	1.9	409
现代教育技术	293	75.9	0.8	93	24.1	-1.4	386
特殊教育	24	61.5	-0.8	15	38.5	1.3	39
职业技术教育	361	71.1	-0.3	147	28.9	0.5	508

续表

专业	比较高及以上 人数/人	比较高及以上 百分比/%	比较高及以上 标准化残差	一般及以下 人数/人	一般及以下 百分比/%	一般及以下 标准化残差	总计/人
科学技术教育	53	82.8	1.0	11	17.2	−1.6	64
学前教育	309	72.0	−0.1	120	28.0	0.1	429
学科教学·语文	1 108	74.7	1.1	376	25.3	−1.7	1 484
学科教学·数学	612	75.6	1.1	198	24.4	−1.8	810
学科教学·英语	934	68.5	−1.7	430	31.5	2.7	1 364
学科教学·物理	320	74.4	0.5	110	25.6	−0.8	430
学科教学·化学	379	70.4	−0.5	159	29.6	0.8	538
学科教学·生物	479	76.9	1.4	144	23.1	−2.2	623
学科教学·思政	528	69.7	−0.8	229	30.3	1.3	757
学科教学·历史	398	71.5	−0.2	159	28.5	0.4	557
学科教学·地理	414	76.8	1.2	125	23.2	−2.0	539
学科教学·体育	101	59.8	−1.9	68	40.2	3.1	169
学科教学·音乐	228	76.0	0.8	72	24.0	−1.2	300
学科教学·美术	179	77.2	0.9	53	22.8	−1.4	232
总计	7 942	72.3	0	3 046	27.7	0	10 988

（9）不同隶属层次院校教师对教学研究能力的评价

不同隶属层次院校教师进行的教学研究能力评价，获取的有效数据是8190人。

经卡方检验，χ^2值为6.677[*]，sig=0.035<0.05，表明不同隶属层次院校教师在对教学研究能力评价的两个选项上，至少有一个选项的频数百分比有显著差异。

对占比进行Z检验比较，从院校隶属层次与教学研究能力评价交叉表中可以看出，在"比较高及以上"选项上，市属为71.2%，高于省属的67.4%，但与部属无显著差异（见表9-3-19）。

表 9-3-19　院校隶属层次与教学研究能力评价交叉表

教学研究能力评价		院校隶属层次			总计
		部属	省属	市属	
比较高及以上	人数 / 人	444$_{a, b}$	4626$_b$	495$_a$	5565
	占比 / %	70.7	67.4	71.2	67.9
一般及以下	人数 / 人	184$_{a, b}$	2241$_b$	200$_a$	2625
	占比 / %	29.3	32.6	28.8	32.1
总计	人数 / 人	628	6867	695	8190
	占比 / %	100.0	100.0	100.0	100.0

注：下标字母含义是横向比较，若字母相同，在 0.05 级别，这些类别的列比例相互之间无显著差异。

（10）不同类型院校教师对教学研究能力的评价

不同类型院校教师进行的教学研究能力评价，获取的有效数据是 8190 人。

经卡方检验，χ^2 值为 11.039**，sig<0.01，表明不同类型院校教师在对教学研究能力评价的两个选项上，至少有一个选项的频数百分比有极其显著差异。

对占比进行 Z 检验比较，从院校类型与教学研究能力评价交叉表中可以看出，在"比较高及以上"选项上，非师范类为 70.6%，高于师范类的 66.8%（见表 9-3-20）。

表 9-3-20　院校类型与教学研究能力评价交叉表

教学研究能力评价		院校类型		总计
		师范类	非师范类	
比较高及以上	人数 / 人	3847$_a$	1718$_b$	5565
	占比 / %	66.8	70.6	67.9
一般及以下	人数 / 人	1909$_a$	716$_b$	2625
	占比 / %	33.2	29.4	32.1
总计	人数 / 人	5756	2434	8190
	占比 / %	100.0	100.0	100.0

注：下标字母含义是横向比较，若字母相同，在 0.05 级别，这些类别的列比例相互之间无显著差异。

（11）有无教育学相关背景教师对教学研究能力的评价

有无教育学相关背景教师进行的教学研究能力评价，获取的有效数据是

6777 人。

经卡方检验，χ^2 值为 1.556，sig=0.212>0.05，表明有无教育学相关背景教师在对教学研究能力的两个选项无显著差异。

（12）有无基础教育工作经历和研究经历教师对教学研究能力的评价

有无基础教育工作经历和研究经历教师进行的教学研究能力评价，获取的有效数据是 6777 人。

经卡方检验，χ^2 值为 10.610**，sig<0.01，表明有无基础教育工作经历和研究经历教师在对教学研究能力评价的两个选项上，至少有一个选项的频数百分比有极其显著差异。

对占比进行 Z 检验比较，从有无基础教育工作经历和研究经历与教学研究能力评价交叉表中可以看出，在"比较高及以上"选项上，有基础教育工作经历和研究经历为 67.6%，高于无基础教育工作经历和研究经历的 63.6%（见表 9-3-21）。

表 9-3-21 有无基础教育工作经历和研究经历与教学研究能力评价交叉表

教学研究能力评价		有无基础教育工作和研究经历		总计
^	^	有	无	^
比较高及以上	人数 / 人	3059_a	1430_b	4489
^	占比 / %	67.6	63.6	66.2
一般及以下	人数 / 人	1469_a	819_b	2288
^	占比 / %	32.4	36.4	33.8
总计	人数 / 人	4528	2249	6777
^	占比 / %	100.0	100.0	100.0

注：下标字母含义是横向比较，若字母相同，在 0.05 级别，这些类别的列比例相互之间无显著差异。

（13）教师担任导师年限与教学研究能力的评价

教师担任导师年限进行的教学研究能力评价，获取的有效数据是 9368 人。

经卡方检验，χ^2 值为 52.293**，sig<0.01，表明教师担任导师年限在对教学研究能力评价的两个选项上，至少有一个选项的频数百分比有极其显著差异。

对占比进行 Z 检验比较，从担任导师年限与教学研究能力评价交叉表中可以看出，在"比较高及以上"选项上，0~5年为73.8%，高于其他选项（见表9-3-22）。

表9-3-22 担任导师年限与教学研究能力评价交叉表

教学研究能力评价		担任导师年限					总计
		0~5年	9~10年	11~15年	19~20年	20年以上	
比较高及以上	人数/人	4128$_a$	1573$_b$	593$_c$	225$_{b,c}$	151$_{b,c}$	6670
	占比/%	73.8	69.0	65.2	64.8	63.7	71.2
一般及以下	人数/人	1467$_a$	706$_b$	317$_c$	122$_{b,c}$	86$_{b,c}$	2698
	占比/%	26.2	31.0	34.8	35.2	36.3	28.8
总计	人数/人	5595	2279	910	347	237	9368
	占比/%	100.0	100.0	100.0	100.0	100.0	100.0

注：下标字母含义是横向比较，若字母相同，在0.05级别，这些类别的列比例相互之间无显著差异。

（14）双导师间是否经常沟通合作对教学研究能力的评价

双导师间是否经常沟通合作进行的教学研究能力评价，获取的有效数据是9368人。

经卡方检验，χ^2值为224.870**，sig<0.01，表明双导师间是否经常沟通合作对教学研究能力评价的两个选项上，至少有一个选项的频数百分比有极其显著差异。

对占比进行Z检验比较，从双导师间是否经常沟通合作与教学研究能力评价交叉表中可以看出，在"比较高及以上"选项上，经常沟通合作为74.2%，高于不经常沟通合作的54.9%（见表9-3-23）。

表9-3-23 双导师间是否经常沟通合作与教学研究能力评价交叉表

教学研究能力评价		双导师间是否经常沟通合作		总计
		是	否	
比较高及以上	人数/人	5865$_a$	805$_b$	6670
	占比/%	74.2	54.9	71.2

续表

教学研究能力评价		双导师间是否经常沟通合作		总计
		是	否	
一般及以下	人数 / 人	2037$_a$	661$_b$	2698
	占比 / %	25.8	45.1	28.8
总计	人数 / 人	7902	1466	9368
	占比 / %	100.0	100.0	100.0

注：下标字母含义是横向比较，若字母相同，在0.05级别，这些类别的列比例相互之间无显著差异。

2. 不同教师身份与教学研究能力评价的差异性分析

不同身份教师进行的教学研究能力评价，获取的有效数据是18 164人。

经卡方检验，χ^2值为327.209**，sig<0.01，表明不同教师身份对教学研究能力评价的两个选项上，至少有一个选项的频数百分比有极其显著差异。

对占比进行Z检验比较，从教师身份与教学研究能力评价交叉表中可以看出，在"比较高及以上"选项上，实践导师为84.2%，高于其他选项；理论导师为66.2%，低于其他选项（见表9-3-24）。

表9-3-24 教师身份与教学研究能力评价交叉表

教学研究能力评价		教师身份				总计
		理论导师	实践导师	任课教师	管理者	
比较高及以上	人数 / 人	4 489$_a$	2 181$_b$	4 719$_c$	1 558$_d$	12 947
	占比 / %	66.2	84.2	69.8	76.4	71.3
一般及以下	人数 / 人	2 288$_a$	410$_b$	2 037$_c$	482$_d$	5 217
	占比 / %	33.8	15.8	30.2	23.6	28.7
总计	人数 / 人	6 777	2 591	6 756	2 040	18 164
	占比 / %	100.0	100.0	100.0	100.0	100.0

注：下标字母含义是横向比较，若字母相同，在0.05级别，这些类别的列比例相互之间无显著差异。

(三)教育硕士和教师与教学研究能力评价的差异性分析

教育硕士和教师进行的教学研究能力评价，获取的有效数据是 42 528 人。

经卡方检验，χ^2 值为 821.626**，sig<0.01，表明教育硕士和教师在对教学研究能力评价的两个选项上，至少有一个选项的频数百分比有极其显著差异。

对占比进行 Z 检验比较，从教育硕士和教师与教学研究能力评价交叉表中可以看出，在"比较高及以上"选项上，教师为 72.4%，高于教育硕士的 57.1%（见表 9-3-25）。

表 9-3-25 教育硕士和教师与教学研究能力评价交叉表

教学研究能力评价		身份		总计
		教育硕士	教师	
比较高及以上	人数 / 人	17 745$_a$	8 280$_b$	26 025
	占比 / %	57.1	72.4	61.2
一般及以下	人数 / 人	13 340$_a$	3 163$_b$	16 503
	占比 / %	42.9	27.6	38.8
总计	人数 / 人	31 085	11 443	42 528
	占比 / %	100.0	100.0	100.0

注：下标字母含义是横向比较，若字母相同，在 0.05 级别，这些类别的列比例相互之间无显著差异。

二、教学研究能力各维度的差异性分析

(一)问题提出能力

1. 在校生和毕业生与问题提出能力评价的差异性分析

在校生和毕业生进行的问题提出能力评价，获取的有效数据是 31 085 人。

经卡方检验，χ^2 值为 232.671**，sig<0.01，表明在校生和毕业生在对问题提出能力评价的两个选项上，至少有一个选项的频数百分比有极其显著差异。

对占比进行 Z 检验比较，从在校生和毕业生与问题提出能力评价交叉表中可以看出，在"比较高及以上"选项上，毕业生为 67.2%，高于在校生的

58.0%（见表9-3-26）。

表9-3-26　在校生和毕业生与问题提出能力评价交叉表

问题提出能力评价		身份		总计
		毕业生	在校生	
比较高及以上	人数/人	6 347$_a$	12 542$_b$	18 889
	占比/%	67.2	58.0	60.8
一般及以下	人数/人	3 104$_a$	9 092$_b$	12 196
	占比/%	32.8	42.0	39.2
总计	人数/人	9 451	21 634	31 085
	占比/%	100.0	100.0	100.0

注：下标字母含义是横向比较，若字母相同，在0.05级别，这些类别的列比例相互之间无显著差异。

2. 不同教师身份与问题提出能力评价的差异性分析

不同身份教师进行的问题提出能力评价，获取的有效数据是18 164人。

经卡方检验，χ^2值为272.383**，sig<0.01，表明不同教师身份对问题提出能力评价的两个选项上，至少有一个选项的频数百分比有极其显著差异。

对占比进行Z检验比较，从教师身份与问题提出能力评价交叉表中可以看出，在"比较高及以上"选项上，实践导师为82.6%，高于其他选项；理论导师为66.4%，低于其他选项（见表9-3-27）。

表9-3-27　教师身份与问题提出能力评价交叉表

问题提出能力评价		教师身份				总计
		理论导师	实践导师	任课教师	管理者	
比较高及以上	人数/人	4 499$_a$	2 141$_b$	4 729$_c$	1 557$_d$	12 926
	占比/%	66.4	82.6	70.0	76.3	71.2
一般及以下	人数/人	2 278$_a$	450$_b$	2 027$_c$	483$_d$	5 238
	占比/%	33.6	17.4	30.0	23.7	28.8
总计	人数/人	6 777	2 591	6 756	2 040	18 164
	占比/%	100.0	100.0	100.0	100.0	100.0

注：下标字母含义是横向比较，若字母相同，在0.05级别，这些类别的列比例相互之间无显著差异。

3. 教育硕士和教师与问题提出能力评价的差异性分析

教育硕士和教师进行的问题提出能力评价，获取的有效数据是 42 528 人。

经卡方检验，χ^2 值为 476.798**，sig<0.01，表明教育硕士和教师在对问题提出能力评价的两个选项上，至少有一个选项的频数百分比有极其显著差异。

对占比进行 Z 检验比较，从教育硕士和教师与问题提出能力评价交叉表中可以看出，在"比较高及以上"选项上，教师为 72.2%，高于教育硕士的 60.8%（见表 9-3-28）。

表 9-3-28　教育硕士和教师与问题提出能力评价交叉表

问题提出能力评价		身份		总计
		教育硕士	教师	
比较高及以上	人数 / 人	18 889$_a$	8 266$_b$	27 155
	占比 / %	60.8	72.2	63.9
一般及以下	人数 / 人	12 196$_a$	3 177$_b$	15 373
	占比 / %	39.2	27.8	36.1
总计	人数 / 人	31 085	11 443	42 528
	占比 / %	100.0	100.0	100.0

注：下标字母含义是横向比较，若字母相同，在 0.05 级别，这些类别的列比例相互之间无显著差异。

（二）问题处理能力

1. 在校生和毕业生与问题处理能力评价的差异性分析

在校生和毕业生进行的问题处理能力评价，获取的有效数据是 31 085 人。

经卡方检验，χ^2 值为 242.146**，sig<0.01，表明在校生和毕业生在对问题处理能力评价的两个选项上，至少有一个选项的频数百分比有极其显著差异。

对占比进行 Z 检验比较，从在校生和毕业生与问题处理能力评价交叉表中可以看出，在"比较高及以上"选项上，毕业生为 64.3%，高于在校生的 54.8%（见表 9-3-29）。

表 9-3-29　在校生和毕业生与问题处理能力评价交叉表

问题处理能力评价		身份		总计
		毕业生	在校生	
比较高及以上	人数 / 人	6 077$_a$	11 860$_b$	17 937
	占比 / %	64.3	54.8	57.7
一般及以下	人数 / 人	3 374$_a$	9 774$_b$	13 148
	占比 / %	35.7	45.2	42.3
总计	人数 / 人	9 451	21 634	31 085
	占比 / %	100.0	100.0	100.0

注：下标字母含义是横向比较，若字母相同，在 0.05 级别，这些类别的列比例相互之间无显著差异。

2. 不同教师身份与问题处理能力评价的差异性分析

不同身份教师进行的问题处理能力评价，获取的有效数据是 18 164 人。

经卡方检验，χ^2 值为 203.191**，sig<0.01，表明不同教师身份对问题处理能力评价的两个选项上，至少有一个选项的频数百分比有极其显著差异。

对占比进行 Z 检验比较，从教师身份与问题处理能力评价交叉表中可以看出，在"比较高及以上"选项上，实践导师为 79.7%，高于其他选项；理论导师为 66.1%，低于其他选项（见表 9-3-30）。

表 9-3-30　教师身份与问题处理能力评价交叉表

问题处理能力评价		教师身份				总计
		理论导师	实践导师	任课教师	管理者	
比较高及以上	人数 / 人	4 477$_a$	2 064$_b$	4 654$_c$	1 548$_d$	12 743
	占比 / %	66.1	79.7	68.9	75.9	70.2
一般及以下	人数 / 人	2 300$_a$	527$_b$	2 102$_c$	492$_d$	5 421
	占比 / %	33.9	20.3	31.1	24.1	29.8
总计	人数 / 人	6 777	2 591	6 756	2 040	18 164
	占比 / %	100.0	100.0	100.0	100.0	100.0

注：下标字母含义是横向比较，若字母相同，在 0.05 级别，这些类别的列比例相互之间无显著差异。

3. 教育硕士和教师与问题处理能力评价的差异性分析

教育硕士和教师进行的问题处理能力评价，获取的有效数据是 42 528 人。

经卡方检验，χ^2 值为 630.336**，sig<0.01，表明教育硕士和教师在对问题处理能力评价的两个选项上，至少有一个选项的频数百分比有极其显著差异。

对占比进行 Z 检验比较，从教育硕士和教师与问题处理能力评价交叉表中可以看出，在"比较高及以上"选项上，教师为 71.1%，高于教育硕士的 57.7%（见表 9-3-31）。

表 9-3-31　教育硕士和教师与问题处理能力评价交叉表

问题处理能力评价		身份		总计
		教育硕士	教师	
比较高及以上	人数 / 人	17 937$_a$	8 133$_b$	26 070
	占比 / %	57.7	71.1	61.3
一般及以下	人数 / 人	13 148$_a$	3 310$_b$	16 458
	占比 / %	42.3	28.9	38.7
总计	人数 / 人	31 085	11 443	42 528
	占比 / %	100.0	100.0	100.0

注：下标字母含义是横向比较，若字母相同，在 0.05 级别，这些类别的列比例相互之间无显著差异。

（三）成果应用能力

1. 在校生和毕业生与成果应用能力评价的差异性分析

在校生和毕业生进行的成果应用能力评价，获取的有效数据是 31 085 人。

经卡方检验，χ^2 值为 232.671**，sig<0.01，表明在校生和毕业生在对成果应用能力评价的两个选项上，至少有一个选项的频数百分比有极其显著差异。

对占比进行 Z 检验比较，从在校生和毕业生与成果应用能力评价交叉表中可以看出，在"比较高及以上"选项上，毕业生为 62.8%，高于在校生的 53.7%（见表 9-3-32）。

表 9-3-32　在校生和毕业生与成果应用能力评价交叉表

成果应用能力评价		身份		总计
		毕业生	在校生	
比较高及以上	人数 / 人	5 939$_a$	11 607$_b$	17 546
	占比 / %	62.8	53.7	56.4
一般及以下	人数 / 人	3 512$_a$	10 027$_b$	13 539
	占比 / %	37.2	46.3	43.6
总计	人数 / 人	9 451	21 634	31 085
	占比 / %	100.0	100.0	100.0

注：下标字母含义是横向比较，若字母相同，在 0.05 级别，这些类别的列比例相互之间无显著差异。

2. 不同教师身份与成果应用能力评价的差异性分析

不同身份教师进行的成果应用能力评价，获取的有效数据是 18 164 人。

经卡方检验，χ^2 值为 298.268**，sig<0.01，表明不同教师身份对成果应用能力评价的两个选项上，至少有一个选项的频数百分比有极其显著差异。

对占比进行 Z 检验比较，从教师身份与成果应用能力评价交叉表中可以看出，在"比较高及以上"选项上，实践导师为 80.5%，高于其他选项；理论导师为 62.9%，低于其他选项（见表 9-3-33）。

表 9-3-33　教师身份与成果应用能力评价交叉表

成果应用能力评价		教师身份				总计
		理论导师	实践导师	任课教师	管理者	
比较高及以上	人数 / 人	4 265$_a$	2 086$_b$	4 538$_c$	1 501$_d$	12 390
	占比 / %	62.9	80.5	67.2	73.6	68.2
一般及以下	人数 / 人	2 512$_a$	505$_b$	2 218$_c$	539$_d$	5 774
	占比 / %	37.1	19.5	32.8	26.4	31.8
总计	人数 / 人	6 777	2 591	6 756	2 040	18 164
	占比 / %	100.0	100.0	100.0	100.0	100.0

注：下标字母含义是横向比较，若字母相同，在 0.05 级别，这些类别的列比例相互之间无显著差异。

3.教育硕士和教师与成果应用能力评价的差异性分析

教育硕士和教师进行的成果应用能力评价,获取的有效数据是42 528人。

经卡方检验,χ^2值为569.884**,sig<0.01,表明教育硕士和教师在对成果应用能力评价的两个选项上,至少有一个选项的频数百分比有极其显著差异。

对占比进行Z检验比较,从教育硕士和教师与成果应用能力评价交叉表中可以看出,在"比较高及以上"选项上,教师为69.2%,高于教育硕士的56.4%(见表9-3-34)。

表9-3-34 教育硕士和教师与成果应用能力评价交叉表

成果应用能力评价		身份		总计
		教育硕士	教师	
比较高及以上	人数/人	17 546$_a$	7 923$_b$	25 469
	占比/%	56.4	69.2	59.9
一般及以下	人数/人	13 539$_a$	3 520$_b$	17 059
	占比/%	43.6	30.8	40.1
总计	人数/人	31 085	11 443	42 528
	占比/%	100.0	100.0	100.0

注:下标字母含义是横向比较,若字母相同,在0.05级别,这些类别的列比例相互之间无显著差异。

第十章 讨论与建议

第一节 全日制教育硕士教学能力讨论

一、全日制教育硕士教学能力现状

（一）教学能力总体现状

1. 问卷调查的总体状况

（1）总体评价

对教学能力、教学实践能力、教学反思和研究能力总体评价方面，全体教育硕士、在校生、毕业生、全体教师、理论导师、实践导师、任课教师和管理者等主体的总体评价趋势有所不同。在对教学能力、教学实践能力、教学反思和研究能力的总体评价上，全体教育硕士、在校生和毕业生评价多集中在"一般及以下程度"，所占百分比分别为67.2%、70.0%、60.6%（对教学能力的总体评价），64.8%、67.9%、57.6%（对教学实践能力的总体评价），63.7%、66.1%、58.0%（对教学反思和研究能力的总体评）。相反，全体教师、理论导师、实践导师、任课教师和管理者评价多集中在"比较高及以上程度"，所占百分比分别为76.4%、72.0%、85.6%、75.4%、81.3%（对教学能力的总体评价），74.9%、70.7%、83.3%、73.5%、79.6%（对教学实践能力的总体评价），69.9%、63.4%、83.1%、67.5%、74.8%（对教学反思和研究能力的总体评）。可见，全体教师、理论导师、实践导师、任课教师和管理者对教学能力、教学实践能力、教学反思和研究能力的总体评价基本高于全体教育硕士、在校生、毕业生的评价，教师群体对学生群体教学相关能力他评值较高，与学生群体自评的教学能力、教学实践能力、教学反思和研究能力评价值差异明显，说明教育硕士在教学相关能力方面有待提升。

（2）不同信息背景的评价

从不同信息背景来看，对教学能力、教学实践能力、教学反思和研究能力的评价如下。

在就读院校或工作单位、不同隶属层次院校、不同类型院校、不同地区院校的评价上，教育硕士的评价多集中在"一般及以下"程度。其中，就读院校的在校生评价低于基础教育工作的毕业生、市属院校的教育硕士评价低于省属和部属院校的评价、非师范类院校的教育硕士评价低于师范类院校的评价、西南地区的教育硕士评价低于其他选项的评价。说明比较而言，在校生、市属院校、非师范类院校、西南地区院校的教育硕士认为自身的教学能力、教学实践能力、教学反思和研究能力更需要加以提升。而教师的评价多集中在"比较高及以上"程度。其中，院校教师的评价低于基础教育的教师、省属院校的教师评价低于部属和市属院校的评价、师范类院校的教师评价低于非师范类院校的评价、西北地区的教师评价低于其他选项的评价。说明比较而言，院校、省属院校、师范类院校、西北地区院校的教师认为教育硕士的教学能力、教学实践能力、教学反思和研究能力更需要加以提升。

在不同专业的评价方面，教育硕士和教师对教学能力、教学实践能力、教学反思和研究能力评价各有不同。从教育硕士来看，在对教学能力、教学反思和研究能力评价上，小学教育、学科教学·思政、学科教学·英语、职业技术教育、学科教学·语文专业的教育硕士评价都比较低，标准化残差均大于1，其中小学教育专业的评价最低；在教育硕士对教学实践能力的评价上，标准化残差从高到低排列，前三位专业是教育管理、学科教学·体育、学科教学·物理。说明比较而言，上述这几个专业的学生认为其教学能力、教学实践能力、教学反思和研究能力更有待提升。从教师来看，在对教学能力、教学实践能力、教学反思和研究能力评价上，学科教学·体育、特殊教育、教育管理专业的标准化残差皆大于1，评价都比较低，其中学科教学·体育评价最低，说明比较而言，这几个专业的教师认为教育硕士的教学能力、教学实践能力、教学反思和研究能力更需要加以提升。

从学生个人信息背景来看，在"比较高及以上"程度上，在校生认为能胜任工作的评价高于认为不能胜任工作的评价；毕业生随着毕业年限的增加，评价所占百分比变高、已工作的毕业生评价高于未工作的毕业生、有从教经历的教育硕士评价高于无从教经历的教育硕士、师范专业毕业生评价高于非师范专业毕业生。说明实践是理论之源，对在校生，特别是非师范专业的学生应该加强实践，进一步提升其教学能力、教学实践能力、教学反思和研究能力。

从教师个人信息背景来看，在"比较高及以上"程度，随着年龄、担任导师年限的增加，评价逐渐变低；随着学历和职称的升高，评价也逐渐变低，说明随着教师的自身成长对学生的要求也越来越高。同时，有基础教育工作和研究经历的教师评价高于无基础教育工作和研究经历的教师，经常沟通的双导师评价高于未经常沟通的双导师，这说明教师应按照教育硕士培养要求，认真履行导师职责，才能更有助于学生教学能力、教学实践能力、教学反思和研究能力的提升。

（3）不同师生主体的评价

从对教学能力及其一级指标教学实践能力、教学反思和研究能力的评价上看，在"比较高及以上"选项上，在校生和毕业生评价占比均未超过50%，且在校生的评价显著低于毕业生的评价；不同身份教师评价占比均超过70%，且理论教师和任课教师的评价明显低于实践导师和管理者的评价；全体教育硕士和全体教师评价差异非常显著，且全体教育硕士显著低于全体教师的评价。说明比较而言，在校生、理论导师和任课教师、全体教育硕士均认为教育硕士的教学能力及其一级指标教学实践能力、教学反思和研究能力更需要加以提升。

2.访谈调查的总体状况

（1）受访专家们认为，全日制教育硕士的教学能力总体现状尚可，但还存

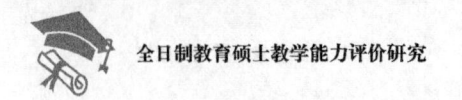

在一定程度的问题，亟待提高。

（2）有88.2%的受访专家认为，不同院校之间的全日制教育硕士教学能力存在差异。整体上，教育部直属六所师范大学、省属重点师范大学、"985"院校、"211"院校、普通师范类院校的全日制教育硕士教学能力较高，而一些综合性大学和一些地方性院校培养的全日制教育硕士特别是本科非相关专业的教学能力偏弱，非师范类的院校，特别是理工科类的院校培养的全日制教育硕士教学能力比较低。

（3）有62.7%的受访专家认为，全日制教育硕士教学能力存在地区间差异。整体上，受访专家们认为东部长三角、珠三角、京津地等发达地区的全日制教育硕士教学能力比较高，因为其更容易接触前沿问题，把握教育改革动态更准。而西部、西南等偏远、欠发达地区的全日制教育硕士教学能力较低。

（二）教学能力二级指标的现状

1. 总体评价

在对教学基本功、教学设计能力、教学实施能力、教学评价和创新能力、教学反思、教学研究能力总体评价方面，全体教育硕士、在校生、毕业生、全体教师、理论导师、实践导师、任课教师和管理者等主体的总体评价大致趋同，评价多集中在"比较高及以上"程度，其中，教学反思能力评价占比最低在58.9%，教学设计能力评价占比最低在56.7%，教学实施能力评价占比最低在56.2%，教学基本功的评价占比最低在41.8%，教学研究能力评价占比最低在40.3%，教学评价和创新能力评价占比最低在39.6%，说明教育硕士的教学基本功总体水平比较高。

在"一般及以下"程度上，对上述六种能力评价从高至低排列前五位的主体均为：在校生、全体教育硕士、毕业生、理论导师和任课教师，他们所占百分比分别是：教学基本功为44.1%、41.0%、34.1%、26.4%、23.6%；教学设计能力为43.3%、40.3%、33.4%、24.3%、22.3%；教学实施能力为43.8%、40.6%、33.3%、24.8%、22.7%；教学评价和创新能力为46.9%、44.0%、

37.1%、32.1%、29.5%；教学反思能力41.1%、38.5%、32.5%、30.3%、27.5%；教学研究能力为45.8%、42.9%、36.1%、33.7%、30.1%。比较而言，全体教育硕士、在校生和毕业生对上述六种教学能力的评价比全体教师、理论导师、实践导师、任课教师和管理者的评价普遍要低，说明学生群体在教学能力二级指标的自评与教师群体他评存在差异，学生群体有待提升教学能力二级指标中各类能力，以弥补自身不足。

2. 不同信息背景的评价

（1）院校或工作单位不同属性的评价

在就读院校或工作单位方面，对六种能力评价上，教育硕士和教师的评价大致趋同，评价多集中在"比较高及以上"程度，且院校的在校生和教师的评价均低于就职于基础教育的毕业生和实践导师。这说明院校教师和在校生均认为教育硕士的上述六种能力需要进一步提升。

在不同隶属层次院校方面，对教学基本功、教学设计能力和教学实施能力的评价上，教师均无差异，而教育硕士评价多集中在"比较高及以上"程度，其中市属院校的教育硕士评价最低。这说明市属院校的教育硕士均认为教学基本功都需要进一步提升；对教学评价和创新能力、教学反思能力、教学研究能力的评价上教育硕士和教师的评价大致趋同，评价多集中在"比较高及以上"程度，但是市属院校的教育硕士和省属院校的教师评价最低。这说明市属和省属院校的师生认为上述能力更需要进一步提升。

在不同类型院校方面，对教学设计能力、教学实施能力、教学评价和创新能力评价上，教育硕士和教师的评价都集中于"比较高及以上"程度，且非师范类院校教育硕士的评价低于师范类；而师范类院校的教师评价低于非师范类院校的教师评价。这说明非师范类院校教育硕士和师范类教师认为上述能力更需要进一步提升；对教学反思能力和教学研究能力评价上，教育硕士的评价无差异，而教师的评价均集中于"比较高及以上"程度，且师范类院校教师的评价低于非师范类院校的教师评价，说明比较而言，师范类院校教师认为上述能力更需要进一步提升；在教学基本功评价上，教师的评价无差异，教育硕士评价多集中在"比较高及以上"程度，且非师范类院校的教育硕士评价低于师范类院校的教育硕士评价。这说明非师范类院校教育硕士认为教学基本功更需要进一步提升。

在不同地区方面，对六种能力的评价上，教育硕士和教师的评价大致趋同，评价多集中在"比较高及以上"程度，除了对教学基本功的评价是西南地区的教育硕士和西北地区的教师评价最低外，对教学设计能力、教学实施能力、教学评价和创新能力、教学反思能力和教学研究能力的师生评价均为西南地区最低。这说明西部地区的师生普遍认为教育硕士上述六种能力需要进一步提升。

在不同城市方面，除省会城市（自治区首府）的师生对教学实施能力评价最低之外，对其他五种能力的评价，教师均无差异，而直辖市的教育硕士评价均为最低。这说明直辖市的教育硕士认为除教学实施能力之外的其他五种能力更需要进一步提升。

（2）不同专业背景的评价

在不同专业方面，教育硕士和教师的评价高低不同。学科教学·英语专业的师生对除了教学设计能力之外的五种能力的评价均较低；心理健康教育专业的师生对除了教学实施能力之外的五种能力的评价均较低；特殊教育专业的师生对除了教学设计能力和教学研究能力之外的四种能力的评价均较低；小学教育专业的师生对教学设计、教学实施、教学评价和创新能力的评价均较低；职业技术教育专业的师生对教学基本功、教学设计能力的评价均较低；学前教育专业的师生对教学基本功、教学实施能力的评价均较低；学科教学·思政专业的师生对教学反思能力、教学研究能力的评价均较低；教育管理专业的师生对教学基本功的评价均较低。同时，学科教学·体育专业对教学基本功、教学设计、教学实施、教学反思能力的评价，学科教学·思政专业对教学基本功、教学设计、教学实施、教学评价和创新能力的评价，职业技术教育专业对教学实施、教学评价和创新、教学反思、教学研究能力的评价，小学教育专业对教学基本功、教学反思、教学研究能力的评价，教育管理专业对教学设计、教学研究能力的评价，特殊教育专业对教学设计、教育研究能力的评价，学科教学·音乐专业对教学基本功的评价，学科教学·英语专业对教学设计能力的评价，心理健康教育专业对教学实施能力的评价，学前教育专业对教学评价和创新能力的评价，其标准化残差均大于1，评价都比较低。这说明上述这些专业均认为教育硕士六种教学能力均需不同程度的提升。

（3）学生个人不同信息背景的评价

学生个人不同信息背景对教学基本功、教学设计能力、教学实施能力、教学评价和创新能力、教学反思、教学研究能力六种能力的评价结果趋同。在"比较高及以上"选项上，认为能胜任工作、有从教经历的教育硕士评价均高于认为不能胜任工作、无从教经历的教育硕士的评价；毕业生随着毕业年限的增加，评价所占百分比变高、已工作的毕业生评价高于未工作的毕业生、师范专业毕业生评价高于非师范专业毕业生。说明比较而言，不能胜任工作、无从教经历的教育硕士和未工作、非师范专业的毕业生均认为教育硕士六种教学能力更需不同程度的提升。

（4）教师个人不同信息背景的评价

教师个人不同信息背景对教学基本功、教学设计能力、教学实施能力、教学评价和创新能力、教学反思能力、教学研究能力六种能力的评价结果趋同。在"比较高及以上"选项上，随着年龄、工作年限、担任导师年限的增加，对六种能力的评价逐渐变低；随着学历和职称的升高，其评价也逐渐变低，说明随着教师的自身成长对教育硕士的要求也越来越高。同时，有基础教育工作和研究经历的教师评价高于没有基础教育工作和研究经历的教师，经常沟通的双导师评价高于未经常沟通的双导师，这说明教师应按照教育硕士培养要求，认真履行导师职责，才能更有助于教育硕士教学能力的提升。

3. 不同师生主体的评价

从对教学基本功、教学设计能力、教学实施能力、教学评价和创新能力、教学反思能力、教学研究能力及其各三级指标的评价上看，在"比较高及以上"选项上，在校生和毕业生评价均为超过50%，且在校生的评价显著低于毕业生的评价；不同身份教师评价均超过 70%，且理论教师和任课教师的评价明显低于实践导师和管理者的评价；全体教育硕士和全体教师评价差异非常显著，且全体教育硕士显著低于全体教师的评价。这说明在校生、理论导师和任课教师、全体教育硕士均认为教育硕士的上述六种能力及其各三级指标能力更需要加以提升。

二、教学能力的影响因素分析

（一）教育硕士对教学能力影响因素的评价

1. 全体教育硕士对教学能力影响因素的总体评价

参与调查的全体教育硕士有 31 085 人，从调查结果来看，全体教育硕士对教学能力水平影响的评价中，"课程内容"占 67.8%，"实践课程"占 65.9%，"培养目标定位"占 62.4%，"课程结构"占 60.2%，"校内理论导师"占 53.6%，"校外'三习'"（指教育见习、教育研习、教育实习）占 49.8%，"校外实践导师"占 48.6%，"课程考核方式"占 47.9%，"校内实训"占 46.2%，"案例教学"占 44.8%，"讲授教学"占 39.1%，"任课教师"占 36.3%，"实验教学"占 33.6%，"讨论教学"占 32.6%，"教学管理"占 30.8%，"校内实验设施"占 26.2%，"经费投入"占 26.0%（见表 10-1-1）。

表 10-1-1　全体教育硕士对教学能力影响因素的总体评价

教学能力水平的影响因素	人数 / 人	百分比 / %
培养目标定位	19406	62.4
课程结构	18725	60.2
课程内容	21069	67.8
课程考核方式	14890	47.9
实践课程占比	20486	65.9
校内理论导师	16667	53.6
校外实践导师	15112	48.6

续表

教学能力水平的影响因素	人数/人	百分比/%
任课教师	11276	36.3
校内实训	14374	46.2
校内实验设施	8135	26.2
校外"三习"	15470	49.8
案例教学	13932	44.8
讲授教学	12140	39.1
讨论教学	10129	32.6
实验教学	10457	33.6
教学管理	9574	30.8
经费投入	8090	26.0

从表10-1-1中可以看出，有超过50%的全体教育硕士认为，课程内容、实践课程占比、培养目标定位、课程结构、校内理论导师是影响教学能力水平高低的重要因素，其中有超过60%的人选择了前四个因素，说明超过半数的全日制教育硕士认为教学能力水平的高低主要受课程内容、实践课程占比、培养目标定位、课程结构、校内理论导师这五项因素的影响较大；超过30%且低于50%的学生认为校外"三习"、校外实践导师、校内实训、案例教学、讲授教学、任课教师、实验教学、讨论教学、教学管理这些因素对教学能力水平有一定影响，校内实验设施、经费投入因素影响最小。

2. 在校生对教学能力影响因素的总体评价

参与调查的在校生有21 634人，从调查结果来看，在校生对教学能力水平影响因素的评价中，"课程内容"占68.5%，"实践课程占比"占66.4%，"培养目标定位"占62.3%，"课程结构"占60.9%，"校内理论导师"占54.4%，"校外'三习'"占50.9%，"校外实践导师"占49.4%，"校内实训"占48.0%，"课程考核方式"占47.9%，"案例教学"占44.9%，"讲授教学"占40.0%，"任课教师"占37.2%，"实验教学"占34.1%，"讨论教学"占33.1%，"教学管理"占31.2%，"校内实验设施"占27.6%，"经费投入"占27.2%（见

表 10-1-2）。

表 10-1-2　在校生对教学能力影响因素的总体评价

教学能力水平的影响因素	人数 / 人	百分比 / %
培养目标定位	13 487	62.3
课程结构	13 167	60.9
课程内容	14 814	68.5
课程考核方式	10 368	47.9
实践课程占比	14 356	66.4
校内理论导师	11 766	54.4
校外实践导师	10 690	49.4
任课教师	8 052	37.2
校内实训	10 379	48.0
校内实验设施	5 975	27.6
校外"三习"	11 018	50.9
案例教学	9 707	44.9
讲授教学	8 663	40.0
讨论教学	7 161	33.1
实验教学	7 375	34.1
教学管理	6 747	31.2
经费投入	5 892	27.2

从表 10-1-3 中可以看出，有超过 50% 的在校生认为，对教学能力水平影响较大的因素有：课程内容、实践课程占比、培养目标定位、课程结构、校内理论导师、校外"三习"；影响较小的因素是经费投入。

3. 毕业生对教学能力影响因素的总体评价

参与调查的毕业生有 9451 人，从调查结果来看，毕业生对教学能力水平影响因素的评价中，"课程内容"占 66.2%，"实践课程占比"占 64.9%，"培养目标定位"占 62.6%，"课程结构"占 58.8%，"校内理论导师"占 51.9%，"课程考核方式"占 47.8%，"校外'三习'"占 47.1%，"校外实践导师"占 46.8%，"案例教学"占 44.7%，"校内实训"占 42.3%，"讲授教学"占 36.8%，

"任课教师"占 34.1%,"实验教学"占 32.6%,"讨论教学"占 31.4%,"教学管理"占 29.9%,"经费投入"占 23.3%,"校内实验设施"占 22.9%(见表 10-1-3)。

表 10-1-3 毕业生对教学能力影响因素的总体评价

教学能力水平的影响因素	人数 / 人	百分比 / %
培养目标定位	5919	62.6
课程结构	5558	58.8
课程内容	6255	66.2
课程考核方式	4522	47.8
实践课程占比	6130	64.9
校内理论导师	4901	51.9
校外实践导师	4422	46.8
任课教师	3224	34.1
校内实训	3995	42.3
校内实验设施	2160	22.9
校外"三习"	4452	47.1
案例教学	4225	44.7
讲授教学	3477	36.8
讨论教学	2968	31.4
实验教学	3082	32.6
教学管理	2827	29.9
经费投入	2198	23.3

从表 10-1-3 可以看出,有超过 50% 的毕业生认为,对教学能力水平影响较大的因素有:课程内容、实践课程占比、培养目标定位、课程结构、校内理论导师、校外"三习";影响较小的因素是校内实验设施。

4. 教育硕士对教学能力影响因素总体评价的比较

通过上述分析发现,全体教育硕士、在校生、毕业生对教学能力水平的影响因素评价整体趋势相同,仅在部分因素上存在较小差异。综合来看,有超过 50% 的全体教育硕士、在校生、毕业生,认为影响教学能力的因素大多集中在课程内容、实践课程占比、培养目标定位、课程结构、校内理论导师，而校内实验设施、经费投入相对来说较少。说明对于教育硕士自身认知而言，教学能力的高低仍主要受学校的培养目标、课程以及理论导师等因素影响较大。

其中，在校生中有超过50%的学生认为，对教学能力水平影响较大的因素有：课程内容、实践课程占比、培养目标定位、课程结构、校内理论导师、校外"三习"；影响较小的因素是校内实验设施、经费投入因素。毕业生中有超过50%的学生认为，对教学能力水平影响较大的因素有：课程内容、实践课程占比、培养目标定位、课程结构、校内理论导师；影响较小的因素是经费投入、校内实验设施。

由此看来，除校外"三习"，在校生评价明显高于毕业生，差异较大以外，在校生与毕业生对于教学能力影响因素中课程内容、实践课程占比、培养目标定位、课程结构、校内理论导师这五项因素评价较高且差异较小，对于经费投入、校内实验设施评价较低但基本趋于一致。

（二）教师对教学能力影响因素的评价

1. 全体教师对教学能力影响因素的总体评价

本次参与调查的全体教师有11 443人，从调查结果来看，全体教师对教学能力水平影响因素的评价中，"课程结构"占67.7%，"实践课程占比"占67.7%，"培养目标定位"占66.0%，"课程内容"占63.3%，"校外实践导师"占54.1%，"校外'三习'"占51.8%，"校内理论导师"占50.2%，"课程考核方式"占46.4%，"案例教学"占43.9%，"经费投入"占42.7%，"校内实训"占39.5%，"任课教师"占33.1%，"讨论教学"占29.7%，"教学管理"占29.3%，"讲授教学"占25.1%，"实验教学"占24.1%，"校内实验设施"占21.9%（见表10–1–4）。

表 10-1-4　全体教师对教学能力影响因素的总体评价

教学能力水平的影响因素	人数 / 人	百分比 / %
培养目标定位	7547	66.0
课程结构	7747	67.7
课程内容	7244	63.3
课程考核方式	5312	46.4
实践课程占比	7750	67.7
校内理论导师	5743	50.2
校外实践导师	6192	54.1
任课教师	3791	33.1
校内实训	4518	39.5
校内实验设施	2508	21.9
校外"三习"	5931	51.8
案例教学	5025	43.9
讲授教学	2876	25.1
讨论教学	3404	29.7
实验教学	2762	24.1
教学管理	3350	29.3
经费投入	4885	42.7

从表 10-1-4 中可以看出，有超过 50% 的全体教师认为，课程结构、实践课程占比、培养目标定位、课程内容、校外实践导师、校外"三习"、校内理论导师是影响教学能力水平高低的重要因素，其中有超过 60% 的人选择了前四个因素，说明超过半数的教师认为教学能力水平的高低主要受课程结构、实践课程占比、培养目标定位、课程内容、校外实践导师、校外"三习"、校内理论导师这七项因素的影响较大；超过 30% 且低于 50% 的教师认为课程考核方式、案例教学、经费投入、校内实训、任课教师这些因素对教学能力水平有一定影响；低于 30% 的教师认为讨论教学、教学管理、讲授教学、实验教学、校内实验设施这些因素影响较小。

2. 理论导师对教学能力影响因素的总体评价

参与调查的理论导师有 6777 人，从调查结果来看，理论导师对教学能力水平影响因素的评价中："课程结构"占 68.3%，"实践课程占比"占 64.8%，"课程内容"占 63.0%，"培养目标定位"占 62.8%，"校外实践导师"占 53.3%，"校外'三习'"占 52.3%，"校内理论导师"占 51.7%，"经费投入"占 49.6%，"案例教学"占 43.5%，"课程考核方式"占 41.2%，"校内实训"占 40.2%，"任课教师"占 34.7%，"讨论教学"占 30.2%，"教学管理"占 29.4%，"校内实验设施"占 23.6%，"讲授教学"占 22.8%，"实验教学"占 22.3%（见表 10-1-5）。

表 10-1-5　理论导师对教学能力影响因素的总体评价

教学能力水平的影响因素	人数 / 人	百分比 / %
培养目标定位	4259	62.8
课程结构	4632	68.3
课程内容	4269	63.0
课程考核方式	2790	41.2
实践课程占比	4390	64.8
校内理论导师	3506	51.7
校外实践导师	3612	53.3
任课教师	2354	34.7
校内实训	2722	40.2
校内实验设施	1596	23.6
校外"三习"	3545	52.3
案例教学	2945	43.5
讲授教学	1543	22.8
讨论教学	2044	30.2
实验教学	1511	22.3
教学管理	1994	29.4
经费投入	3363	49.6

从表 10-1-5 中可以看出，有超过 50% 的校内理论导师认为，对教学能力水平影响较大的因素有：课程结构、实践课程占比、课程内容、培养目标定位、校外实践导师、校外"三习"、校内理论导师；影响较小的因素是教学管理、校内实验设施、讲授教学、实验教学，只有 30% 以下的理论导师选择这几个影响因素。

3. 实践导师对教学能力影响因素的总体评价

参与调查的实践导师有 2591 人，从调查结果来看，实践导师对教学能力水平影响因素的评价中："实践课程占比"占 75.7%，"培养目标定位"占 71.2%，"课程结构"占 65.7%，"课程内容"占 61.8%，"课程考核方式"占 59.1%，"校外实践导师"占 55.4%，"校外'三习'"占 54.0%，"案例教学"占 47.2%，"校内理论导师"占 43.8%，"校内实训"占 38.2%，"经费投入"占 31.5%，"教学管理"占 30.3%，"讨论教学"占 30.2%，"讲授教学"占 28.6%，"任课教师"占 27.8%，"实验教学"占 27.5%，"校内实验设施"占 18.6%（见表 10-1-6）。

表 10-1-6　实践导师对教学能力影响因素的总体评价

教学能力水平的影响因素	人数 / 人	百分比 / %
培养目标定位	1846	71.2
课程结构	1702	65.7
课程内容	1601	61.8
课程考核方式	1530	59.1
实践课程占比	1962	75.7
校内理论导师	1136	43.8
校外实践导师	1435	55.4
任课教师	721	27.8
校内实训	989	38.2
校内实验设施	481	18.6
校外"三习"	1399	54.0
案例教学	1222	47.2

续表

教学能力水平的影响因素	人数/人	百分比/%
讲授教学	740	28.6
讨论教学	782	30.2
实验教学	713	27.5
教学管理	785	30.3
经费投入	816	31.5

从表10-1-6中可以看出，有超过50%的实践导师认为，对教学能力水平影响较大的因素有：实践课程占比、培养目标定位、课程结构、课程内容、课程考核方式、校外实践导师、校外"三习"；影响较小的因素是讲授教学、任课教师、实验教学、校内实验设施，只有30%以下的实践导师选择这几个影响因素。

4. 任课教师对教学能力影响因素的总体评价

参与调查的任课教师有6756人，从调查结果来看，任课教师对教学能力水平影响因素的评价中："课程结构"占68.1%，"实践课程占比"占66.6%，"培养目标定位"占65.1%，"课程内容"占63.5%，"校外实践导师"占54.4%，"校外'三习'"占51.2%，"校内理论导师"占50.7%，"经费投入"占45.1%，"课程考核方式"占45.0%，"案例教学"占43.4%，"校内实训"占39.4%，"任课教师"占34.8%，"讨论教学"占29.8%，"教学管理"占29.0%，"讲授教学"占24.9%，"实验教学"占23.8%，"校内实验设施"占22.6%（见表10-1-7）。

表10-1-7 任课教师对教学能力影响因素的总体评价

教学能力水平的影响因素	人数/人	百分比/%
培养目标定位	4396	65.1
课程结构	4600	68.1
课程内容	4289	63.5
课程考核方式	3039	45.0
实践课程占比	4499	66.6

续表

教学能力水平的影响因素	人数/人	百分比/%
校内理论导师	3426	50.7
校外实践导师	3672	54.4
任课教师	2352	34.8
校内实训	2661	39.4
校内实验设施	1524	22.6
校外"三习"	3462	51.2
案例教学	2934	43.4
讲授教学	1682	24.9
讨论教学	2016	29.8
实验教学	1607	23.8
教学管理	1962	29.0
经费投入	3047	45.1

从表10-1-7中可以看出，有超过50%的任课教师认为，对教学能力水平影响较大的因素有：课程结构、实践课程占比、培养目标定位、课程内容、校外实践导师、校外"三习"、校内理论导师；影响较小的因素是讨论教学、教学管理、讲授教学、实验教学、校内实验设施，只有30%以下的实践导师选择这几个影响因素。

5. 管理者对教学能力影响因素的总体评价

参与调查的管理者有2040人，从调查结果来看，管理者对教学能力水平影响因素的评价中："实践课程占比"占67.3%，"课程结构"占65.1%，"培养目标定位"占64.3%，"课程内容"占61.8%，"校外实践导师"占58.1%，"校外'三习'"占56.8%，"校内理论导师"占52.9%，"课程考核方式"占46.0%，"案例教学"占46.0%，"经费投入"占45.4%，"校内实训"占41.9%，"任课教师"占33.7%，"教学管理"占32.5%，"讨论教学"占27.5%，"实验教学"占26.0%，"讲授教学"占23.8%，"校内实验设施"占23.6%（见表10-1-8）。

表 10-1-8 管理者对教学能力影响因素的总体评价

教学能力水平的影响因素	人数 / 人	百分比 / %
培养目标定位	1311	64.3
课程结构	1329	65.1
课程内容	1261	61.8
课程考核方式	939	46.0
实践课程占比	1372	67.3
校内理论导师	1080	52.9
校外实践导师	1185	58.1
任课教师	687	33.7
校内实训	855	41.9
校内实验设施	482	23.6
校外"三习"	1159	56.8
案例教学	938	46.0
讲授教学	486	23.8
讨论教学	562	27.5
实验教学	531	26.0
教学管理	662	32.5
经费投入	926	45.4

从表 10-1-8 中可以看出，有超过 50% 的管理者认为，对教学能力水平影响较大的因素有：实践课程占比、课程结构、培养目标定位、课程内容、校外实践导师、校外"三习"、校内理论导师；影响较小的因素是讨论教学、实验教学、讲授教学、校内实验设施因素，只有 30% 以下的管理者选择。

6.教师对教学能力影响因素总体评价的比较

通过上述分析发现，全体教师、任课教师、理论导师对教学能力影响因素评价的整体趋势趋于一致，实践导师与这三个群体评价总体趋势大致相似，但在培养目标定位、课程考核方式、实践课程占比、校外"三习"、案例教学、讲授教学、实验教学的评价明显高于这三个群体，存在一定差异，校内理论导师、任课教师、经费投入明显较低；而管理者对教学能力影响因素的认知与其他群体差异显著,在培养目标与定位、课程结构、课程内容、课程考核方式、校外实践导师、讲授教学、讨论教学、实验教学、教学管理、经费投入因素上趋势大致相近,其他各项因素均存在一定差异,但该群体整体评价趋势趋于平缓,各项因素之间评价差异不大。综合来看,超过50%的理论导师、实践导师、任课教师和管理者认为对教学能力水平影响较大的因素集中在课程结构、实践课程占比、培养目标定位、课程内容、校外实践导师、校外"三习"、校内理论导师,而校内实验设施因素影响较小。

其中,有超过50%的理论导师认为,对教学能力水平影响较大的因素有:课程结构、实践课程占比、课程内容、培养目标定位、校外实践导师、校外"三习"、校内理论导师;影响较小的因素是教学管理、校内实验设施、讲授教学、实验教学因素。有超过50%的实践导师认为,对教学能力水平影响较大的因素有:实践课程占比、培养目标定位、课程结构、课程内容、课程考核方式、校外实践导师、校外"三习";影响较小的因素是讲授教学、任课教师、实验教学、校内实验设施因素。有超过50%的任课教师认为,对教学能力水平影响较大的因素有:课程结构、实践课程占比、培养目标定位、课程内容、校外实践导师、校外"三习"、校内理论导师;影响较小的因素是讨论教学、教学管理、讲授教学、实验教学、校内实验设施因素。有超过50%的管理者认为,对教学能力水平影响较大的因素有:实践课程占比、课程结构、培养目标定位、课程内容、校外实践导师、校外"三习"、校内理论导师;影响较小的因素是讨论教学、实验教学、讲授教学、校内实验设施因素。

由此看来,不同教师群体评价影响教学能力水平的因素主要是课程结构、实践课程占比、培养目标定位、课程内容、校外实践导师、校外"三习"六个因素,且不同教师群体之间评价无较大差异。在不同教师群体对教学能力影响因素的评价差异中:理论导师、任课教师和管理者三类教师,评价校内理论导师这一因素对教学能力高低影响较大,且不同教师群体评价趋于一致,而实践导师则认为课程考核方式对教学能力影响较大,整体差异性不显著。不同群体教师一致评价实验教学、讲授教学、校内实验设施对教学能力影响较小,其中理论导师与任课教师认为教学管理因素影响较低，任课教师与管理者认为讨论教学因素影响较小，而实践导师认为任课教师因素影响较小，在评价对教学能力影响较小的因素时不同教师群体评价均不相同，整体差异性显著且具有主体多样性。

（三）教师和教育硕士对教学能力影响因素的评价差异

通过对比教育硕士和教师在教学能力影响因素的评价差异发现，教学能力水平的影响因素各项指标均有超过20%的教育硕士和教师选择（见表10-1-9）。

表10-1-9 教师和教育硕士对教学能力影响因素的评价差异

单位：%

影响因素	教师评价百分比	学生评价百分比	百分比差值
培养目标定位	66.0	62.4	3.6
课程结构	67.7	60.2	7.5
课程内容	63.3	67.8	-4.5
课程考核方式	46.4	47.9	-1.5
实践课程占比	67.7	65.9	1.8
校内理论导师	50.2	53.6	-3.4
校外实践导师	54.1	48.6	5.5
任课教师	33.1	36.3	-3.2
校内实训	39.5	46.2	-6.7
校内实验设施	21.9	26.2	-4.3
校外"三习"	51.8	49.8	2.0
案例教学	43.9	44.8	-0.9
讲授教学	25.1	39.1	-14.0
讨论教学	29.7	32.6	-2.9
实验教学	24.1	33.6	-9.5
教学管理	29.3	30.8	-1.5
经费投入	42.7	26.0	16.7

从表10-1-9中可以看出，各项因素都有超过20%的教师和教育硕士进

行了选择，其中师生评价均超过50%的影响因素有培养目标定位、课程结构、课程内容、实践课程占比、校内理论导师，说明大多数教师和教育硕士都认为学生教学能力水平的高低受这五项因素影响较大；教师和教育硕士对教学能力的影响因素各指标的评价中，教师对于培养目标定位、课程结构、实践课程占比、校外实践导师、校外"三习"、经费投入这六项指标的评价明显高于教育硕士，差异最大的是经费投入，说明教师评价这些因素对教学能力影响较大，而学生评价未达到教师认知水平。关于课程内容、课程考核方式、校内理论导师、任课教师、校内实训、校内实验设施、案例教学、讲授教学、讨论教学、实验教学、教学管理这些因素的评价中，教育硕士评价高于教师评价，说明教育硕士认为这些因素对自身教学能力的高低有较大影响，其中差异最大的是讲授教学，说明讲授教学对于教育硕士来说对教学能力提升有较大影响，而教师评价此因素影响偏小。

从评价差异分布来看，教师与教育硕士关于课程考核方式、实践课程占比、校外"三习"、案例教学、讨论教学其他这几项因素对教学能力影响的评价差异性并不大，均在2%左右浮动，说明这几项因素对教学能力高低的影响，教师与教育硕士的评价具有趋同性，认知差异不大；而在经费投入、讲授教学对教学能力影响的评价中差异较大，差值在15%左右，其中经费投入是正差值，教师评价此因素对教学能力的影响明显高于教育硕士评价，讲授教学是负差值，教育硕士评价此因素对自身教学能力的影响明显高于教师评价。

（四）不同师生主体对教学能力影响因素的评价比较

从总体趋势来看，除实践导师与管理者对教学能力影响因素评价走势整体与其他群体存在差异，在校生、毕业生、全体教育硕士、理论导师、任课教师、全体教师六个主体的整体趋势大体一致，评价差异较小。从所有师生主体对教学能力影响因素评价来看，主要集中在培养目标定位、课程结构、课程内容、实践课程占比、校内理论导师、校外"三习"等因素上，而校内实验设施、教学管理因素影响程度较小。从差异性来看，经费投入对教学能力的影响，不同主体间差异较为明显。

实践导师整体评价波动较大，课程结构、校外实践导师、校内实训、讨论教学、教学管理与其他各群体评价相似以外，其余各项因素评价或高或低存在显著差异，其中培养目标定位、实践课程占比、校外"三习"、案例教学、讲授教学、实验教学、经费投入明显高于其他主体，校内理论导师、任课教师、校内实验设施明显低于其他主体。管理者与其他群体评价差异最为显著，从总体趋势来看管理者对教学能力影响因素的评价内部整体波动较小，对各项影响因素评价差异不大；但对课程考核方式、校内理论导师、任课教师、校内实验设施的评价差异性显著，明显高于其他主体，其余各项因素差异不显著（见表10-1-10、图10-1-1）。

表 10-1-10 所有师生主体对教学能力影响因素的评价差异

单位：%

影响因素	在校生	毕业生	全体教育硕士	理论导师	实践导师	任课教师	管理者	全体教师
培养目标定位	62.3	62.6	62.4	62.8	71.2	65.1	67.3	66.0
课程结构	60.9	58.8	60.2	68.3	65.7	68.1	65.1	67.7
课程内容	68.5	66.2	67.8	63.0	61.8	63.5	64.3	63.3
课程考核方式	47.9	47.8	47.9	41.2	59.1	45.0	61.8	46.4
实践课程占比	66.4	64.9	65.9	64.8	75.7	66.6	58.1	67.7
校内理论导师	54.4	51.9	53.6	51.7	43.8	50.7	56.8	50.2
校外实践导师	49.4	46.8	48.6	53.3	55.4	54.4	52.9	54.1
任课教师	37.2	34.1	36.3	34.7	27.8	34.8	46.0	33.1
校内实训	48.0	42.3	46.2	40.2	38.2	39.4	46.0	39.5
校内实验设施	27.6	22.9	26.2	23.6	18.6	22.6	45.4	21.9
校外"三习"	50.9	47.1	49.8	52.3	54.0	51.2	41.9	51.8
案例教学	44.9	44.7	44.8	43.5	47.2	43.4	33.7	43.9
讲授教学	40.0	36.8	39.1	22.8	28.6	24.9	32.5	25.1
讨论教学	33.1	31.4	32.6	30.2	30.2	29.8	27.5	29.7
实验教学	34.1	32.6	33.6	22.3	27.5	23.8	26.0	24.1

续表

影响因素	在校生	毕业生	全体教育硕士	理论导师	实践导师	任课教师	管理者	全体教师
教学管理	31.2	29.9	30.8	29.4	30.3	29.0	23.8	29.3
经费投入	27.2	23.3	26.0	49.6	31.5	45.1	23.6	42.7

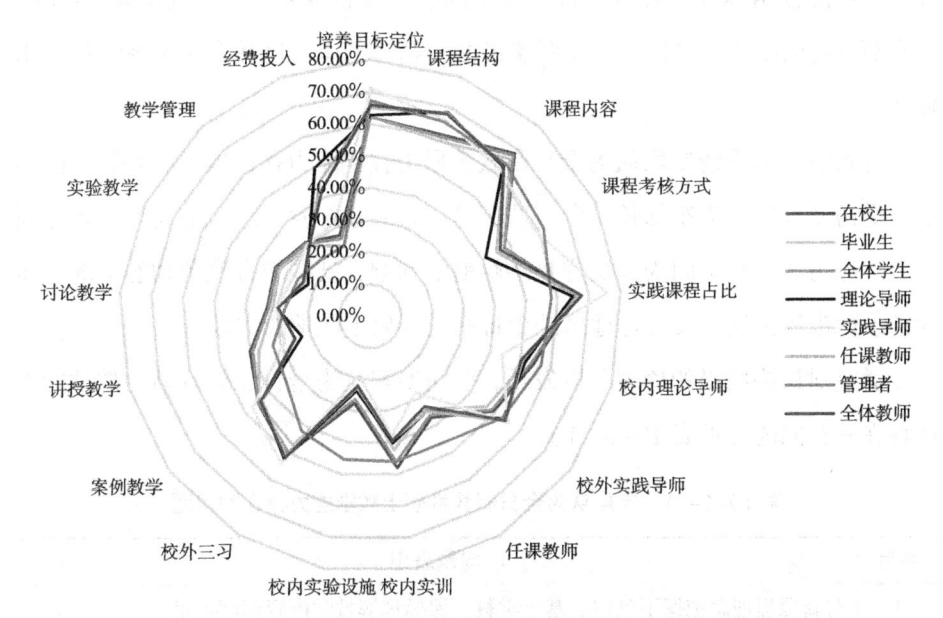

图 10-1-1　所有师生主体对教学能力影响因素的评价差异

三、全日制教育硕士教学能力存在的问题及原因分析

（一）全日制教育硕士教学能力存在的问题

1.访谈发现的问题

为更深入了解全日制教育硕士的教学能力，本书选取了 52 位专家进行访谈，回收有效结果 51 份。访谈对象覆盖了教指委委员、实践导师、校内导师和教研员等教育硕士研究生教育相关者，他们对全日制教育硕士的培养工作非常熟悉，并且具有扎实的理论知识和丰富的实践工作经验，这也使访谈的结果更加有说服力。受访专家们认为全日制教育硕士的教学能力总体现状尚可，但

还存在一定程度的问题，亟待提高。

有 88.2% 的受访专家认为全日制教育硕士教学能力存在院校间差异。整体上，教育部直属六所师范大学、省属重点师范大学、"985"院校、"211"院校、普通师范类院校的全日制教育硕士教学能力较高，而一些综合性大学和一些地方性院校培养的全日制教育硕士特别是本科非相关专业的教学能力偏弱，且非师范类的院校，特别是理工科类的院校培养的全日制教育硕士教学能力比较低。

有 62.7% 的受访专家认为全日制教育硕士教学能力存在地区间差异。整体上，受访专家们认为东部长三角、珠三角、京津地等发达地区的全日制教育硕士教学能力比较高，因为其更容易接触前沿问题，把握教育改革动态更准。而西部、西南等偏远、欠发达地区的全日制教育硕士教学能力较低。

通过对访谈结果的梳理可以发现，受访专家认为全日制教育硕士教学能力还存在一些问题（见表 10-1-11）。

表 10-1-11　专家认为全日制教育硕士教学能力存在的问题

序号	问题表现
1	对新课程理念把握不到位、基于学科、课标理解教学内容深度不足。
2	教学反思有效性不够。
3	对学生学习的全面了解与个性化指导能力不足。
4	问题导向的探索性教学不足，问题设计缺乏梯度。
5	多学科交叉能力不足。
6	语言表达、逻辑思考、沟通交往能力不强。
7	信息技术运用还存在较大欠缺。
8	对教材的把握研究不深入，教材分析能力不足。
9	维持课堂秩序，调动学生学习积极性的能力还不强。
10	课堂环节驾驭能力不强，临场应变能力仍显不足，对突发问题和事件处理能力弱，缺乏对现场及学生的有效把控，教学实践生成能力不足。
11	对学情的理解与把握不够精准。
12	学科前沿知识储备不足，对当下教育教学改革，尤其是"双新""双减"的认知与反应还不够迅速、不够深入全面。

续表

序号	问题表现
13	教学研究意愿淡薄、发现教研问题能力不足、开展基于教育教学实践问题的科学研究的能力不高、教学创新意识及能力较差。
14	教学基本功不扎实，新课标、新教材、新高考的领会力不强。
15	对高中总体知识、高考知识点的精准度掌握得不够。
16	缺乏引导学生进行自我评价，对学生的点评语匮乏，对自己的教学评价较为主观，自我诊断及改进能力一般。
17	教育学、心理学，教学设计等理论基础薄弱，尤其无法将理论与学科教学实践相结合。
18	对基础教育教材、学生、课堂教学、实验条件，甚至考试模式等现状了解不足。
19	具体技能中，绝大多数学校学生板书书写能力普遍较差。

由表10-1-11可知，受访专家们认为全日制教育硕士教学能力存在的问题主要涉及对新课程理念把握不到位、学科前沿知识储备不足、对教材和学情分析不到位、教学基本功不扎实、课堂环节驾驭能力不强、教学研究意愿淡薄、发现教研问题能力不足、自我诊断及改进能力一般等问题，且各项能力发展不均衡，亟待提高。

2. 问卷调查发现的问题

（1）教育硕士对中小学幼儿园教师专业标准的了解程度不高

从教育硕士对中小学幼儿园教师专业标准的了解程度调查中发现，了解程度在"一般及以下"的人数为62.7%，说明有近2/3的教育硕士对未来教师的专业标准了解程度不高，因而会直接影响教育硕士的教学能力水平。

（2）毕业生对在读期间获得的相关知识和能力存在不足

对毕业生在读期间获得的相关知识和能力对现有工作帮助程度的调查中发现，有近30%的毕业生认为帮助程度在"一般及以下"，表明教育硕士在读期间的知识获得和能力提升方面还存在不足。

（3）教学能力各维度指标存在的问题

在问卷调查中也发现了上述访谈发现的问题，涉及教学能力各维度指标。在评价为"一般及以下"程度上，对课程标准分析能力的评价，不同教育硕士主体占40%以上，不同教师主体也占20%以上或近20%；对教材分析能力的评价，不同教育硕士主体占40%以上或近40%，不同教师主体也占20%以上或近20%；对学情分析能力的评价，不同教育硕士主体均占40%以上，不同教师主体也均占20%以上；对教学基本功的评价，不同教育硕士主体达到40%以上，不同教师主体也均占20%以上或15%以上；对教学过程设计能力的评价，不同教育硕士主体占40%以上或近40%，不同教师主体也占20%以上或近20%；对教学研究能力的评价，不同教育硕士主体占40%以上或35%以上；对问题提出能力的评价，不同教育硕士主体占30%~40%，不同教师主体占20%~30%；对自我诊断能力的评价，不同教育硕士主体占30%~40%，不同教师主体最高占30%左右或者20%左右；对自我改进能力的评价，不同教育硕士主体占30%以上。可见，教育硕士不同主体对上述自身教学能力各维度水平评价均低于不同教师主体的评价，且认为能力水平不高。

（二）全日制教育硕士教学能力存在问题的原因分析

对于全日制教育硕士教学能力存在问题的原因，通过对受访专家的意见进行归纳可以发现，导致全日制教育硕士教学能力不高的原因主要有以下几方面。

1. 宏观管理层面

一是目前我国专业学位研究生教育的质量评价标准和评价体系尚不明确、专业认证及资格认证体系不够完善、社会行业组织和评价机构介入专业学位研究生教育教学和评估的机制还未建立。二是国家对专业学位研究生教育及教育硕士的自主发展引领不够，缺少对教育硕士教学技能的基础研究，教育硕士教学技能标准构建不足。

2. 培养院校层面

一是培养单位不够重视全日制教育硕士的培养，在人才培养、引进及专业建设的力度和举措等方面都没有其他学科专业领域力度大，而且培养目标定位不准确，有的院校更注重理论层面的培养，有的院校更注重实践层面的培养，同时，培养环节还存在学术化倾向，加上学习期限较短，学生学习目标不统一，造成全日制教育硕士教学能力的培养不均衡。二是教育经费投入不足，且不同地区、不同院校间经济投入差距较大。三是课程结构不合理，实践课程占比少，理论和实践环节整齐划一，缺少适用于不同基础和个体的针对性、选择性课程，实践价值小。四是全日制教育硕士培养"三习"环节的组织工作和实践内容基本上是对本科师范教育的简单重复，缺少高阶性与研究性的特别要求与考核，实习学校对实习生不够信任，为学生提供真实的教学实践和教学研究的机会少，而且受目前培养环节的影响，全日制教育硕士深入中小学校进行实习观摩和亲身实践严重不足。

3. 教师层面

一是各院校还存在对教育硕士导师队伍建设认识不足的问题，教育硕士导师队伍不能满足不断增加的教育硕士招生数量要求，也不能满足基础教育新课程改革的要求，有的导师非教育学科背景，甚至不熟悉基础教育实践的变革要求。二是师资队伍建设不均衡，学科教学论教师队伍建设是短板。三是部分导师专业能力结构不合理，导致对学生指导出现偏离，多数院校的专业学位校内导师都是由学术学位导师兼任的，这些导师往往都是在学术领域研究颇深，而在实践上却欠缺经验，无法有效地对学生进行相应的指导，同时校外实践导师在实习过程中也缺少及时的指导与评价。四是全日制教育硕士教学过程中任课教师运用专题讨论法和案例分析法较少，讲授法应用较多，研究生阶段应注重培养探究、分析和批判能力，新型课程实施方式未能引起有效关注。

4. 全日制教育硕士个人层面

一是全日制教育硕士中跨专业学生较多，专业素质参差不齐，本科阶段课程内容掌握程度不理想，学科知识存在大量漏洞。二是全日制教育硕士的学习目标不明确，在学习过程中不能有针对性地对自身薄弱环节进行补救，过于依赖教师，自我学习提升意识不强。三是全日制教育硕士缺少职业规划、缺少对职业的充分认识，部分学生入学前以全日制教育硕士能够获取免考教师资格证为考研的动力，并未对未来从事教学工作做好相关准备。

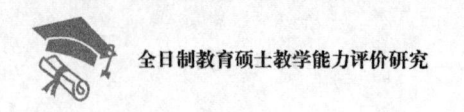

第二节　提升全日制教育硕士教学能力的建议

一、宏观管理层面

1. 加强顶层设计

在宏观管理层面，首先要加强顶层设计，积极开展全日制教育硕士教学能力的基础研究，应由全国教指委统筹制定全日制教育硕士教学能力评价标准体系，制定实践教学标准等，为各培养院校提供可参考的标准与体系，进而提高全日制教育硕士的教学能力。

2. 强化质量监测与评估

在教育硕士培养过程中不能忽略定期评估，要加大对院校教育硕士专业学位研究生教育质量的评估力度。对教育硕士专业学位授权点学术队伍的变化情况、人才培养情况，特别是人才培养质量、取得的科研成果及承担的科研工程情况要定期开展专门评估，尤其应该加强对各培养院校实践教学任务的监管与评估，把实践教学任务落实到位，全面提高实践教学的质量。

3. 定期开展相关培训与竞赛

为了不断提升全国教育硕士的教学能力，全国教指委还应继续发挥整体指挥和指导职能，定期举办导师培训、实践教学模式经验交流、案例教学培训等相关内容的会议，定期开展全国性质的任课教师案例教学大赛、教育硕士教学大赛等，形成以赛促发展的局面，进而全面提升教育硕士的教学能力及培养质量。

二、培养院校层面

1. 明确培养目标定位

在影响教学能力因素的调查中发现,培养目标定位是排在首位的重要因素。教育硕士培养目标定位的准确与否,将直接影响着教育硕士培养的整体质量和教学能力水平的高低。教育硕士作为专业型硕士,不同于学术型硕士的培养,应该重点强调其教学实践能力的培养,这样才能培养出与中小学教师专业标准相符合的人民教师。

2. 提高生源质量

培养院校是参与全日制教育硕士培养从入到出全过程的主体,首要任务就是要把控生源质量,受访专家也表示:要提高生源质量,在入学生源专业上有所限定,招收本科是师范专业或是相关专业的学生。

3. 更新培养观念

观念是起引领作用的一环,在全日制在教育硕士教育过程中应注意加强学科教学的教学和研究,加强学科专业知识、基本教育理论、基本教学技能的教学与训练,教学内容要反映最新学术成果和科技动态、紧密联系实际需要,着重培养学生的能力。也有受访专家指出,应以教学胜任力为核心,重新设计全日制教育硕士的培养方案、课程与教学体系、教学评价标准等。

4. 加强师资队伍建设

培养院校应该不断提升师资队伍的质量,扩充师资队伍的数量,构建和形成一支适应专业学位研究生教育的师资队伍,建立健全合理的教学科研评价体系,建立健全双导师制,尤其应加强对校内理论导师的培训,重点以校内导师指导为主,校外导师参与实践过程、课程与论文等多个环节的指导工作,吸收不同学科领域的专家、学者和实践领域有丰富经验的专业人员,共同承担专业学位研究生教育的培养工作。

5. 优化课程结构

培养院校应该提高课程设置针对性,注重理论与实践的融合。理论知识与教学实践相互融合，能够促进全日制教育硕士探究能力和教学能力的提升。可安排理论课程与实践课程在短时间内交叉进行，全日制教育硕士在学习完理论知识后，及时进行相应理论的实践，同时在课程设置中增加实践课程的比例，理论课程的设置中也应增加方法技能类课程的比例。这样，全日制教育硕士就可以更直接地学习教学经验，从而提高自身的教学能力。还有受访专家表示：课程要体现更多针对性和选择性，与基础教育学校无缝对接，把偏实践的课程转移到基础教育课堂，加强和实践学校、实践基地的联系。

6. 加强实践环节管理

培养院校应该加强实践环节教学，尤其是校外"三习"的设计与管理，应加强专业引导和督查，明确能力是在实践中形成的，对全日制教育硕士的教学能力也不宜提出过高的要求并进行相应的考核和评价。要为全日制教育硕士提供更多的可以真正融入一线教学的机会，让全日制教育硕士真正接触而非旁观学校的一线教学，从而与研究生阶段学习的理论知识相结合，理论指导实践，在实践中更加深刻地理解理论。同时，还有专家指出：全日制教育硕士在实习期间应该有"上课"评比，还可以让学生给实习教师"评教"，即使不能去中小学实践，也可以聘请教育教学专家、优秀教育工作者，教育、教学、班主任、课题研究等某方面成就突出者，开展讲学讲座活动，让全日制教育硕士开阔视野，树立职业理想，并适当参与中小学校的教研活动，如参与某中小学基础教育课题的研究等。

7. 强化基本功训练

培养院校应强化全日制教育硕士理论—方法—技能一体化训练，尤其应强化基本功的实训。培养院校应该注重加强新课标下"教学常规"的培训，增加教育实习中真正上课节数，且每人必须上一节公开课，实践导师和理论导师都要到场给予评价、指导。此外，在完成理论学习的基础上，应该多培养全日制教育硕士的教学能力，可以举办多种形式的教师基本功、教师技能大赛或开展系列教学能力提升活动，帮助全日制教育硕士不断提升自己的能力。

8.增加经费投入

各培养院校应加大经费投入,尤其要保障校内实训设备及校外实践教学基地建设,提高双导师待遇,尤其是实践导师的待遇,使其能够真正履行自己的职责,助力教育硕士教学能力水平的提升。

三、教师层面

全日制教育硕士的培养涉及校内导师、实践导师、任课教师和管理者四大群体,师资队伍建设至关重要。

1.真正履行双导师职责

针对实践导师的指导缺位,要建立无缝对接的双导师指导机制。双导师要加强对全日制教育硕士的指导,夯实理论基础,从课堂中来再到课堂中去,实现理论到实践再到理论的过程。校内理论导师一方面要增加自身的基础教育工作和研究经历,另一方面要加强对教育硕士教学能力的实训,尽量增加微格教学的课程内容,采取让学生各个击破的方式,逐项落地,进行实践,运用"我与名师共成长——观摩专家级课堂实录",采取同课异构的方式,模仿借鉴,进行实践,同时加强"如何成为优秀教师"的指导;实践导师要加强对学生学科专业素养的培养,在全日制教育硕士进入中小学教育教学实践过程中,要多针对实习课堂教学中出现的问题进行指导,并且注重培养其发现问题、分析问题和解决问题的能力。

2.更新教学内容与方式

作为教育硕士的任课教师,在课堂教学中建议任课教师多采用讨论式、案例式等启发式教学模式,可在课堂上针对某一个现实教学问题进行讨论,激发全日制教育硕士发散思维,大胆质疑,并提出自己的观点,以提升批判性思维和探究能力。

3.实施科学有效的管理

各培养院校从事教育硕士相关工作管理的人员,在教育硕士培养过程中,

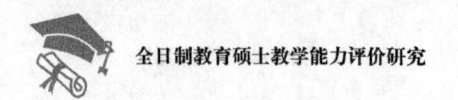

应该熟悉了解教育硕士师生的需求与培养的目标定位，制定科学合理的课程考核方式、导师和任课教师的遴选与考核标准，提院校内实验设施等使用效率，切实为提高教育硕士的教学能力乃至培养质量奠定制度基础。

4. 不断提升自身素养

作为教育硕士的培养主体，不论是理论导师、实践导师、任课教师还是管理者，均要不断提升自身专业素养和管理水平，特别是科研能力和基础教育实践能力，借鉴本科师范专业认证做法，了解基础教育实践，多进行实践教学研究。

四、学生个人层面

1. 树立新的发展理念

全日制教育硕士个人要树立教学研究意识和教学实践能力发展意识，应制定与新课程目标相适应的个人发展理念，激发自身从事教师工作的意愿，做好职业生涯规划。

2. 强化教学能力训练

全日制教育硕士在学期间，要注重理论联系实践，强化自身教学实践能力和教学研究能力，边学边练，在研究中提升，在实践中训练，尤其是要强化自身教学基本功的训练与提升。

3. 掌握课程标准

全日制教育硕士在学期间，应该反复研读课标、教材，不断提高自身对课标、教材和学情的分析能力，特别是要提升对整个基础教育相关课程内容的整体认识。

参考文献

[1] 全国教育专业学位教育指导委员会.教育专业学位教育概况[EB/OL].(2016-1-12)[2022-11-15].eduwest.com.

[2] 张斌贤.2021年教育专业学位教育专项质量巡查情况报告[R].北京：北京师范大学,2021.

[3] 全国教育专业学位研究生教育指导委员会.全日制教育硕士专业学位研究生指导性培养方案（修订）[R],2017-3-06.

[4] 王碧梅,曹芳芳.基于Delphi-AHP法的科学教师教学能力评价指标体系建构[J].当代教育与文化,2019,11（3）：45-53.

[5] 杨世玉,刘丽艳,李硕.院校教师教学能力评价指标体系建构——基于德尔菲法的调查分析[J].高教探索,2021（12）：66-73.

[6] 黄彬.院校教师教学能力评价：反思与建构[J].教育研究,2017,38（2）：90-96,158.

[7] 何静.院校教师教学能力评价机制优化研究[J].黑龙江高教研究,2015（1）：95-98.

[8] 张俊.高职院校体育教师教学技能评价体系构建与实施策略[J].当代体育科技,2018,8（17）：147-149.

[9] 谢建,褚丹,葛涵.基于层次分析法的院校教师教育者教学能力评价体系研究[J].中国成人教育,2015（4）：122-125.

[10] 李媛媛.师范生教育教学能力评价指标体系构建研究[D].重庆：西南大学,2021.

[11] 何莹.数学师范生课堂教学能力评价指标体系构建研究[D].重庆：西南大学,2018.

［12］韩国芬.免费师范生从教能力评价研究［D］.西安：陕西师范大学，2011.

［13］孙茜，黄收友，刘群凤.核心素养视角下师范生教学能力的因子分析［J］.湖北师范大学学报（自然科学版），2022，42（2）：109-113.

［14］芦颖，洪金中.师范认证视域下提升师范生教学能力途径［J］.江苏科技信息，2021，38（29）：52-54.

［15］胡春梅，岳彩镇，何华敏，杨丹丹.师范生对教学能力的自我评价、他人评价和反射性评价的关系研究［J］.心理发展与教育，2014，30（5）：520-526.

［16］SELVI K.Teachers' Competencies［J］.Culture：International Journal of Philosophy of Culture and Axiology，2010（13）：167-175.

［17］DIEP P C，HARTMANN M.Green skills in vocational teacher education - a model of pedagogical competence for a world of sustainable development［J］.TVET@ Asia，2016（6）：1-19.

［18］ISMAIL A，HASSAN R，BAKAR A，et al.The development of TVET educator competencies for quality［J］.Education and Training，2018，10（2）：38-48.

后 记

本书系中国学位与研究生教育学会课题"全日制教育硕士研究生教学能力评价研究"（学会文［2022］21号）、辽宁省教育科学"十三五"规划课题"基于教师教育功能拓展的职业教育师资培养路径研究"（JG20DB416）、沈阳师范大学研究生重大教改项目"基于'三习'的全日制教育硕士实践能力提升策略研究"、沈阳师范大学教学改革研究项目"'教师教育+X'的实施模式研究"的结题成果。

本书的完成离不开课题组全体成员的辛勤付出和密切合作。同时，彭唐修平（沈阳体育学院）、邸燕飞、李侠、许多、刘媛媛、于茜茜、申君宇、彭丹丹、吴雨萌、朱玉等人，参与了本书部分章节的编写及数据分析、校对工作。

感谢全国教指委对本课题给予的经费和调研方面的大力支持。

对本书调研及撰写过程中参考的各位专家和学者表示诚挚的谢意！

由于笔者的知识、能力所限，书中难免存在不足，敬请各位读者指正。

彭万英　唐卫民

2022年12月